KB139795

都鄙問答
도비문답

都鄙問答
도비문답

이시다 바이간 지음
류영진 옮김

호밀밭

| 일러두기 |

1. 이 책은 石田梅岩의 『都鄙問答』(1739)을 한국 현대어로 완역한 것이다.

2. 인명, 지명, 저서명의 독음 표기는 일본의 원어 발음을 기본으로 하여 외래어 표기를 따르고 있으나 일부는 관용적 표현을 따르고 있다. 중국의 인명, 지명, 저서명 등은 익히 알려진 관용적 표기를 따르고 있다.

3. 본문에서 인용되는 중국 및 일본의 고전 서적의 내용들은 화자의 이해를 그대로 반영하기 위하여 가능한 화자가 말하는 내용을 그대로 번역 인용하고 있다.

4. 주석은 전부 옮긴이가 작성한 것으로 각주로 처리하였다.

5. 책 제목은 겹낫표(『 』)로, 직접 대화 또는 저서 등의 직접 인용은 큰따옴표(" ")로, 강조의 경우는 작은따옴표(' ')로 묶었다.

추천사

이재룡
법학박사 충북대학교 교수
동양사회사상학회 회장

　평소 일본의 역사와 사상에 대해 연구의 필요성을 느끼고 있을 뿐 실은 전혀 문외한인 나에게 부산대학교 이동일 교수의 소개로 일본에 체류 중인 류영진 교수와 통화하게 된 것은 정말 최고의 선물이었다. 동양 법철학에서부터 우리의 전통적인 법문화 영역을 넘나드는 나로서는 해방 후 75년이 지나도록 집요하게 우리의 정신세계에 침전되어 있는 일본의 식민사관이 왜 이토록 불식되지 않는지를 늘 궁금해했다. 역사적인 한일관계상 우리가 그토록 진저리를 치는 일본의 중요성과 장점을 거론하는 것은 스스로 토착왜구라는 명패를 세상에 내보이는 용기를 필요로 한다. 그만큼 우리는 일본에 관한 한 학문의 영역에서도 자유로울 수 없으며 감성적 분노로 임할 것을 주문받는다. 우리 사회는 그간 지나칠 정도로 일본을 알려고도 하지 않고 알려 주려고도 하지 않은 채 편견과 무시로 일관된 폄하의 태도를 자랑스럽게 견지해 왔다. 이러한 시기에 류영진 교수가 일본에서 칭송받는 훌륭한 사상가를 한국에 소개하는 저서를 출간하는 것은 여러모로 의미심장하다. 류 교수는 학부에서 사회학을 전공했음에도 학문의 길은 경제학으로 걷고 있으니 통섭과 소통이라는 현대 학문의 흐름을 진작에 선도하고 있기도 하다. 어쩌면 다양한 학문을 접해 온 류 교수의 학문적 취향이 이시다 바이간을 선택했는지도 모를 일이다. 게다가 류 교수의 완벽한 번역문을 접할 수 있는 것 또한 독자들의 행운이리라.

세계에서 유일하게 일본을 함부로 무시할 수 있는 우리들은 격동의 근현대사에서 일본이 어떻게 일류국가로 거듭날 수 있었고 조선은 그 식민지가 될 수밖에 없었는지를 분명하게 알지 못한다. 일제 식민사관이 심어놓은 패망의 필연적 속성, 이를테면 사색당쟁, 세도정치, 탐관오리, 정부의 무능, 쇄국정책 등등이 지정학적인 반도적 특성과 맞물리어 식민지화가 필연적이었다는 식민사관은 아직도 지속되고 있다. 이는 아직도 매우 불합리한 경우를 일컬어 '지금이 조선시대냐'고 반문하는 일상 언어관용을 보면 분명히 알 수 있는 일이다. 『공자가 죽어야 나라가 산다』는 김경일의 도발적인 책이 베스트셀러가 될 만큼 조선 멸망의 원인을 유교사회의 탓으로 돌리는 데 별 이의가 없었던 시절도 있었다. 그러나 정도의 차이는 있을망정 일본도 성리학을 받아들였고 다양한 분파가 상존하면서 주자학의 독존적 지위가 보장되었던 시기가 있었음에도 일본이 근대화에 성공할 수 있었던 것은 분명 조선과는 다른 면모가 있었기 때문일 것이다. 류 교수의 『도비문답』은 이 점을 잘 보여주고 있는 저작이다.

『도비문답』은 이시다 바이간이 평생을 상업에 종사하면서

겪었던 일들을, 유교경전을 지침서로 삼아 指南 분석하고 평가하여 이를 사안별로 분류하여 문답식으로 엮은 글모음이다. 그중에는 실제로 주변의 질문에 답하면서 정리된 글들도 있지만 대부분이 스스로 묻고 답하는 식으로 전개되고 있다. 이처럼 이시다 바이간 자신의 주변에서 벌어지는 소소한 일상적 사안들을 거론하는 중에 우리가 몰랐던 당대의 사회상들이 묘사되기도 한다. 풍요와 안정을 구가했던 에도시대는 무시무시한 사무라이의 칼날 아래 백성들이 움츠리고 살던 사회가 아니라 합리성이 존중받고 사회 구성원 각자의 삶이 잘 짜인 틀 속에서 전개되던 훌륭한 시대였음을 확인할 수 있음은 본 저서가 제공하는 또 다른 선물이다.

　　이시다 바이간의 사상은 스스로의 체험과 관찰, 그리고 지칠 줄 모르는 분석과 명상을 통해 체득된 근본원리에 대한 이해라는 특징을 지닌다. 이는 책 속에 묻혀 스승의 문자에서 제자의 문자로 이어지는 형식성 강한 학문의 계승과는 차원이 다른 창조적인 세계 해석이다. 체험을 통한 관찰과 분석에서 정립된 근본원리는 늘 변화하는 세계를 대상으로 하니 창조적이며 우리의 삶을 이해 가능하게 말해주니 설득력이 있고 그렇기에 변화에 응용 가능한 원초적 힘을 제공한다. 11살 어린 나이에 자신의 문제를 고민하면서 시작된 세상의 이치에 대한 사색은 끊임없이 계속되어 45세 때 무료 강습소를 열 정도로 무르익어 있었다. 스승 없이 스스로 깨닫고 터득한 학문 自得之學은 대개 독단과 아집으로 점철되어 소외당하게 되지만 이시다 바이간의 학문과 사상은 전혀 그렇지가 않다. 이는 그가 사색과 분석을 통해 결론에 이르러 갈 때 무척 신중하고 독단을 경계했으며, 행여 정도正道에서 벗어날까 노심초사하는 지극한 정성을 기울였음을 의미한다. 『도비문답』 곳곳에서 진실된 마음, 열린 마음, 자연과 합일되는 마음 상태 등을 강조하는 것만 보아도 알 수 있다. 나는 『도비문답』을 정독하면서 흡사 송 명리학宋明理學의 폐단을 통렬히 지적하면서 원시 유가原始儒家로 돌아갈 것을 강조한 청대 실학淸代實學의 글을 읽는 느낌을 받았다. 이시다 바이간은 자신의 주변에서 일어나는 문제들을 유가경전의 명제에 비추어 옳고 그름當否을 검증하고 행여 오해는 없는지 늘 확인하는 작업을 하고 있다. 이런 경우 자득지학自得之學의 넘치는 열정과 확신은 훨씬 높은 경전을 가늠자로 하여 정도正道를 걷게 되니 여기에 오만과 독단은 설 자리가 없게 된다. 이시다 바이간의 이런 면모가 나로 하여금 『도비문답』에 빠져들면서 긴 시간 정독을 하도록 이끈 듯하다.

　　그가 45세에 이르러 누구든 수강할 수 있는 무료강단을 연 것은 아마도 그간의 사색과 추론을 통해 얻은 근본 이치가 스스로도 어찌할 수 없을 만큼 확고하며 차고 넘치던 때였던 듯하다. 그는 평생 정식으로 학문의 길을 간 사람이 아니었기에 오히려 하나의 원리로서 인간사 모든 것을 관류할 수 있는 실체성을 포착할 수 있었으리라. 그는 학문의 길은 모든 인간사에 통달함을 다음과 같이 말하고 있다.

"학문의 길이라고 하는 것은 먼저 자기 자신의 행동을 삼가고 의로운 마음으로 주군을 존경하는 것. 인애의 마음으로 부모를 섬기고 신뢰의 마음으로 친구와 교우하는 것. 사람을 차별하지 않고 사랑하고 빈궁한 이를 동정하는 것. 공덕이 있더라도 이를 절대 과시하지 않고 의복에서 소도구에 이르기까지 검약한 마음을 가지며 화려함을 추구하지 않는 것. 가업을 소홀히 여기지 않으며 가계는 수입에 맞추어 지출을 억제하는 것. 법을 제대로 지키고 집을 잘 안정시키는 것이다. 학문의 길을 대충 말하자면 바로 이러한 것이다."

표현만 다를 뿐 논어 맹자에 등장하는 성현의 어록 같은 신념이 담겨있는 견고함과 단호함이 있다.

순수학문 저작이 아님에도 이시다 바이간의 『도비문답』에 담겨 있는 보석과 같은 것은 다름 아닌 맹자의 성선설에 대한 독특한 해석이다. 우리 학계에서 흔하게 볼 수 있는 맹자와 고자 간의 인성人性에 관한 논쟁은 대부분 표현 그대로 고자의 생지위성生之謂性과 맹자의 성선을 바탕으로 의내 의외설義內 義外設로 혹은 선악의 대비구조로 설명할 뿐이다. 이시다 바이간처럼 그 뿌리에서부터 원대한 전 체계에 걸쳐 상응하는 선善의 개념으로 설명하는 예는 매우 드문 설명방식이다. 만약 이시다 바이간이 평생 학문의 길을 걸을 수 있었다면 어쩌면 한 획을 긋는 대학자로 학문사에 남을 수 있었으리라는 아쉬움을 느낀다. 나는 이 부분을 읽으면서 그 내용의 원대함과 진실성에 감탄했고 학설로 계승 발전되지 못한 아쉬움에 탄식했다. 그의 이러한 위대함은 공자의 일이관지一以貫之를 해석한 증자의 충서론忠恕論을 성선性善으로 확대해 우주로 관류시킨 스케일에서도 확인할 수 있다.

『도비문답』을 정독하며 글의 말미에 이르러 나 또한 평생을 사색하며 고민하고 연구해 온 학자로서 생각지도 않은 고우故友를 만난 기쁨을 누렸다. 매 장 절을 읽을 때마다 이시다 바이간이 단호하게 자신의 깨달음을 설파하는 현장에 나 또한 함께하고 있었으니 이는 학자에게는 뜻을 같이하는 붕우朋友가 삶의 존재 이유인 때문이기도 하다. 류 교수의 권유로『도비문답』을 접하게 된 것은 내게는 순전히 두고두고 감사해야 할 행운이었으며 내친 김에 추천사까지 쓰게 됨은 덤으로 얻게 된 영광스러운 일이다. 이 자리를 빌려 류영진 교수와 이동일 교수 두 분兩賢께 고마움을 표하며 아울러 선배, 동학, 제현들께 꼭 일독하시기를 빌어 마지 않는다. 고대에 그랬듯이 미래에도 일본은 우리와 가까울 수 있고 또 그래야만 한다는 이유에서라도 이 책을 꼭 일독하기 권하는 바이다.

2020년 10월 **이재룡**

오늘날 도비문답을 읽는 것의 의미

도비문답都鄙問答. 에도시대 일본의 중심이었던 교토를 지칭하는 도都. 비천하다는 의미의 비鄙. 이 책의 제목은 교토의 어떤 이가 비천한 이와 나눈 문답이란 뜻이다. 도비문답은 다양한 고민과 화두를 가진 이들이 이시다 바이간石田梅岩을 찾아와 묻고, 이시다 바이간이 이에 대하여 답한 것을 그 제자들이 기록한 것이다. 즉 이시다 바이간은 스스로 자신을 비천한 사람이라고 말하고 있는 셈이다. 왜 그는 스스로 비천하다고 하였을까? 물론 이시다 바이간은 교토에 머물면서 강의를 하고 있었기 때문에 교토에 있는 바이간을 찾아온 시골 학자와의 대화라는 의미도 있다. 하지만 이시다 바이간이라는 인물과 당시의 시대를 간략히 훑어보고, 이 책이 일본 내에서 가지는 위상을 개괄하기 위한 단초로서 이시다 바이간을 '비'라는 입장에 두고 서문을 시작해보고자 한다.

우선 이시다 바이간은 도시 출신이 아니다. 그는 1685년 교토 근교의 산간 벽촌에서 태어났다. 도비라는 표현은 도시와 시골을 아우르는 당시 일본의 한자 표기이기도 하다. 이시다 바이간이 제자들과 처음 책을 편집하며 서명을 시골문답田舍問答으로 정하고자 하였지만, 제자들의 제안으로 도비문답이라는 지금의 제목으로 바뀌었다고 전해진다. 한편으로 이시다 바이간 자신은 산촌이긴 하나 교토의 근교였으니, 그에게 물으러 오는 더 먼 지방의 사람들 입장에서 생각하면 이중적 의미에서도 그야말로 도비문답은 적절한 제목인 듯하다.

이번엔 이시다 바이간의 삶의 족적을 간단히 보자. 그는 11세에 교토의 포목상에서 수습생으로서 일을 시작하였다가, 5년 정도 지나 다시 집으로 돌아와 8년 동안은 농사일을 돕는다. 그의 나이 23세에 다시 교토의 포목상에서 43세의 나이로 은퇴할 때까지 상업에 몸을 담는다. 그는 42세에 포목상의 반토番頭, 요즘 말로 한 가게의 대표에까지 오른다. 상업에 한창 종사하고 있었던 1722년. 그의 나이 37세 즈음에 그는 인생의 큰 전환기를 맞이하게 된다. 스승이라고 할 수 있는 황벽종黃檗宗의 승려 오구리 료운小栗了雲과 만나게 된 것이다. 그때부터 이시다 바이간은 도리란 무엇인가? 마음이란 무엇인가? 마음가짐이란 무엇인가? 자문하며 탐구하기 시작한다. 그가 산촌 고향으로 돌아와 그의 집의 방 하나를 강의실로 만들어 첫 강의를 연 것은 1729년. 그의 나이 45세가 되어서이다. 그리고 그는 『도비문답』(1739), 『검약제가론倹約齊家論』(1744) 등의 저서를 남기고 60세에 생을 마감한다.

그의 일생으로부터도 알 수 있듯이 그의 학문은 인생 반절이 지나서야 시작되었다. 늦깎이 학자였다. 그는 상인으로서 주경야독하며 독학으로 학문을 닦았다. 문학文學이라고 불리는 당시의 일반적인 학문의 길을 가지 않았기에 수려하게 문장을 쓰는 법도 몰랐다(그는 편지조차도 제대로 쓸 줄 모른다고 자평한다). 도제적 학문 시스템에 들어가 틀 지워진 순서에 맞추어 정해진 책들만을 읽는 공부를 한 것이 아니었다. 그가 막 강의를 열었을 때 그는 당대의 학문적 시각에서 주류가 아니었다.

하지만 무엇보다도 비천하다고 하는 의미와 가장 관계가 깊은 것은 그의 경력이 말해주듯이 그가 상인 출신이라는 점이다. 이는 그가 살았던 에도시대의 시대적 배경과도 맞물린다. 17세기 말 막부정치가 어느 정도 안정세에 접어들자 일본의 경제는 급속도로 발전하기 시작한다. 초기 형태의 도시가 형성되고 인력과 재화가 집중되는 경향이 발생하였다. 이로 인하여 생산기술은 비약적으로 발전하기 시작하였고 생산량도 늘어나기 시작하였다. 잉여가치가 축적되면서 점점 자본화되어가는 시대였다. 더하여 화폐가 급속도로 보급되면서 재화가 교환되는 시장의 비중도 점점 더 커지고 있었다. 이런 흐름 속에서 유통수요는 폭발적으로 증가하였고 당시 조닌町人이라고 불리던 상인계급들은 사회 전면에 그 존재감을 드러내며 부를 축적해 갔다. 이윽고 상인계급은 사회의 경제적 주도권을 장악할 정도로 성장하게 되고 사무라이라 불리는 지배계급인 무가武家들도 이러한 경제적 영향력으로부터 자유로울 수 없게 되었다. 무사계급의 권위에 의한 지배와 상인계급의 돈에 의한 지배가 병존하기 시작한 시대이다.

하지만 이러한 변화는 하나의 모순을 발생시켰다. 당시는 사농공상土農工商의 신분제가 통용되고 있었기 때문이었다. 상인은 최하위의 신분이었다. 그들이 부를 쌓아 영향력을 가지고 더 나아가 읽고 쓰기 시작하고 문화생활도 즐기기 시작하였지만, 신분적으로는 천민을 제외하고는 가장 열위에 있었다. 정확히 말하면 그래야만 한다고 모두가 생각하고 있었다. 사농공상 속에서 상인은 비천한 존재였다. 이는 심한 자괴감으로 이어졌다. 이러한 자괴감은 상인들로 하여금 명예, 책임, 의무와 같은 윤리적 잣대들을 경시하게 만들고 오직 재물의 축적에만 집착하게 만들었다. 그들의 문화는 향락적이고 관능적인 것으로만 채워져 갔다. 당시의 상인문화를 '우키요浮世'라고 부르는데 한자 그대로 부유하는 세상. 즉, 덧없는 세상에서 즐기는 문화라는 뜻이다. 당시 상인들의 무력감과 그 분출을 잘 보여주는 단어이다. 흔히 말하는 욜로YOLO의 우울한 에도 버전이라고 할까? 이시다 바이간 역시 상인 출신이었고 그렇기에 비천하였다. 그는 그러한 시대의 변화 속에서 가르침을 펼친 사상가였다.

이러한 배경 속에서 이시다 바이간은 무엇을 말하고자 하였을까? 그는 상인들에게 이윤을 얻는 것은 결코 부끄럽지도 비천하지도 않은 것이라고 하며, 상행위가 경멸의 대상이 아니라고 선언하였다. 하지만 여기에 이시다 바이간은 중요한 전제를 단다. 아무 이윤이 아니라 '정당한' 이윤이라는 것이다. 이 정당함을 담보해주는 것이 '도(도리)'이고 '마음(마음가짐)'이다. 재물 그 자체를 모으는 것은 사실 간단하다. 문제는 도덕적 마음이 있기에, 그 마음에 비추어 돈을 벌고자 하기에, 그렇게 돈을 벌어야 한다는 규준이 있기에 돈을 마냥 '긁어모을 수 없는' 것이다. 사무라이에게 무사의 도가 있듯이 상인에게도 상인의 도가 있다고 그는 말한다. 무사가 충성이라는 도리를 다하고 당당히 봉록을 받듯이, 상인들도 손님에 대하여 도리를 다하고 이윤이라는 봉록을 당당히 받으라고 말한다. 그는 상인들에게 의무와 책임, 그리고 긍지를 심어 주었다.

이시다 바이간은 정직, 배려, 검약, 근면, 신뢰, 공익 등 무엇이 상인의 도리이고 마음인지 일상의 언어로서 쉽게 풀어서 설파하였고, 상인은 그러한 도리를 지킴으로써 부는 물론 사회 속에서의 존재가치도 인정받을 수 있다고 주장하였다. 사회학자 로버트 벨라는 그의 저서 『도쿠가와시대의 종교(원제 Tokugawa Religion: The Values of Pre-Industrial Japan)』에서 이시다 바이간의 사상이 당대 도시계급의 욕구에 부합하였고 이 도시계급들이 발흥하는 산업시대의 마중물이 되었다고 평가하고 있다. 막스 베버의 『프로테스탄티즘 윤리와 자본주의 정신』에 빗대어 보자면 이시다 바이간은 상인들의 부의 축적을 '도리'로서 포섭해 버리며 일본의 '자본주의 정신'의 기틀을 만들었다고 봐도 좋을 것이다.

이러한 측면 때문에 실제로 이시다 바이간은 주로 상인 윤리를 설파한 사상가로서 일본에 알려져 있고 또 평가되고 있다. 경영의 신이라고도 불렸던 파나소닉 창업자 마츠시타 고우노스케松下幸之助가 가장 애독한 책이 도비문답이었다. 교세라와 KDDI의 창업자인 이나모리 가즈오稲盛和夫는 21세기 기업의 존재 방식을 이시다 바이간을 통해서 배우고 찾아야 한다고 하였다. 그리고 이나모리 가즈오가 설립한 경영자 아카데미인 세이와쥬쿠盛和塾에서 직접 가르침을 받은 사람이 소프트뱅크의 경영자 손 마사요시孫正義이다. 현세기 일본인들이 가장 존경하는 기업인들의 철학과 윤리관에 이시다 바이간은 큰 정신적 축을 이루고 있다.

그러나 이시다 바이간의 사상이 상인들에게만 통용되고 이어진 것은 아니다. 어쩌면 상인윤리만을 중심으로 그의 사상이 강조되는 것은 당시의 시대적 흐름 속에서 그의 가르침의 주요 수요층이 상인이었다는 점. 그리고 오늘날에는 자본주의 사회의 시각에서 그의 사상이 평가되고 있다는 점 때문일 것이다. 이시다 바이간은 사농공상이라는 귀천의 구별이 형태의 차이, 즉 발현된 것의 차이일 뿐이며 그 근본 도는 모두 같다고 이야기하고 있다. 무엇이 귀하고 무엇이 천한지는 상대적 관계로서 정해지는 것일 뿐 절대적인 것이 아니라는 것이다. 그리고 '귀'는 '천'의 희생을 통해서 자신이 '길러지고' 있음을 강조하며 그 희생을 언제나 의식해야 한다고 말한다. 그는 상인은 물론 특정의 누구만을 위하여 자신의 사상을 설파하지 않았다.

그렇기에 도비문답에는 정말 다양한 주제들이 등장한다.

상인의 도리가 무엇인지는 물론 효도란 무엇인지, 공직에 임할 때는 어찌해야 하는지, 염불을 외우는 것이 어떤 의미인지, 의사는 어떤 마음가짐을 가져야 하는지, 신사참배를 어찌해야 하는지 등등 카운슬러처럼 그야말로 일상적이고 시시콜콜한 것까지 문답의 대상이었다. 성리학을 논하는 학술적인 부분(성선설과 성악설을 논하는 것으로 시작된다)이 있는가 하면, 신도와 불교, 일본의 고대사와 신화에 대해서도 다루고 있다. 도비문답 속에서 이시다 바이간을 방문하는 사람들은 상인의 아들, 집사, 승려, 자식에게 공부를 시킬지 고민하는 부모, 의사를 시킬지 고민하는 부모 등 각양각색이다. 그의 사상은 일상생활을 아우르는 넓은 사상이고 삶을 살아가는 데 필요한 지침과도 같은 것이었다. 이런 점에서 도비문답은 일본인의 사고방식에 다가가 볼 수 있는 입구와 같은 책이기도 하다. 흔히 일본의 일상을 생각할 때 떠오르는 친절, 검소, 근면, 장인정신 등의 가치들은 상당 부분 이시다 바이간의 사상에 기대고 있다고 보아도 과언이 아니며, 이에 대해서는 일본의 많은 연구자들도 동의하고 있다.

　　하지만 생각해 보면 신분제가 뿌리 깊었던 당시에 모두가 근본적으로 같다는 수평적 세계관을 말한 것은 실로 놀라운 발언이라고 할 것이다. 더하여 서민을 대상으로 하는 교육은 지배계층이 보기에 곱게 보일 리가 없는 것이었다. 그러나 이시다 바이간의 사상은 막부로부터 큰 제지를 받지 않았다. 오히려 전국 34개의 번藩에 180여 개소에 이르는 강의장이 생겨났고, 이시다 바이간이 사망한 후에도 전국의 제자들이 석문심학石門心学(마음공부라는 의미로 심학이라고 하였으나, 양명학에도 심학이라는 말이 있어 구별하고자 석문이라는 말을 붙였다고 한다)이라는 이름으로 그의 사상을 정리하여 보급하게 된다. 에도시대 후기 전국 65개 번의 다이묘와 어지간한 지역 유지 중에 이시다 바이간의 사상을 접하지 않은 이는 거의 없었다. 도비문답은 당대에만 10번이나 재판이 될 정도로 신분 고하를 막론한 가히 그 시대의 교과서라고 할 만하였다. 이렇듯 막부로부터도 큰 제지 없이 오히려 지배계층으로도 퍼져나간 이유는 그의 사상에 막부에 대한 비판이 포함되어 있지 않고 신분제 그 자체를 부정하고 있지는 않았기 때문이라 할 수 있다. 이 점이 어쩌면 이시다 바이간의 사상이 서민을 위한 사상으로 출발하였으면서도 동시에 통치자의 사상으로서 자리 잡은 계기라고도 할 수 있다. 즉, 그의 사상은 그야말로 에도시대 모두의 상식이라 할 수 있었다.

　　이시다 바이간의 사상은 이렇듯 시대적으로 중요한 의미를 가진다. 하지만 그 이후에도 일본의 역사는 계속 흘러갔고, 그 속에서 그의 사상은 인식의 중요한 토대이면서 동시에 양가적인 측면에서 작동하게 된다. 이 점은 현재의 일본을 이해하기 위한 좋은 길잡이 중 하나이기도 하다. 그의 사상을 상인윤리의 측면에서만 발췌독해서는 안 되는 이유이기도 하다. 에도시대의 경제발전은 이시다 바이간의 사상과 함께 진행되었다. 정해진 위치(자신이 처한 상황)에서 최선을 행한다는 행동 규준, 배려와 성실로 꾸준히 가치를 만들어가는 노동, 공익이라는 도덕 목표가 사회의 일반 윤리가 되었다.

하지만 일상의 용어로 표현된 가르침의 큰 약점은 그것이 시간이 지남에 따라 어떻게 변용되고 해석되느냐에 따라 그 결과가 너무도 달라진다는 점이다. 귀천에 대한 사상이 단순히 약육강식으로 바뀌어 해석되고, 성실은 전쟁을 지탱하는 그저 근면한 노동자의 덕목이 되며, 공익이라는 가치가 전체주의적인 위상으로 재해석되는 것. 메이지유신 이후 일본이 군국주의, 제국주의로 달려 나간 데에는 이와 같은 부분을 배제할 수 없을 것이다. 일본의 연구자 요시다 겐이치吉田健一가 2010년 발표한 논문인 「이시다 바이간과 이나모리 가즈오의 사상」에 의하면 당시의 신도도 불교도 모두 일본의 군국주의와 민족주의에 이용되거나 협력하였고, 메이지유신 과정에서 그 시대의 모든 사상들은 전근대적 습속으로서 배제될 대상이자 동시에 일부 부분들은 지배층의 입맛대로 채택될 대상으로서 다루어졌다고 한다. 이시다 바이간의 사상도 그러한 시대를 거쳐 왔다.

전후의 일본이 다시금 세계적인 경제대국으로 성장함에 있어서 이시다 바이간의 사상은 다시 경제와 경영의 사상으로서 재소환된다. 각자 맡은 자리에서 꾸준히 최대 효율을 끌어내는 것, 친절과 배려로서 고객을 대하는 것, 일본을 저축 대국으로 끌어올리고 자원의 최적 활용을 가능하게 하였던 검약 정신. 파나소닉의 창업자 마츠시타 고우노스케가 도비문답을 애독하고, 교세라의 창업자 이나모리 가즈오가 이시다 바이간의 사상을 계승하여 자신의 경영철학에 성실과 배려를 포함하였던 시절. 이시다 바이간의 사상은 일본 경제발전의 기저에 흐르고 있었다. 그의 사상은 꾸준히 삶의 밑바닥에 흐르고 있고 늘 당대의 상황에 맞추어 우물처럼 길어 올려졌다.

과연 지금의 일본은 어떻다고 할 수 있을까? 일본의 굵직한 역사적 흐름 속에서 이시다 바이간을 들여다보면, 그의 사상이 어떤 방식으로 호명되었는지와 일본인들의 사고방식은 하나의 고리처럼 연결되어있는 듯 보인다. 물론 여타의 다른 사상들도 비슷하겠지만 특히 이시다 바이간의 사상은 일본인들의 일상의 철학이기에 더욱 그 의미가 깊다. 그의 사상은 일견 서로 다른 여러 의견들이 상충되어 있는 듯이 보인다. 그의 사상은 도비문답을 통해서도 볼 수 있듯이 마음가짐과 도리라는 하나의 원리를 다양한 상황과 사람에게 넓게 적용시키고 있다. 만물의 본질은 같으나 형태의 나타남은 다르다고 그는 설명한다. 이와 같은 그의 사상은 넓은 일상의 다방면에서 빛을 발하였지만, 그만큼 시대의 흐름이나 주요 계급의 논리에 따라서도 어떤 식으로 발현될지가 달라지게 만들었다. 앞서 이야기하였듯이 그의 사상은 일상에서 출발하였으면서도 동시에 지배층의 논리가 되기도 하였다. 전쟁을 지탱하는 묵묵히 일하는 일꾼들의 마음가짐이 되기도 하며 경제발전의 주역으로서의 성실한 노동자와 사려 깊은 경영자의 지침이 되기도 하였다. 어쩌면 오늘날 그의 사상은 언제나 성실하며 주변을 배려하는 모습과 어떤 상황에서도 그저 근면하고 갈등을 일으키지 않는 수동적인 모습을 미묘하게 병존하게 만들었다고도 할 수 있지 않을까? 이런 점에서는 애덤 스미스를 떠올리게 만든다. 마치 애덤 스미스의 국부론이 신자유주의자들에 의하여 윤색되는 것 마냥, 지배계급에 봉사하는 논리와 혼재되면서 변용돼 본래의 철학이 결여된 채 행동준칙만이 남았을 때 이시다 바이간의 사상은 오히려 위험할지도 모른다. 과연 오늘날은 어떠한 모습이 더욱 전면에 드러나 있을까?

  팔림세스트palimpsest라는 용어가 있다. 양피지에 문자를 기록했을 시기, 동물 가죽으로 만든 양피지는 매우 귀했기에 한번 쓴 내용을 물에 빨아서 지우고 그 위에 덧쓰고 또 빨아서 덧쓰고 하였었다. 여러 번 덧쓰다 보면 양피지 위에는 과거의 글자 자국, 흔적, 눌림 등이 켜켜이 남아 있게 된다. 어떤 이가 현재 시점에서 양피지에 쓰인 글을 보았을 때 과연 보는 이는 현재의 글과 과거에 쓰이고 지워진 흔적 중 어디에 먼저 눈이 갈까? 이러한 상황을 팔림세스트적이라고 한다. 현재 시점에서 보이는 다양한 시점들의 공존이다. 도비문답은 일본 사회에 대하여 그리고 우리들이 살아가는 현재에 대해서도 팔림세스트적인 질문을 던지고 있다. 일본인들의 생활철학이자 지침, 윤리관의 가장 첫 장은 이 도비문답이라고 할 것이다. 하지만 그 위에 다양한 일본 철학들이 겹쳐져 현재 지금의 일본이 있다(안타깝게도 우리들은 일본 철학에 대하여 큰 관심이 없다. 일본신화, 신도사상, 선종, 교토학파, 요시다 쇼인과 근대 사상가, 황도불교, 제국주의, 일본의 마르크시즘, 자본주의 일본모델, 일본의 포스트모더니즘 등등 일본의 사상사와 체계도 결코 간단치 않다). 여행지로서의 일본에서 우리가 마주하는 단면과 미디어 등을 통해서 보는 일본의 단면, 그리고 역사를 통해서 보는 일본은 제각각 다르게 다가온다. 또한 세대별로도 일본은 다르게 느껴지며, 자신의 처지나 입장에 따라서도 달리 보일 것이다. 도비문답은 일본이라는 팔림세스트의 가장 오래된 흔적 중 하나라고 할 수 있다. 그 위에 쓰인 현재를 우리는 볼 수 있어야 한다. 어떤 것이 이어지고 있고 어떤 것이 단절되어 있는지, 어떤 것이 진한 흔적이며 어떤 것이 옅어져 버린 흔적인지. 현대의 일본이 이시다 바이간을 어떻게 재소환하고 있는지. 일본을 이해하기 위해서는 그 겹겹을 찬찬히 들여다볼 필요가 있지 않을까? 일본이라는 나라 그 자체보다는 그 속의 사람들을 알아가기 위해서도 말이다.

그리고 도비문답은 일본만이 아니라 지금 우리들의 삶과 가장 기본적인 일상들도 되돌아보게 해준다. 어떤 이들에게 도비문답은 너무도 기본적인 것으로 다가올지도 모르겠다. 하지만 우리가 어느 날 초등학교 시절의 도덕책, 또는 명심보감이나 이솝우화의 묵고 묵은 옛 구절을 문득 들춰내었을 때 너무도 당연한 그 어떤 것이 마음을 크게 울릴 때가 있다. 그건 다른 말로 바꾸어 보면 너무도 당연한 것에서 멀어져 있는 우리들 스스로에게 느끼는 자조이기도 하다.

오늘날 도비문답을 읽는 것의 의미

이 300여 년 전의 일본인 사상가는 대화를 통하여 '그렇게 살아서 좋니?', '그렇게 사는 게 맞니?'라고 끊임없이 물어온다. 그것도 뼈를 때리는 촌철살인으로 말이다. 본 역자도 공부하는 것을 업으로 하여 월급을 받고 있는데, 이시다 바이간은 "글을 한다는 기예에만 부지런을 떨고 있으니 분가쿠게이샤問學芸者(글 쓰는 재주꾼)라고 부를 수밖에 없지 않은가?"라며 일침을 날려준다. 유학과 신도, 일본 고대사와 불교 등 분야를 넘나들고 융합하며 상호를 존중하는 그는 진정 열린 학자이기도 하다. 부모의 재산 중 일부로 부모를 봉양하고 남는 재산을 자신이 가지려는 금수저에게는 "부모가 빨리 죽길 바란다"며 섬뜩한 돌직구를 던진다. 아무리 잘난 자리에 있고 재물을 가지고 있더라도 그에 걸맞은 마음가짐이 없다면 아무것도 아니라고 말한다. 타자의 희생 속에 자신이 살아가고 있음을 알지 못하는 이나 정직하지 못한 상인을 꾸짖을 때는 한국사회의 갑질을 떠오르게 만들고, 요행을 바라는 이를 꾸짖을 때는 불로소득만을 꿈꾸는 오늘날의 풍조도 떠올리게 된다. 상대방의 입장이 되어 생각해 보라는 그 간단한 마음가짐을 우리가 얼마나 쉽게 잊고 있는지를 이시다 바이간은 일깨워준다.

물론 추가로 한 가지 꼭 짚어두고 싶은 것은 이시다 바이간의 사상을 오늘날 그대로 가져와서 적용하는 것은 분명 무리가 있다는 점이다. 이 내용을 그대로 받아들이고자 하는 것은 발전적으로 고전을 양분으로 삼는 것이 아니라 단순히 과거로 회귀하는 것에 지나지 않는다. 그는 기본적으로 유교적 사상에 토대를 두고 있다. 또한 앞서도 말하였듯이 신분제를 긍정하고 막부에 비판적이지 않았다는 점에서는 변혁을 위한 저항적인 사상도 아니다. 우리는 그가 강조하고자 하였던 가치들을 재발견하고 느껴보며 그것이 오늘날에는 어떠한 (그리고 어떻게) 의미를 가질 수 있을지 고민해 보아야 할 것이다.

일본의 윤리관과 사고방식에 지대한 영향을 끼친 이 저서가 일본은 물론 우리 스스로도 돌아보게 만드는 좋은 계기가 되기를 간절히 바라본다. 이 번역은 이와나미 문고가 발간한 고전어 표기의 도비문답과 조지마 아키히코城島明彦가 2016년 현대어로 번역하였으며 지지출판사致知出版社에서 출판한 도비문답을 중심으로 진행하였다. 많이 부족한 번역이기에 원전에 누가 되지 않기를 바랄 뿐이며, 처음으로 도비문답의 번역을 권유해주신 장현정 대표님, 유학儒學에 관련된 부분에 대하여 감수 및 조언해주신 이동일 선생님, 원고를 세심히 읽어주시고 과분한 추천의 글까지 써주신 이재룡 선생님을 비롯하여 모자란 솜씨에 많은 도움을 주신 모든 이들에게 심심한 감사를 드린다.

옮긴이 류영진

제 **1** 권

왜 학문의 길을 택하였는가?
都鄙問答の段

이 얼마나 위대하단 말인가 건원乾元은! 모든 만물이 의뢰하여 시작하니 이에 하늘이 통솔한다. 구름이 떠다니고 비가 내려 만물이 형체를 이룬다. 건의 도가 변화하여 각각의 성性과 명命을 바르게 만드는 것이다.

하늘이 내려주는 즐거움은 이 얼마나 재미있는 것인가! 이것을 대신할 수 있는 것 따위 아무것도 없다.

고향의 지인이 | 최근에 상경하여 친척의 집에 잠시 기거
묻기를 | 하고 있던 중, 어떤 학자가 나를 찾아와
| 이야기를 하는데 자네에 관한 소문이었
다. 그 소문에 대하여 자네에게 묻고 싶은 것이 있어 이렇게 찾아왔다. 고향에 돌고 있는 소문에 따르면 자네가 『소학』등의 강의를 하고 휘하 문인들도 나날이 늘어나고 있다고 하니 기쁜 일이네만, 그 학자가 말하기를 자네가 이단의 유파이고 유학자라고 할 수 없다고 하였다. 이단이라니 어떠한 의미인가 물었더니 이리 대답하더라.

"이단이라는 것은 성인의 길이 아니라는 뜻이다. 그자가 자기만의 방식으로 가르치는 법을 생각하여 세상의 우매한 무리들을 속이고, 본성을 안다느니, 마음을 안다느니 하는 어려운 강론을 지껄이며, 사람의 마음을 미혹하는 유파를 말함이다. 본성을 안다느니 하는 것은 오래전 성현에 한하여서만 가능한 것이다. 후세의 범인凡人이 이러니저러니 할 수 있는 문제가 아니다."

그 학자의 이야기를 들으며 든 생각은 사람을 미혹하는 것은 산적이나 강도질을 하는 것보다도 훨씬 그 죄가 무겁다는 것이었다. 그렇다면 자네는 정말 불쌍하다. 자네는 고향에 돌아가더라도 그저 먹고 사는 것만이라면 그다지 어렵지 않을 터이다. 그러나 먹고 살기 위하여 사람을 미혹시키고 있는 것이라면 애처로운 일이다. 이에 대하여 어찌 생각하고 있는지 알고 싶다.

이에
이시다 바이간이
답하기를

걱정하여 주어서 고맙다. 그러면 내가 가르침에 뜻을 두게 된 동기부터 이야기하도록 하겠다. 『맹자(등문공상편)』에 이러한 말이 있다.

"사람에게는 사람으로서의 도가 주어져 있다. 그러나 질리도록 실컷 먹고, 푹신푹신한 의복을 입으며 방종한 삶을 지속하고, 어떠한 가르침도 받지 않는다면 그것은 금수에 가까운 삶이다. 백성이 그와 같이 되는 것을 우려한 지난날의 성천자聖天子 '순임금'은 중신 중의 한 명이었던 '계契'에게 명하여 사람으로서의 『오륜五倫의 도』를 가르치도록 하였다. 오륜이라 함은 부자 간의 친애, 군신 간의 예의, 부부 간의 구별, 장유 간의 순서, 친구 간의 신의를 가리킨다."

이들 다섯 가지의 인류의 도리를 분별할 수 있게 되는 것이 학문의 공덕이다. 이로부터 지난날 사람들이 가져왔던 학문에 대한 태도를 알 수 있다고 해도 좋다. "군자는 근본에 힘쓴다"고 『논어(학이편)』에도 나와 있듯이 학문에서는 근본을 중시하며 배우는 것이 중요한 것이다.

인류의 도는 그 큰 근본이 하늘에서 발현한 인, 의, 예, 지라는 네 가지의 덕(양심)이 중심으로 "그 이외 학문의 길은 없다. 잃어버린 덕을 추구할 뿐이다"라고 『맹자(고자상편)』는 설명하고 있다. 이를 가슴 깊이 새기고 성인들의 발자취를 보고 들으며 모범으로 삼는 것이 중요하다. 군자의 도를 최초로 궁구하였던 사람은 요임금이다. 효의 도를 궁구하였던 이는 순임금. 신하의 도를 궁구하였던 이는 주공단. 그리고 학문의 도를 궁구하였던 이가 대성인 공자이다. 이들 성인의 공통점은 『맹자(진심상편)』에서 말하고 있는 "요순은 수양하지 않아도 본성 그대로 인의를 행하는 것이 가능했다"는 것과, "위로는 하늘로부터 아래로는 땅에 이르기까지 동일하게 널리 덕이 고루 미치었다"라고 하는 것이다. 성인이라는 것은 인류의 도를 철저히 궁구하여 그 끝에 달한 사람이다.

위정자는 지난날의 성인들이 남긴 큰 덕의 행적을 잘 이해해야 한다. 그리고 그 행적을 모범으로 삼아 백성에게 오륜의 도를 가르치고, 하늘이 명한 각자의 직분을 알게 하고 노력하도록 이끌어야 한다. 그리하였다면 사람들의 일신이 바르게 됨은 물론 가정도 잘 풀리며 나라도 안정되어 천하태평한 세상이 된다. 그것이야말로 "선왕을 모범으로 하여 실패한 이는 없다(『맹자(이누상편)』)"라고 하는 것이다.

맹자는 이렇게도 말하고 있다. "세상에서 사람의 본성을 논하는 자는 과거의 경험에 근거하여 추론하고 있을 뿐이다. 과거의 경험은 성공하였던 예가 그 기본이다."

본성이란 인간을 필두로 금수야 초목 등 모든 살아있는 것이 하늘로부터 생명을 받은 때부터 갖추어져 있는 '리理'를 의미한다. 소나무는 푸르고 벚꽃은 꽃이며, 날개가 있는 동물은 하늘을 날고 비늘이 있는 생물은 물속을 다니며, 태양이나 달은 하늘에 걸려 있다. 이것들은 서로 다른 듯이 보이나 실은 같은 하나의 '리'에 기반하여 있는 것이다. 작년의 사계의 빛깔을 알기에 올해의 사계도 상상할 수 있고 어제의 일들을 보고서 오늘의 일들을 추측한다. 이것이 맹자가 말하는 "옛것을 본받아 천하의 본성을 안다"는 것이다.

본성을 알면 그 배움 속에서 '오상오륜五常五倫의 도'도 포함되어 있다. 『중용』에는, "본성이란 하늘의 명이며, 그 본성에 따르는 것이 도이고, 도를 수득하는 것이 가르침이다"라고 쓰여 있는데 그 의미를 이해하지 않으면 본성에 따른 삶의 방식이라는 것은 불가능하다. 본성을 아는 것은 학문의 근본인 것이다.

　　나는 결코 괴이한 것을 말하고 있지 않다. 요순이 만세의 모범이 되어 온 것도 본성에 따랐기 때문이며 따라서 마음을 아는 것이 학문의 출발점이라고 말하고 있는 것이다. 그러나 세간의 대부분의 사람들은 마음이나 본성을 이렇다 저렇다 논하는 것 그 바깥에, 학문의 극치가 있다는 것을 알지 못한다. 어떠한 것이라도 정하는 것은 마음이다. 마음은 몸의 주인이다. 그 주인이 없는 몸이 되어 버린다면 그것은 산이나 들판에 버려진 시체와 같은 것이다. 나의 학문은 그 '주인'이라는 것에 대하여 알려주고 이해시키고자 하는 가르침이다. 그러함에도 이단시한다는 것은 어찌 된 일이란 말인가.

묻기를 | 그 학자 한 명만 그리 말하는 것이 아니다. 그 자리에는 선승禪僧도 있었는데 그 사람이 말하기를 "소승도 자신의 본성을 알고 싶어 오십 년 정도 좌선하며 참선하여 왔지만 아직까지도 바로 이것이라고 할 만큼의 성과를 얻지 못하였다. 본성을 알게 되면 펄쩍 뛰어오를 정도로 감격한다고 들었다. 그 정도로 매우 어려운 것이거늘 자신의 본성을 간단히 알았다고 하는 것은 아마도 수상한 내용임이 틀림없다"라고 하였다. 자네가 말하는 대로라면 훨씬 상냥하게 말하지 않았겠는가?

　　세상일은 우리에게 있어서 알아차릴 수 없는 것이 많지만,

유심히 관찰하면 봄에는 꽃이 피고, 가을에는 열매가 열리고, 겨울에는 수확한 것을 저장하여, 사람들은 저마다의 길을 가고 있다. 자네는 거기에서 얻은 지식으로 매일매일 강의를 하고 생업에 바쁜 이들을 긁어모아서 쉬어야 할 시간을 소비시키고 있는 것은 어찌 된 일이란 말인가? 게다가 자네는 "옛것을 보고 안다"고 말한다. 그 선승이 오십 년이나 들여 마음을 다하여 수행하여도 본질을 아는 것은 어렵다고 하거늘, 자네는 '무학無學'¹인 처지이면서 "본성을 아는 것은 쉽다"며 간단히 말한다. 이것이며 저것이며 의심스러운 것이 많다. 어찌 된 셈인가?

답하기를 │ 자네가 말한 승려는 아직 깨달음의 경지에 달하지 못한 승려이다. 그러니 아직 지식이 충분하지 않은 것이다. 좌선하고 명상을 하면 반드시 영묘한 진리를 알게 될 것이라고 생각하였을 테지. 석존釋尊은 새벽녘 하늘에 빛나는 금성을 보고 깨달음을 얻었고 견당사遣唐使로서 당나라에 건너갔었던 레이운靈雲²은 복숭아꽃을 보고서 깨달았다고 하지 않는가? 그런데 깨달음을 얻었다고 하여 별이 달로 보이는 것은 아니다. 깨닫기 전에도 복숭아꽃이 당연히 벚꽃으로 보이지 않는 것처럼 그 상태에는 아무

---

1   원문은 '불학(不學)'이라고 되어 있다. 즉 배운 적이 없다는 뜻이다.

2   레이운은 일본 아스카 시대의 유명한 학승이다. 견당사는 일본이 당나라로 파견하는 사절단이며 레이운도 그 일원이었다.

런 변화가 없는 것이다. 그 승려는 이렇듯 자유롭게 단적인 사례로 생각하는 것을 모른다. 믿음이 부족하여 무익한 것에 오십 년이나 되는 시간과 지혜를 쓴 것은 아까워도 그렇게 아까울 수가 없다. 그리고 자네는 나를 '무학'이라고 하였는데, 그것은 글자를 모른다는 의미인가?

묻기를 | 바로 그 의미이다.

답하기를 | 중국 선종의 대감선사 혜능慧能은 글자를 한 글자도 배운 적이 없었다고 들었다. 그럼에도 달마로부터 가르침을 받아 육조대사가 되었다. 선종이 오늘날까지 계승되어 온 것은 육조대사의 힘이 컸다고 알려져 있다. 그러나 이것은 어디까지나 선종의 이야기. 나의 학문인 유교에 관하여 말하자면 자하子夏[3]의 다음과 같은 말이 『논어(학이편)』에 실려 있다.

"젊은이가 사랑에 빠져 조바심을 내는 것과 같은 정열적인 마음으로 현자를 마음으로부터 경모敬慕하고, 부모에게는 효행을 다하며, 주군에게는 몸이 가루가 되도록 충실히 근무에 힘쓰고, 친구와는 신의의 마음을 나눈다. 그런 식으로 할 수 있다면 누군가에게 아직 충분히 학문을 하지 않았다는 말을 듣더라도 스

---

3 공자의 제자 중 한 명.

스로는 훌륭히 학문을 닦았다고 당당히 가슴을 펼 수 있다."

성인의 도의 시작은, '마음'이다. 글자를 몰라도 부모에게 효행은 할 수 있고, 주군에 대하여 충의를 다할 수 있고, 친구와의 교제도 자유로이 할 수 있다. 복희伏羲나 신농神農은 문자가 없던 시대의 성군들이다. 그저 마음을 다하여 '오륜의 도'를 실천할 수 있다면 글자를 하나도 모르더라도 '진정한 학자'라고 말한다 한들 전혀 지장이 없지 않은가? 문자에의 소양을 가진 자는 『논어(옹야편)』에서 말하는 '문질빈빈文質彬彬의 군자'라고 평할 수 있겠지만 일반인에게는 인연이 없는 이야기이다. 일하는 데 시간을 써야 하고 기억할 여유가 없는 사람들이 많은 까닭이다.

그래서 『논어(학이편)』는 "젊은 사람은 부모에의 효도, 형제 간의 우애, 신뢰와 인의에 힘쓰고 나서 여력이 있다면 학문이나 예술을 공부하라"고 말하고 있다. 성인의 학문은 행하는 것을 근간으로 하고, 문학[4]은 지엽적인 것에 불과하다는 것을 알 필요가 있을 것이다.

묻기를│　자네의 주장대로라면 문학이 지엽적인 학문임은 명백하지만, 어떤 유학자에게

4　여기서의 문학이란 사서삼경을 독송하고 시경이나 일본의 전통 시문 등을 익혀 자신의 지식을 글로 옮기는 훈련을 지칭한다. 이시다 바이간은 기존의 학문 시스템 내에서 학문을 닦지도 않았고 어려운 말이 아닌 서민의 언어를 사용하였으며 글솜씨가 뛰어나지도 않았다. 그렇기에 그는 주변으로부터 문학적 소양이 없다고 평을 듣는 경우가 많았다. 앞서 묻는 이가 이시다 바이간에게 무학이라고 평하는 것도 이와 같은 맥락이다.

"어떻게 하여야 행하는 것을 바르게 할 수 있는지 한마디로 가르쳐 줄 수 없겠는가"라고 청하니 이러한 답이 돌아왔다.

"귀하처럼 사서[5]의 소독 素読[6]도 하지 않을 것 같은 사람에게 성인의 도의 무엇을 설명해 달라는 것인가? 귀하의 부탁은 세간에서 흔히 말하는 귀가 잘 들리지 않는 이에게 소곤거리는 것과 같은 것. 제대로 들릴 리가 없다."

실제로 세간 사람들도 그렇게 생각하고 있다. 그러하다면 자네가 말하고 있는 것은 잘못된 것이다. 문학의 힘을 빌리지 않으면 이해할 수 없다는 것이 아니다. 자네가 아무리 변명하더라도 의심스러움은 지워지지 않는 것이다. 어디에서 배워서 세상의 일반적인 학자들과는 다른 이단의 가르침을 펼치려고 하는 것인가?

답하기를 세상의 일반적인 학자들과 다른 것을 가르치고 있는 것이 아니다. 자네가 의문스럽게 생각하는 점에 대하여 말하여 보지 않겠는가? 나는 누구를 스승으로서 정하고 있지는 않다. 이곳저곳의 학자들을 방문하여 1년이나 반년이나 각각의 강의를 들어 보았지만 나 자신이 아직 미숙하여 어리석은 점도 있어 어떠

---

5 대학, 중용, 논어, 맹자.

6 내용은 도외시하고 음독하는 것.

한 글방의 어떠한 학자가 가장 뛰어난지 판단할 수 없었다. 즉 납득할 수 있는 글방을 찾지 못한 채 오랜 기간 고민하여 온 것이다. 그런 때에 어떤 은둔 학자[7]의 존재를 알게 되었다.

그 사람과 만나서 이야기를 나누다가 마음의 문제를 논하였을 때이다. 내가 한마디 시작하자 그 사람은 금세 이해하여 이렇게 말하였다.

"스스로는 마음을 안다고 생각할 테지만 실은 아직 알지 못하고 있다. 배운 것과 진정한 의미의 사이에는 천양지차라고 해야 할 커다란 틈이 있음이다. 마음을 이해하지 못한 채 성인의 책을 읽는 것은 『예기(경해편)』에 있는 '아주 작은 차이는 천리의 어긋남'과 같다."

그러나 나는 내 말이 잘 전달되지 않았기 때문에 그렇게 말한 것이라고 생각하여 반복하여 논의하고자 하였으나 그 사람은 긍정적인 기색을 보이지 않았다. 그리하여 나는 점점 더 납득할 수 없게 되어 버렸다.

그러던 어느 날, 그 사람이 이렇게 말하였다.

"그대는 무엇을 위하여 학문을 하고 있는 것인가?"

"나보다도 학식이 열등한 사람들에게 오륜오상의 도를 가

---

7 황벽종의 선승 '오구리 료운(小栗了雲)'으로 알려져 있다. 이시다 바이간이 학자이자 사상가로서의 길을 걷게 되는 계기를 제공한 인물로 한자학, 주자학, 불교, 도교 다방면에 정통해 있었다고 한다. 오구리 료운이 눈을 감으며 제자인 이시다 바이간에게 자신의 가르침을 글로 정리한 것을 넘겨주려고 하자 "필요하다면 자신의 언어로 말하겠습니다. 그러한 것은 필요 없습니다"라고 답했다는 유명한 일화가 있다.

르치고 싶다고 뜻을 가졌기 때문입니다."

"도는 도심道心이라 하여 곧 마음이다. 공자는 옛것을 익히고 그로부터 미루어 새로운 것을 깨달음은 곧 그것이 스승(『논어(위정편)』)이라고 말하고 있다. '옛것'이란 스승으로부터 배워서 익히는 것이고 '새로운 것'은 스스로 궁리하고 고찰하는 것이다. 궁리하고 고찰하여 처음으로 지금까지 배운 것들이 몸에 배고 타인에 대해서도 그 이전과는 비교도 할 수 없을 정도로 훌륭히 대응할 수 있게 되는 것이다. 이것이 공자가 말하는 '스승'이다. 그러나 그대는 마음을 알지 못한 채 미로에 발을 들여놓아 버렸고 이제는 다른 사람들까지 그 미로에 끌어들이겠다고 말하는 것인가? 마음은 몸의 주인이다. 그 주인을 알지 못한다는 것은 말하자면 방랑객과 같으며 머무를 곳 없는 것과 같음이다. 자신의 거처도 없으면서 다른 이의 거처를 고치고 구하겠다고 하는 것은 있을 수 없는 이야기이지 않은가?"

그 말을 듣고서 나는 자신의 생각을 열심히 토로하려고 하였지만 그야말로 계란으로 바위를 치는 느낌으로 일언반구 꺼내지도 못하고 망연자실하여 여태까지의 자신에게 의문을 가지게 되었다. 지금까지 배운 것들을 진정으로 터득하고 있었다면 의문 따위가 파고들어 올 여지는 없을 터였다. 그러나 의문이 샘처럼 솟구쳐 오르는 것은 아직 내가 완전히 알지 못하고 있다는 증거라고 확신하였다. 이후로는 그 이외의 것에는 마음이 가지 않았으며 낮에도 밤에도 '어떻게 된 것인가'만을 계속하여 생각하던 중에, 머리뿐만이 아니라 몸도 흐물흐물 진이 다 빠져 버렸다.

그렇게 매일을 보내기를 1년 반 정도. 그즈음에 모친이 병으로 쓰러져 나는 20일간 간병을 하였다. 그때였다. 앉아 있다가 문득 일어서려는 찰나 가슴 깊숙이 복잡하게 뒤엉켜 있던 의문이 홀연히 맑아진 것이었다. 그것은 연기가 바람에 날려 사라지는 것보다도 빨랐다.

요순의 도는 '효제 孝悌'의 두 글자로 전부이다. 물고기는 물속을 헤엄치고 새는 하늘을 난다. 그 모습은 『중용(십이장)』에 인용된 시에서도 "솔개는 날아서 하늘로 돌아가고, 물고기는 연못에서 뛴다"며 노래하고 있다. 천지자연의 도는 하늘에서 물속까지 그 질서가 명확하다. 의심할 만한 것은 무엇도 없다. 반대로 인간은 효제충신 孝悌忠信이다. 그 이외의 세세한 것은 어찌 되어도 좋다. 그렇게 달관한 덕분에 나는 20년 동안 이어오던 의문을 해소할 수 있었다. 서적의 문자가 가르쳐 준 것이 아니다. 나의 깨달음은 수행의 성과이다.

묻기를 | "그 이외의 세세한 것은 어찌 되든 좋다" 운운하는 것은 어떤 의미인가?

답하기를 | 말로는 설명하기 어렵다. 그러니 알기 쉬운 비유를 들어 보겠다. 어느 날 증서나 도장 따위가 필요할 때, 그것을 넣어

누는 상자는 있어도 그 안에 분명히 넣어 두었을 증서나 인감을 도무지 찾을 수 없을 때가 있다. 그날 찾아보아도 그다음 날 다시 찾아보아도 도저히 찾을 수가 없다. 또 다른 날 찾아보아도 역시 마찬가지다. 그 어디에도 없기에 의심하는 마음이 일어나기 시작한다. 누군가 훔쳐 간 것은 아닐까? 증서를 낡은 서류들과 함께 버린 것은 아닐까? 아니! 어딘가에 떨어뜨렸을지도 모른다며 이런저런 의심들이 머리를 스쳐 간다. 좀처럼 찾을 수가 없기에 어쩔 도리가 없다고 여겨 포기하고 다른 일들에 쫓겨 분주히 있다 보면, 갑자기 잘 보관하려고 따로 넣어 두었던 장소가 떠오를 때가 있다.

　　이러한 것은 문학과는 관계가 없다. '마음을 안다'는 것도 이것과 닮았다. 누군가 훔쳐 갔을지도 모른다. 잃어버렸을지도 모른다는 의심들이 한순간에 사라지는 것은 칠흑 같은 밤이었던 하늘에 예기치 않았던 만월이 떠올라 한순간에 밝아지는 상황과 닮았다.

　　　　　　　　문기를 ｜　그렇다면, 마음을 알면 그 순간 현인이
　　　　　　　　　　　　될 수 있다는 것인가?

　　　　　　　　답하기를 ｜　아니 그것은 다르다. 그 마음을 스스로
　　　　　　　　　　　　실행으로 옮겨 공덕을 쌓지 않으면 현인
　　　　　　　　　　　　이라고는 할 수 없다. 노력하는 '힘 力'과

공덕을 얻는 '공功'. 마음을 알려고 하는 점에 있어서는 어느 쪽이든 마찬가지겠지만 의미하는 바가 다르다. 성현에게는 힘이 있으며 공도 갖추어져 있다. 『중용(20장)』에는 "편안히 행하는 것이 성인이니라, 이롭게 여겨 행하는 것이 현인이니라"라는 의미의 말씀이 쓰여 있다.

그러나 우리들 같은 평범한 사람은 힘도 약하며 공도 없다. 그러니 『중용』에 있듯이 이를 배워서 행할 수밖에 없음이나, 마음을 알고 있기에 실천할 수 없다는 것에 괴로워한다. 괴로워도 실천하고 그것을 통하여 공을 얻는다면 성공했다고 할 수 있으니 이 점에서 '성현의 안지이행安知利行'[8]과 같음이다.

묻기를 | 도는 즐겨야 하는 것이거늘 괴로워하는 것을 배우라는 것은 도대체 무슨 말인가?

답하기를 | 여기에 두 명이 조를 이루고 있는 가마꾼이 있다고 가정을 해보자. 한 명은 힘이 세고, 또 한 명은 힘이 약하다. 강한 이는 괴롭지 않으나 약한 이는 괴롭게 된다. 괴롭더라도 가마꾼을 지속한다면 굶주릴 일은 없다. 그러나 가마꾼 일을 그만둔다면 먹

---

8   이는 중용 제20장의 "태어나서 이것을 알고, 혹은 배워서 이것을 알고, 혹은 애를 써서 이것을 아는데, 그 앎에 미쳐서는 똑같습니다. 혹은 편안히 이것을 행하고, 혹은 이롭게 여겨 이것을 행하고, 혹은 억지로 힘써서 이것을 행하는데, 그 성공함에 미쳐서는 똑같습니다"는 문구를 인용하고 있다.

을 것이 없어 길거리를 방랑하게 될 것이다. '도를 행한다'는 것
도 이러한 것이다. 우리들 같은 사람들은 힘이 약한 가마꾼과 같
은 처지이다. 괴로워하면서도 참고 계속 노력하기에 불의의 상
황에 빠질 일은 없는 것이다. 그러니 안심이다. 한편 마음을 알
지 못하는 이는 언제나 괴로움을 안고 있으며 그것을 말로써 입
밖으로 꺼내어 버린다. 그렇게 하더라도 부끄럽다고 생각지 않
으니 새로이 배우겠다는 의지가 생겨나지 않는 것이다.

묻기를 │ 자네가 말하는 '행함'이라는 것은 『중용
(제27장)』에 나오는 예의작법 삼천삼백[9]
가지를 익히어 위의威儀를 갖추어야 한

다는 것 아닌가? 혹시 그런 것이라면 우리들 같은 농민 따위에게
는 불가능한 이야기이다. 어느 학자가 말한 "배우려고 하지 않는
이가 할 수 있는 것이 아니다"라는 그 말 그대로가 아니겠는가.

답하기를 │ 아니 그렇지 않다. 자네가 지금 말하고
있는 것은 공자가 제자 자장子張을 두고
서 '사師는 편벽하다'[10]라고 평가하였던

---

9   중용의 우우대재 예의삼백 위의삼천(優優大哉 禮儀三百 威儀三千)의 일부분으로 인간
세상의 큰 규범인 예의는 삼백 가지나 되고, 인간 행동의 소소한 준칙들인 위의는 삼천 가지나
된다는 뜻이다.

10   재능이 있으나 행동거지에는 성의가 없는 측면이 있다. ˚사'는 자장의 이름이다.

것과 같은 상황이지 않은가? 편벽하다 함은 격식에만 충실하여 성실함이 느껴지지 않음을 말하는 것이다.

그렇다면 '행함'에 대하여 자네가 알아들을 수 있도록 이야기해 보자. 행함이라고 하는 것은 농민에게 있어서는 아침에는 미명부터 들에 나가고 해가 저물 때 별을 바라보며 집으로 돌아오는 것을 가리킨다. 온 힘을 다하여 일하고 사람도 쓰며, 봄에는 밭을 갈고 여름에는 잡초를 뽑고 가을에는 수확하여 창고를 채우기까지 전답으로부터 한 톨이라도 많은 곡식을 거두고 싶다는 마음을 한시도 잊지 않고 내야 할 도조賭租[11]가 모자라지 않도록 주의하며, 남은 것은 부모의 옷과 먹을 것에 할당하여 안심하실 수 있도록 하고, 여러 일들에 방심하지 말고 충실히 임하는 것이라고 할 것이다. 고생은 하지만 사악한 마음이 없기에 마음은 느긋하게 될 것이다.

그와는 반대로 제멋대로의 나날을 보내고서 내야 할 도조를 달성하지 못하는 지경에 이른다면 마음은 도탄지고塗炭之苦를 맛보게 될 것이다.

내가 가르치는 목적은 고생을 무릅쓰고 몸과 마음을 다하여 애쓰고 노력하면 누구라도 하루하루를 안락하게 보낼 수 있음을 깨닫게 하는 것이다. 마음이 무엇인지 깨닫고 행한다면 자연히 예법에 맞는 몸가짐을 갖추게 될 것이며 평온함을 느끼는 것

11　소작에 대한 세금.

이 가능해지고 의심스러운 마음도 사라진다.

묻기를 ┃ '마음을 아는 것은 좋은 것이다'라는 설
명은 잘 이해하였다. 하지만 그러하다면
조금이라도 납득한 이는 더욱더 배움에
정진하여야 하거늘 이전에는 적극적이었던 이들이 지금은 게을
러져 얼굴을 비치지 않게 되는 것은 어찌 된 것인가?

답하기를 ┃ 물론 그러한 이들도 있다. 그러한 사람
이 처음 기대하였던 것은 '마음을 알게
되면 지금까지의 유흥에 정신이 팔려있
던 마음이나, 이욕利慾에 빠져들어 있던 마음이나, 나약한 의지
따위가 이내 사라져버리고 마음이 맑고 깨끗해지며 즐거이 느껴
지리라'라는 것이었을 터이다. 단, 그렇게 되기 위해서는 조건이
있다. 충효를 다하고 가업에 힘쓰며 행동을 삼가고 조심하지 않
으면 마음의 평온은 얻을 수 없다. 그러나 몸에 스며들어 있던 욕
심이 얼굴을 내밀기 때문에 이를 실행하는 것이 어렵다.

그렇다고 하여 실행하지 않고 있으면 마음을 속이는 것이
되어 '도심道心'과 '인심人心'[12]이 서로 대립하게 되고 그 갈등에
괴로워하게 된다. 가까운 시일 안에 잘 되겠지 하고 가볍게 여기

---

12 도를 존중하는 마음과 욕망에 좌지우지되는 마음.

더라도 당분간은 괴로움이 이어지기에 앞으로 나아가지 못하는 이들도 생긴다. 그때 버텨내지 못하면 『논어(계씨편)』에서 말하는 "힘들다고 하여 배우지 않는 이를, 사람은 아래라고 본다"와 같음이다.

> **묻기를** 그렇다면, 애써 마음을 알아도 스스로 강의를 들으러 오지 않는 이는 알게 된 것이 자기 것이 되지 않는다는 것인가?

> **답하기를** 그 사람은 당분간 '불의不義'는 행하지 않도록 생각할 수 있겠지만 수행에 의한 공덕을 쌓지 않았기에 인심과 도심이 섞여

서로 떼어놓을 수 없는 상태에 있다. 그런데도 도의 이야기를 한 번은 들은 바 있어 불의를 혐오하는 것을 알고 있기에 그 나름의 성과는 얻을 수 있다. 불의를 뚜렷한 까닭 없이 괜히 싫어하는 것은 좋은 것이다.

수득이 급속히 진행되지 않는 것은 나약한 의지의 증거이다. 증자曾子[13]나 맹자는 실행하는 것을 스스로의 과업으로 여기어 숙달시켜 나갔다. 증자는 '인을 수득하는 것을 자신의 임무'로 하고, 맹자는 '호연지기를 기른다'고 말할 수 있는 경지에 달하였다.

---

13 공자의 제자 중 한 사람.

이것은 오늘날 말하는 '본성을 아는 것이 먼저'라는 것과 이어진다. 본성을 알면 실행하기 쉬워진다. 맹자가 사람들을 배움으로 인도하였을 때에도 우선 본성을 알라고 가르쳤다. 때문에 처음에는 인간의 성은 선이라는 것부터 말했던 것이다. 이 '성선性善'이라는 개념은 맹자의 발명이며, 주자는『맹자집주(서설)』에서 "정자程子가 말하기를 맹자의 성선설, 양기론은 모두 이전 성인 공자도 말한 적 없는 사상이다"라고 적고 있다.

바른 도를 알고서부터 그것을 실천으로 옮기는 것은 금방 할 수 있는 것이다. 그러나 그것을 완벽하게 끝까지 해내는 것은 상당히 시간이 걸린다. 그래서 맹자는 먼저 본성을 아는 것을 우선으로 하였던 것이다. 지금 나의 가르침도 맹자의 이러한 생각에 따르고 있는 것으로 적당히 마음대로 하고 있는 것이 아니다. 내가 의거하고 있는 신념은『맹자(진심상편)』서두에 나오는 다음의 말이다.

"맹자 말하기를 그 마음을 다하는 이는 그 본성을 안다. 그 본성을 알면 하늘을 안다."[14]

이 말이 나의 심금을 울렸고 틀림이 없다고 확신하였기에 이를 나의 가르침의 근본으로 하고 있다. "성인의 도를 알고 싶은 이는 반드시 맹자로부터 시작할 것"이라고『맹자집주(서설)』도 쓰고 있다.

---

14 본성은 하늘이 명하는 것이고, 인의예지의 본성을 아는 것은 즉, 하늘을 아는 것이 된다는 의미.

묻기를 | 어떤 유학자의 말에 따르면 그대는 시를 짓거나 문장을 짓는 것에는 어둡다고 하던데 무릇 유학자는 그 일의 성격상 다이묘의 부름을 받을 기회도 있을 터이다. 시문 등을 좋아하는 다이묘들에게 어찌 대응하는가? 문학을 모르고서는 제구실을 할 수 있는 유학자라고 할 수 없다고 생각하네만 그 점은 어떠한가?

답하기를 | 분명 그러하지. 나 따위는 정확한 문자를 구사한 유창한 글솜씨의 편지 한 통도 쓸 수 없는 사람이기에 출사는 애초에 무리한 이야기이다. 문장의 서투름은 스스로 인정하고 있고 어디에도 출사하지 않고 있기에 부끄러움을 느낄 일도 적다. 유학자란 원래 정치에 관여하는 직종이다. 『논어』에도 인이나 정치를 묻는 장면이 많다. 한편 시를 짓거나 문장을 논하고 있는 부분은 너무도 적다.

맹자는 덕을 궁구하는 것이나 인을 다하는 것을 말하고 있다. 맹자는 그 인을 아는 것을 가르치고 있다. 그렇기에 '마음을 다하여 본성을 알라'고 설파한 것이다. 중요한 것은 문자의 의미로 문장력은 지엽적인 것에 불과하다는 것은 말할 바도 아니다. 시 작문이나 문장의 뛰어나고 서투름을 유학자의 기량으로서 생각하는 것은 잘못된 것이다. 그러한 것은 『논어(자로편)』에도 쓰여 있다.

"공자가 말하기를 『시경』의 삼백 편의 시를 암송하여 능통하고 있다 하더라도, 정사를 맡겼을 때 잘 해내지 못하고, 사방의 여러 나라들에 사신으로 가 혼자서 마주 대하여 제대로 절충하지 못한다면, 비록 많이 암송하고 있다고 할지라도 무엇에 쓰겠는가?"

　이 글에 있는 '혼자서 마주 대하여'라는 것이 마음이다. '시 삼백 편을 암송'하는 것이 문장이다. 일본, 중국을 불문하고 작은 것을 보고서 큰 것을 알아채는 이는 드물다. 문학을 자랑하는 것은 미천한 짓이지만 문예도 도를 알기 위하여 도움이 된다면 무시할 것은 아니다.

　나는 문학에 약한 것을 아쉽게는 생각하고 있지만 무사의 가문이 아닌 농민의 집에서 태어나 가계도 빈곤하였기에 학문에 힘쓸 시간이 없었고, 마흔 살을 몇 살 더 넘긴 지금에 이르러 가르침의 길을 뜻하게 되었다. 그러한 처지였기에 문학에까지 손을 뻗칠 수 없었다. 그렇다고는 하지만 확실히 편지를 쓸 때 문자를 틀리는 경우가 많아 그 점은 부끄럽게 생각하고 있다. 읽는 사람이 관대한 마음으로 봐주기를 바랄 뿐이다.

효(孝)란 무엇인가?
孝の道を問の段

묻기를 | 젊은 시절, 나는 앞뒤를 생각지 않고 행
동하였기에 부모에게 몹시 불효하였다.
허나 역시 장년이 되고 나니 마음가짐도
바뀌어 어떠한 불효도 하지 않고 힘껏 노력하여 왔다. 하지만 지
금 이 정도의 효행은 세간에 얼마든지 있는 것이다. 그렇기에 나
는 어디에 있는 누구라며 그 이름이 오르내릴 정도의 효행을 하
고 싶다. 어찌하면 좋다고 할 수 있는가?

답하기를 | 부모의 마음을 거스르지 않도록 하며, 언
제나 온화한 미소를 띠며 대하고, 부모가
마음의 아픔을 느끼지 않도록 하는 행동하는 것이 효행이라고 말
할 수 있겠다.

묻기를 | 부모의 마음을 거스르지 않도록 하고 언
제나 유화한 표정으로 있는 것은 간단하
고 실행하기 쉽다. 그러나 그렇게 한다

고 한들 그것은 집안에서만 알려지고 그걸로 끝이며 세간의 화제가 되지는 못하지 않는가. 내가 하고 싶은 것은 타인의 눈에도 확실히 두드러지는 그러한 것이다.

답하기를 | 자네가 말하고 있는 것은 세상 소문에 집착하는 것으로 진심으로 부모를 섬기고자 하는 것과는 다르다. 세간의 평판을 신경 쓰면 이욕에의 마음이 강해지게 된다. 명성과 이익에 대한 욕구가 강해지면 인의의 마음이 필연적으로 엷어진다. 효행은 인의의 마음으로 행해야 하는 것이다.

"군자는 근본을 중시한다. 근본이 반석이 되었을 때 비로소 도가 가능하다"고 『논어(학이편)』에서 말하고 있다. 근본 부분이 이미 완성되어 있다면 도는 저절로 열린다. 『논어』에서 근본이라고 함은 '부모를 섬기는 것'을 의미하고 있다. 명성을 구하고자 함은 영예를 기뻐하는 것이다. 자기 자신의 명예에 집착하는 이는 효행의 의미를 모를 것이다.

부모의 마음에 거스르는 것은 하지 않는다고 자네는 말한다. 그러나 지난해 말에 자네의 백부가 돈을 조금 빌릴 수 있는지 부탁을 하자, 자네의 부모는 "도움을 주고 싶다"고 말했음에도 자네가 받아들이지 않고 조금도 빌려주지 않았기에, 부모는 불쌍하다고 여겨 "이후 우리들이 검약 할 테니 이번은 빌려주면 안 되겠는가?" 하고 자네에게 세 번이나 부탁하였다고 들었다. 그러나 그대는 이를 듣지 않고 결국은 빌려주지 않았지 않은가. 그 말다툼이 한창이었을 때에 그대의 표정은 유화한 표정이었던가? 언쟁을 하고 있을 때의 사람의 표정이 온화하지 않은 것은 당연하다.

이 하나만 보더라도 '부모에게 거스르지 않는다', '온화한 표정으로 부모를 대한다'라는 두 가지 마음가짐을 그대가 그리 간단하게 실행 가능하다고 생각되지 않네만 어찌 된 것인가?

묻기를│ 『효경(간쟁장)』에 보면 "부모에게 잘못이 있다면, 자녀가 그 잘못을 간하여야 부모는 불의에 빠지지 않는다. 그러니 혹시 부모가 불의에 빠질 때는 자녀는 아버지와 싸워야만 한다"고 말하고 있지 않은가? 사람과 싸울 때 어찌 온화하게 있을 수 있단 말인가. 부모에게 불의가 있어 싸우는 것은 성인이라 하더라도 있을 수 있는 일이다. 나의 싸우는 방식은 『효경』에서 배운 것에 불과하다.

지난해 겨울, 백부가 돈을 빌리기 위한 목적으로 찾아 왔었을 때에 부모가 융통해주고 싶다고 생각하였던 것은 불의에 속한다. 백부도 이전과 달리 가세가 기울어 빈곤해져 있어 틀림없이 언제 돌려줄 것인지 가늠할 수 없는 상황이었다. 즉 언제 돌려줄 수 있을지도 알 수 없는 상대에게 빌려주라고 하는 것은 앞도 뒤도 생각지 않은 무모한 일이다. 그러한 불의를 내세우는 이가 설사 부모라고 하더라도 싸우지 않으면 안 되는 것이다. 부모가 무어라 하더라도 집에 손해를 끼치는 일은 인정할 수 없는 법. 내가 백부에게 돈을 빌려주지 않은 것은 훗날 부모가 부자유한 삶을 보내지 않도록 하기 위해서이다. 부모의 면전이라고 해서 우리의 손해가 되는 것에 대하여 눈감고 넘어가는 것은 말하자면 부모에게 달콤한 독을 먹이는 것과 같은 것이다. 그러한 독을 먹이지 않는 것이 진정한 효행이라고 말할 수 있지 않는가?

그것뿐 아니라 의복이나 식사 등은 부모가 원하는 만큼 하고 있으며 연극 등의 유흥이나 절과 신사로의 참배도 자유롭게 할 수 있도록 하고 있기에 대부분의 효행은 하고 있다고 생각한다. 단지 맹종孟宗이 '눈이 내리는 겨울에 노모가 먹고 싶어 하는 죽순을 캐어 드렸다'는 이야기처럼 근사한 것을 하지 않는 한, 효행의 극치라고 찬양받을 일은 없지 않겠는가?

답하기를 | 그대도 조금은 학문을 한 적이 있어 『효경』을 인용하고는 있지만 말하고 있는 것은 본래의 의미로부터 한참 떨어져 있다. 부모에게 잘못이 있다면, 자녀가 그 잘못을 간하여야 부모는 불의에 빠지지 않는다는 것은 이러한 의미이다. 부모가 도리에 어긋난 것을 하거나, 욕심 때문에 혹 주군을 죽이고 나라를 뺏고 부하는 절도 등의 악행을 일삼는 것. 그러한 커다란 불의가 있을 때 자녀는 부모의 행동을 선행으로 돌려놓기 위하여 싸울 필요가 있다는 의미이다.

효(孝)란 무엇인가?

그러나 그대의 경우는 부모에게 인의의 마음이 있어 사람을 구하려고 하는 것을 그대는 자신의 마음에 둥지를 틀고 있는 '불인불의不仁不義'로 인하여 거부하고 다투었다. 부모를 선행으로 이끌어야 함에도 불구하고 오히려 악행에 빠지게 만들어 버린 것이다. 그러한 일이 있어도 되는 것인가?

그대와 같이 서적을 곡해하여 읽는 사람도 학문을 하였다고 취급받는다면 세간의 사람들은 '학문은 불인의 근원이다'라고 생각할 것이다. 그러한 생각을 하는 이는 학문이 불필요하다고 노래하는 죄인이다. 원래 세간에서는 서적을 읽는 것만이 학문이라고 단순히 생각하여 '서적의 마음'을 이해하려고 하지 않기에 그대와 같이 잘못 알고 있는 이들도 많이 있음이다. 유교의 고전인 경서經書는 어느 것이나 다 '성인의 마음'을 나타내고 있는 것이다. 옛날도 지금도, 성인의 마음도 우리들의 마음도 같은 것이다. 그러한 마음의 상태를 알고 나서 서적을 읽는다면 반드시 거기에 쓰인 말의 의미를 자신의 손바닥을 바라보듯이 명백히 또한 정확히 알 수 있게 될 것이다.

그대가 '의'라고 말하고 있는 것은 모두가 '불의'이다. 그에 반하여 부모의 마음은 '의'에 합당하다. 형제를 버릴 수 없다는 부모의 뜻은 그래야만 하는 당연한 모습이다. 백부라면 부모나 다름없다. 혹여 부모 모두가 빌려줄 수 없다고 말한다 하더라도 그대가 부탁하여 적은 금액이라도 후원하도록 하여야만 하거늘 오히려 그 반대를 행하여 부모의 의지에 등을 돌리는 것은 부모를 업신여기는 죄 깊은 사람이라 할 것이다. 그 죄의 무거움도 알지 못한 채 자신은 부모에게 효행하고 있다고 말하니 그 너무도 어리석은 생각은 논하기 이전의 문제라고 해야 할 것이다.

> **묻기를** 그대의 설명에는 납득할 수 없는 부분이 많다. 돈을 쓰는 것을 싫어하고 가업에 충실하여 열심히 돈을 모으며 그 돈으로

부모를 부양한다면 그 은혜가 친척까지는 미치지 않더라도 적어도 세간은 그 사람을 불효자라고 부르지는 않는다. 분명 품행이 올바른 사람이라고 말할 것이다. 그러나 그대는 그러한 사람들을 포함한 모두가 악인이며 불효자라고 말하는 것인가?

> **답하기를** 그러한 사람들을 나는 '세간 정도의 인간'이라고는 생각하지만, '부모를 섬기는 도'에 대해서는 모르는 이라고 말하고 싶

다. 자네는 책을 읽으면서도 책을 읽지 않는 어리석은 사람들을 본보기로 하기에 부모를 섬기는 도를 모르는 것이다. 『소학(명륜편)』에 다음과 같은 구절이 있다.

"공명선公明宣은 증자의 가르침을 받았다. 그러나 3년간 책을 읽지 않았다. 증자가 그 이유를 물으니 공명선은 이렇게 답했다. 어찌하여 책에서 배울 필요가 있겠지요. 툇마루에 계시는 선생을 보고 있으면서 알게 된 것은, 부모가 계시는 앞에서는

개나 말을 한 번도 꾸짖은 적이 없으시다는 것입니다. 그로부터 큰 배움을 얻었습니다만 저는 그러한 것을 아직 실천하지 못한 채 있습니다."

증자는 부모의 앞에서는 개나 말에게조차 꾸짖거나 화를 낸 적이 없었다고 한다. 그런데 그대는 단지 부모를 부양하는 것만이 효라고 생각하고 있다. 자유子游[1]가 효에 대해서 공자에게 물었을 때 공자는 이렇게 대답했다고 『논어(위정편)』에 적혀 있다.

"지금의 세상에서는 부모를 부양하는 것을 효라고 하고 있지만 개나 말도 소중히 부양하는 경우가 있다. 거기에 공경하는 마음이 없다면 개나 말을 부양하는 것과 아무것도 다르지 않다."

이러한 경우 부모를 섬기는 도는 애愛와 경敬이라는 두 가지가 된다. 애라고 함은 자애롭게 사랑하는 마음. 경이라 함은 삼가 존경하는 마음이다. 그러나 그대는 부모의 뜻에 따르지 않고 두 사람에게 마음의 고통을 주었다. 마음을 아프게 하는 것은 사랑하는 마음이 없기 때문이다. '애경의 마음'이 없는 것은 금수와 같다. 그대가 묻고 있는 것은 세간에서 격찬받을 수 있을 만한 효행이다. 혹시 성현의 효에 대하여 듣고 싶었다면 '애경의 마음'을 빨리 알아야 할 것이다. 애경의 마음을 안다면 성현의 효에 도달하게 될 것이다.

---

1   공자의 제자 중 한 명.

묻기를 내가 묻고 있는 것은 부모를 섬기는 방법이다. 그러한 급한 용건을 차치해 두고서 단지 피상적으로 마음을 알아야 한다는 것은 도대체 무슨 의미인가?

답하기를 손해 보는 것은 받아들이기 어렵다고 하였는데 부모에게 따르지 않는다면 그것은 거스르는 것이 된다. 부모에게 거스르는 것만큼이나 큰 불효가 있는가? 그럼에도 불구하고 부모의 뜻을 받아들여 지출하는 것은 '의에 반한다'고 그대는 생각하고 있다. 그렇게 생각하는 것은 마음이 어리석어 만사의 옳고 그름을 제대로 판별하지 못하기 때문이다. 내가 말하고 있는 것은 모든 면에서 부모를 섬기기 위한 도에 대한 것이지만 그대는 이해하지 못하고 있다. 마음을 모르기 때문이다. 따라서 마음을 아는 것이 급선무이다.

묻기를 손해 보게 될 일을 받아들이면 선조로부터 이어받은 가계는 파탄을 맞이하게 되고 말 것이다. 부모의 부탁을 받아들이지 않았던 것은 만사의 옳고 그름과 선악을 판단한 결과이다. 그런데 옳고 그름을 모른다는 것은 무슨 말인가?

답하기를 | 그대가 말하고 있는 것은 그 무엇 하나 옳고 그름의 구별이 되어있지 않다. 옳고 그름을 논할 수 있는 것은 타인에 대한 것이며 부모에 대하여 논해서는 안 되는 것이다. 하물며 부모가 세상에 악행이라 할 만한 것을 하고 있음도 아니다. 그대는 친척을 구하고자 하는 인애의 마음이 부모에게 있음을 알아채지 못하고 있을 뿐 아니라 오히려 부모를 '불의한 사람'이라 말하고 있다. 실로 슬픈 일이다. 그렇다면 지금 그대의 재산은 부모로부터 물려받은 것인가 아니면 그대 스스로가 벌어들여 모은 재산으로 부모를 봉양하고 있는 것인가?

묻기를 | 익히 그대가 알고 있는 대로 모두가 부모로부터 받은 재산이다.

답하기를 | 그만큼 재산을 물려받았으면 부모에 대하여 다소 지출이 생긴다 하더라도 집안이 굴러가지 않을 정도가 될 일은 없지 않은가! 부모의 재산이라면 설령 부모가 그 재산을 모두 탕진한다 하더라도 그것은 부모의 자유인 법. 만약 재산이 바닥난다면 그대가 그 어떤 천한 일에 종사한다 하더라도 돈을 벌어 봉양해야만 할 것이다. 만약 어떤 이가 "이 재산은 내가 내 몸을 버려가며 고생하여 번 것이기에 부모를 봉양하는 데에 쓸 수 없다"라고

말하며, 부모를 굶겨 죽이고 얼어 죽게 해 버린다면 "그리함이 당연하다"고 그대는 말할 것인가?

묻기를 | 아니다. 자신의 재산으로 봉양할 수 없다고 하여 부모를 굶기고 얼어 죽게 하는 자가 있다면 그자는 사람이라고 할 수 없다.

답하기를 | 그러한 생각이라면 그대도 사람으로서 만사의 옳고 그름을 분별할 수 있음은 명백하다. 그러나 부모의 재산을 부모가 원하는 대로 쓰지 못하게 함은 어떠한 이유인가? 고대 중국의 순왕은 대효大孝의 군왕이다. 부모를 위해서라면 손에 넣은 천하도 헌 신짝처럼 내버릴 사람이라고 하였다. 이러한 것을 알아 두어야 함이다.

재산은 말할 것도 없고 우리 몸뚱이도 그 근원을 거슬러 올라가면 부모의 몸이기에 부모가 쓰고 싶은 대로 쓰고 팔고 싶다면 팔아서 그 돈을 어디에 쓰든 이러쿵저러쿵 말할 입장이 아니다. 부모의 재산으로 부모를 봉양하고 그 남은 재산으로 내가 살아가고자 함이라면 그것은 부모가 빨리 죽기를 기다리는 것과 같은 것. 그러한 생각이 마음속에 응축되어 있다면 반드시 표정이나 쓰는 말에서 나타나기에 부모의 마음을 수없이 아프게 할 것이 분명하다.

옛 의서[2]에 보면 "모든 병은 기氣에서 온다"고 하였다. 부모의 마음에 아픔을 주는 것만큼의 불효는 없는 것이다.

이러한 이야기가 있다. 옛날 위나라에 선공宣公이라는 군주가 있었다. 그의 적자를 급伋이라고 하였다. 선공은 후에 제나라의 선강宣姜이라는 여성을 아내로 맞아들였다. 선강은 두 명의 아들을 낳았다. 형은 '수壽'라 하였고, 아우는 '삭朔'이라 하였다. 선강과 삭은 서로 공모하여 선공에게 이복형이자 적자인 급에 대하여 사실과는 다른 험담을 계속하여 고하였다. 그 결과 선강에게 빠져 있던 선공은 점점 더 급을 미워하게 되었다. 그리고 어느 날 급을 제나라에 사신으로 보내고서는 도적들에게 명하여 도중에 매복하여 있다가 죽이고자 하였다. 둘째 형인 수는 이 사실을 알고 "이것은 동생 삭의 모략이다"라고 생각한바, 형 급에게 고하여 그의 목숨을 구하고자 하였다. 그러자 급은 "아버지의 명이다. 도망갈 수는 없다"고 하며 동생 수의 구명을 받아들이지 않았다. 수는 할 수 없이 급이 제나라로 갈 때 내걸 깃발을 몰래 훔쳐 자신이 급인 척 꾸민 후 형보다 먼저 출발하여 대신 죽고자 하였다. 그런 사실을 알 리 없었던 도적들은 깃발을 확인하고서는 즉시 습격하여 급이 아닌 수를 죽여버렸다. 수가 죽은 곳에 뒤늦게 도착한 급이 "아버지의 명이다! 나를 죽여라! 수에게 무슨 죄

---

2   의서 소문(素問)을 인용하고 있다. 중국의 의학오경 중 하나인 『황제내경(皇帝內徑)』의 전 18권 중 전반부 9권을 '소문'이라고 한다. 후반부 9권을 '영추(靈樞)'라고 부른다. 소문에서는 음양오행과 병리학, 영추에서는 침구술과 물리요법 등을 다룬다.

가 있는가!"라고 소리쳤기에 도적들은 급도 죽여 버리고 말았다. 급은 아버지의 명을 지키고 선강의 악행을 알리지도 않았으며 거스르지도 않고 자신의 목숨을 잃어버린 것이다.

그런데 그대는 약간의 금전에 대한 일로 부모의 명령을 거스르고 자신의 사욕의 마음으로 부모의 마음에 상처를 입혔다. 옛 성현의 효행과 비교해 보면 그대가 행한 것들은 마음이 없는 목석과 무엇 하나 다르지 않다. 집으로 돌아가 곰곰이 생각해 볼 일이다.

무사다움이란 무엇인가?
武士の道を問の段

묻기를 | 나의 아들에 대한 것이네만, 이번에 무사
의 가문에 공복☆僕으로서 보내었다. 그
래서 무사로서의 도라는 것을 어찌 알려 주면 좋을까 묻고 싶다.

답하기를 | 나는 농가 출신이기에 무사에 대해서는
자세하게 모르지만 서적을 통하여 얻은
지식이라면 답해 줄 수 있다. 우선 군주
를 섬기는 이들은 모두 '신하'라 불린다. 후한의 허신許愼이 저술
한 중국의 가장 오래된 사전인 『설문해자(제5권)』에 "신하는 군주
에 따른다. 그것이 군주를 섬기는 것이다"라고 되어 있으니 마음
은 항상 주군을 향하여 있는 것이라 하겠다. 그런데 세간에는 봉
록에 대한 관심만으로 군주의 마음을 얻고자 하는 자들도 있다.
『논어(양화편)』에 참고가 될 만한 내용이 있다.

"자왈 마음이 졸렬한 이들과 더불어 주군을 섬겨서는 안
된다. 그러한 무리들은 지위나 봉록을 아직 얻지 못하였을 때는
이를 손에 넣기 위하여 고심하고, 이미 손에 넣었다면 이를 잃을

까 필사적으로 된다. 그리고 그것을 잃지 않으려고 고심할 때는 어떠한 짓이라도 서슴지 않는다."

봉록을 얻고자 하는 욕구가 조금이라도 있다면 주군에게 위해가 될 원인이 될지도 모른다. 예로부터 불충한 자는 봉록을 탐내는 마음이 그 발단이 되고 있다. 신하가 주군을 인도하고 도를 알고자 한다면 순이 요임금을 섬기고, 이윤伊尹이 은왕조의 탕왕 및 태갑太甲을 섬기고, 주공단이 은을 멸망시킨 주왕조의 무왕이나 성왕을 섬긴 예가 참고가 될 것이다. 지금 이 시대에 군주를 섬기는 자들도 물욕을 버리고 옛사람들을 본보기로 삼지 않으면 안 된다. 앞서 말한 인물들 외에도 은왕조의 주왕에게 충언하였던 왕자 비간比干도 있다. 이들은 모두가 의를 다하면서 마음이 언제나 주군을 향해 있었기에 지금 시대에 신하의 바른 도를 알려줄 모범이 되고 있다.

묻기를 | 나는 배운 적이 없는 무학이기에 어려운 질문은 할 수 없다. 그러니 가능하면 알기 쉽게 말해 주었으면 한다. 나는 1년간 이세진구伊勢神宮[1]에 참배한 후 그곳의 신주에게 "이 신궁의 가르침을 알고 싶다"고 청하였더니 이렇게 말해 주었다. "이곳의 신

---

1   이세신궁. 일본 미에현 이세시에 있는 신궁으로 총 125개의 신사로 이루어져 있다. 일본의 최고 으뜸 신궁이자 전국 약 8만 개 신사를 총괄하는 총본산이라 할 수 있다. 일본 천황계의 씨족신이라고 할 수 있는 아마테라스(天照大御神)를 모시고 있기 때문에 일본문화에서 중요한 의미를 가진다.

의 가르침은 그저 정직한 것이 선이라는 것이오. 부모에의 효, 주군에의 충을 마음에 새기고 우직하게 가업에 정진하며 다른 것에 마음을 빼앗기지 않도록 하는 것이오. 그런데도 과오가 있다면 그 과오의 고통은 이 사람이 받겠소"라고. 알기 쉬운 가르침이라 생각하여 "조금 어려운 가르침이 있다면 알려 주시오"라고 청하니 은사가 되어준 그 신주가 "이 사람이 지금 말한 것을 쉽게 실천할 수 있다면 그때 알려 주겠소"라고 말하였다.

간단한 것이라고 생각하여 실행하려고 노력하였지만 솔직히 말하면 그리하지 못하였다. 효와 충도 지금까지 실행하지 못하였다. 그런 꼴이라 가업에 정열을 쏟고 쓸데없는 것에 마음이 흔들리지 않도록 하는 것 등도 일생을 다한들 가능할 것 같지가 않다. 그러한 것들을 생각하면 할수록 얼마나 높고 먼 목표인가 하고 마치 다른 사람의 일처럼 그저 감탄할 따름이다. 그런 까닭에, 지금 내가 말한 것처럼 알기 쉽게 간단하게 가르쳐 주었으면 한다.

답하기를 │ 그런 것인가. 그런 경우는 자주 있는 일이다. 『논어(안연편)』에 "번지樊遲가 인仁이 무엇인지 묻자 공자가 말하기를 사람을 사랑하는 것이라고 답하였다. 지知가 무엇인지 묻자 사람을 아는 것이라고 하였다"는 부분이 있다. 인을 안다는 것은 너무도 어렵지만 공자는 이렇듯 짧은 몇 단어만으로 능히 설명하였다.

어려운 문자들로 설명하는 것이 아니라 단어로 설명하는 편이 사람을 깨우치기 쉽고 안성맞춤이지 않겠는가? 행복한가 행복하지 않은가는 나 역시 학문을 하였다고는 할 수 없는 사람이기에(무학이기에) 그대의 몸에 있는 것들을 예로 하여 간단히 설명해 보겠다.

자 그럼 그대는 손발이 입에게 부려지고 있다는 것을 이해하고 있는가? 입이 식사를 하지 않으면 손발은 평온무사하게 있을 수 없게 된다. 그러니 손발은 고생 속에서 일생을 입에게 종사하지만 자신이 떳떳하지 못하다 따위의 생각은 전혀 하지 않고 입에게 충성을 다하여 섬긴다.

주군을 섬기는 신하의 길도 손발이 입에게 종사하는 것을 본보기로 하면 될 것이다. 신하의 식사는 주군으로부터 받는 봉록이다. 그 인연이 없다면 생명을 이어갈 수 없다. 따라서 무사는 자신의 몸을 주군에게 맡기고 주군의 몸을 대신하여 부지런히 일하며 이슬만큼도 티끌만큼도 자신을 돌아보지 않을 정도로 힘쓰는 것. 그것이 신하로서 응당 가야만 하는 길이다. 손발이 언제나 입에게 종사하고 있는 것과 신하가 주군을 섬기는 것 사이에 위화감이 든다면 '불충'에 빠져 있다고 의심할 수 있다. 이것을 법칙과 같이 지킨다면 어느 나라 어느 번藩을 섬긴다고 하더라도 신하로서의 도에서 벗어나는 일은 없을 것이다.

신하는 정치에 종사하는 자. 군주가 신하를 쓸 때는 올바른 도로서 대처하지 않으면 안 된다. 옛날 성인의 시대의 군주는 만민을 자신의 아이처럼 생각하고 백성의 마음을 자신의 마음이라고 생각하며 정치를 하였다. 『시경(소아 남산유대편)』에서는 "덕이 있는 즐거운 군자는 백성의 어버이다"라고 노래하고 있다. 백성이 좋아하는 것을 좋아하고, 백성이 미워하는 것을 미워한다. 이것을 백성의 어버이라고 한다고 『대학(전십장)』에도 쓰여 있다. 그러하니 성인은 죽어도 백성들이 그 유덕을 그리어 잊지 못한다고 말하는 것이다. 이 의미를 잊어서는 안 될 것이다.

마찬가지로 충의로운 신하도 후세까지 이름을 남기고 천하의 인물로서 계속 사랑받게 되는 것이다. 신하로서의 응당 그러하여야 하는 모습에 대해서는 『예기(곡례)』에 "40세를 강强이라고 하고 남을 지시하고 부린다"고 되어 있고, 같은 책의 주석서 『예기대전』에는 "40세가 되면 뜻을 강하게 품고 이해에 마음이 흔들지 않도록 하여 행운과 불운, 행복과 불행도 괘념치 말고 출사하여야 한다"라는 영가대永嘉戴의 주석이 쓰여 있다.

무사[2]의 도는 무엇보다도 먼저 마음을 알고 뜻을 정하는 것이다. "선비는 무엇에 마음을 두어야 하는 것입니까?"라고 제나라의 왕자 점墊이 맹자에게 물었더니 "뜻을 높이는 것이다"라고 답하였다 한다. 이에 "무엇이 뜻을 높이는 것입니까?"라고 다

---

2 이시다 바이간은 중국 고전들에 등장하는 '선비(士)'라는 표현과 '무사(武士)'라는 표현을 동등한 의미로 보고 사용하고 있다. 이시다 바이간은 士라는 한자를 쓰고 그 음독을 '사무라이(さむらい)'라고 쓰고 있다. 즉 중국 성인들이 말하는 선비의 도와 일본 무사의 도를 신하의 도라는 큰 틀에서 그리고 뜻을 세워야 한다는 지점에서 차이가 없다고 이해하고 있다고 볼 수 있다. 이 구절에서 지칭하는 무사도 원문에는 士라는 한자로 쓰고 있다.

시 묻자 공자의 말을 빌려 답하는 것이 『맹자(진심상편)』에 기록되어 있다.

"인과 의를 철저히 하는 것이다. 단 한 명이라도 죄가 없는 사람을 죽인다면 그것은 인이 아니요. 자신의 소유물이 아닌 것을 뺏는 것은 의가 아니다. 자신이 기준으로 삼고 세워야 할 신념이 무엇이냐고 한다면 그것이 인仁이다. 가야만 하는 길은 어디에 있냐고 한다면 그것은 의義이다."

또한 『맹자(고자상편)』에도 "명령도 의도 지키고 싶지만, 명과 의 중에서 어느 하나를 택하여야만 한다면 나는 목숨을 버리고서라도 의를 취할 것이다. 그렇기에 죽음을 걱정하는 것이 불가피한 것이다"라고 하고 있다.

무사라고 하는 자는 이 의미를 충분히 새겨야만 한다. 하지만 세상에는 '무예에 정진하는 것만이 무사의 도'라고 마음가짐을 잘못하고 있는 자들이 많다. 진정한 뜻이 없는 무리들을 무사라고 해서는 아니 된다. 『논어(태백편)』에 "주공과 같은 뛰어난 재능을 가졌다고 하더라도 만일 그 사람이 교만하고 인색하다면 그 나머지는 무슨 공이 있다고 하여도 볼 필요도 없을 것이다"라고 하고 있다.

한편 마음이 바르고 우직한 삶을 관철하고 있다면 그 이외에 약간의 모자람이 있다 하더라도 선비라 부를 수 있다. 『논어(헌문편)』에는 선비라는 자의 부끄러움에 대하여 제자 원헌原憲으로부터 공자가 질문을 받는다. 이에 공자는 "나라에 정의와 예절과 같은 도덕이 널리 퍼져있을 시기에 사관하여 녹을 받는 것은 괜찮으나, 도덕이 썩어가고 있는 시기에 사관하여 녹을 받는 것은 부끄러움이다"고 답하고 있다.

선정이 이어지고 있는 시대에 운 좋게 녹을 받게 되었다고 하더라도 별다른 역할을 하지 못하는 것은 부끄러워해야만 할 일이다. 하물며 군주가 올바른 위정의 길을 알지 못하고 국가를 안정시키지 못하고 있는데 군주에게 간하지도 못하고 그저 녹봉만 받아먹으며 물러나려고도 하지 않는 신하는 이것 역시 커다란 부끄러움이다. 이러한 부분들을 잘 생각해야 할 것이다.

이상이 '무사로서의 뜻'의 대강이다. 일의 상세한 부분에 대해서는 사관하고 있는 무사의 집에 물어보는 것이 좋을 것이다.

상인다움이란 무엇인가?
商人の道を問の段

어떤 상인이
묻기를

나는 언제나 물품을 사고파는 것을 생업으로 하여 왔지만 상인으로서의 올바른 도리의 의미가 무엇인지 아직 이해하지 못하고 있다. 주로 어떠한 점에 주의하여 상인으로서의 처세를 하면 좋은가?

답하기를

아주 먼 옛날 자신에게 남는 것을 부족한 것과 물물교환을 통하여 상호 간에 유통시켰던 것이 상인의 시작이라 할 것이다. 상인은 금전 출납의 계산에 정통함으로써 나날의 생계를 꾸릴 수 있기에 동전 한 닢이라도 경시하는 말을 입에 담아서는 안 된다. 그러한 나날을 꾸준히 이어가며 부를 쌓는 것이 상인으로서의 바른 도리이다.

이 경우 '부의 주인'은 누구인가 하면 세상의 모든 이들이다. 사는 쪽과 파는 쪽이라는 입장의 차이가 있다 하더라도 주인도 상인 그 자신도 서로 간의 마음에는 아무런 차이가 없다. 그렇기에 동전 한 닢도 아까운 자신의 마음처럼 상대를 헤아려 팔아야 할 상품을 소중히 생각하고 결코 허술히 다루어 팔지 않아야 함이다. 그리하면 산 사람도 처음에는 돈이 아깝다고 생각될 만한 일이 있었다 하더라도 돈이 아깝다는 마음은 사라지고 좋은 것을 샀구나라는 마음으로 자연히 변화하게 되는 것이다. 더구나 천하의 재화를 유통시키는 것을 통하여 세상 사람들의 마음과 생활을 안정시키는 것에도 이어지기에 천하에 계절이 돌고 돌아 만물이 생육하는 것과 일맥상통한다고 하여도 좋지 않겠는가?

그리하여 부를 산과 같이 이루었다 하여도 그 행위는 탐욕이라고 불리어서는 안 된다. 아오토 후지츠나靑砥藤綱[1]가 탐욕 때문이 아닌 세상을 위하여 단 동전 1문文을 아깝게 여겨서 강에 떨어뜨린 전10문을 찾도록 하기 위해 전50문을 썼던 유명한 고사의 의미를 깊이 음미해볼 필요가 있다.[2] 그리하면 나라의 방침이기도 한 검약령儉約令[3]에도 부합하고 하늘의 명에도 합치하여 형편도 좋아지고 행복해질 것이다. 자신의 행복이 만민의 마음을 안심시키는 것과 이어진다면 그것이야말로 '세상의 보물'이라

---

1   가마쿠라 시대의 무사. 아오토 자에몬이라고도 불린다.

2   아오토 후지츠나가 밤늦게 강을 건너다가 전10문을 강에 떨어뜨리자 자신의 종에게 전50문을 주며 횃불을 사 와서 돈을 찾으라고 명하였다. 이에 어떤 이가 "고작 10문을 찾고자 50문을 쓰는 것은 수지가 맞지 않는 손해가 아닌가?" 하고 조롱하자, 아오토는 "10문은 소액이나 이를 잃어버리면 천하의 화폐를 영구히 잃는 것이 된다. 50문은 나에게 있어서는 손해이지만 타인은 이익을 얻게 됨이다. 합쳐서 60문의 이익이 더 크다고 할 수 있지 않은가?"라고 답하였다.

3   검약령은 에도시대 초기부터 말기까지 이어진 절약에 관한 법령들의 총칭이다. 크게 '재정긴축과 절약권장', '사치금지'의 2가지로 분류된다.

불러야 할 것으로 천하태평을 기원하는 것과 같은 효과가 있다 할 것이다.

　너무도 뻔한 이야기이지만 상인은 나라의 법을 잘 지키고 자신을 삼가야만 한다. 상인이라고 하더라도 사람으로서의 도리를 알지 못하고 돈을 번다면, 더욱이 불의한 돈을 버는 일이 있다면 머지않아 자손이 끊기는 결과는 불러오게 될 것이다. 마음속 깊은 곳에 자자손손을 사랑하는 마음이 있다면 우선 사람으로서의 바른 도리를 배우고 가업이 번영하도록 하여야만 할 것이다.

배움이란 무엇인가?
播州の人學問の事を間の段

어느 날 반슈播州[1]의 사람이 상경하여 숙박하게 된 거처의 주인과 함께 나의 학당에 찾아와 이런저런 이야기를 한 적이 있다.

> **묻기를** │ 나에게는 아들이 하나 있는데 학문하기를 희망하여 "단기간이라도 좋으니 교토에 보내 달라", "소학이나 대학의 강독 정

도는 받고 싶다"라며 몇 번이고 청을 하고 있다. 이 이야기를 그대에게 하는 것이 약간 부끄럽지만 상담을 해줄 수 있겠는가?

내가 듣기로는 반슈 히메지姬路[2] 주변의 유복하고 전답도 많은 자들이 자신의 아들에게 학문을 시켰더니 후에 여러 가지 성가신 일들이 일어났다고 한다. 그러한 터에 나에게는 단 하나뿐인 아들이 실로 절실히 원하는 것이기도 하고 학문을 함으로써 조금은 현명해지기를 나 또한 원하고는 있지만, 인품이 나빠지는

---

1 일본의 율령제하의 영제국 중 하나인 하리마노쿠니(播磨国)의 다른 이름. 현재의 효고현 남부.

2 나라시대(奈良時代)부터 헤이안시대(平安時代)에 이르기까지 국사라 불리는 지역관청이 있었던 반슈의 중심지역으로 이후 에도시대에는 히메지번(姬路藩)이 되어 히메지성이 세워졌다.

것이 아닌가 불안하여 아직 상경시키지 못하고 있는 중에⋯

답하기를 | 학문에 관한 성가신 일들이란 무엇을 말
하는 것인가?

묻기를 | 학문을 시켰다는 히메지 주변 자식들의
열 중 여덟, 아홉은 상업과 농업을 등한
시하고 더하여 칼을 차기를 원하는 등 자
신이 마치 굉장한 사람이라도 된 것처럼 착각에 빠져 타인을 깔
보게 되었다고 한다. 부모에 대해서도 면전에 대고 불효한 언행
을 보이는 것까지는 아니더라도 가끔은 부모를 배운 것이 없는
사람이라고 업신여기는 듯하는 표정을 보이는 경우도 있다 한
다. 어떻든지 듣기에 좋은 이야기들은 아니다.

부모들은 자신의 자식이 제대로 대답도 하지 않을 때 그 이
유가 혹시 학문이 가르치는 덕이라는 것이 저런 것일 수도 있지
않을까 하다가도, 그저 부모는 입을 다물고 가만히 있으라는 태
도로 보이는 것도 사실이다. 어느 집 자식이든 그 이전부터 조금
씩이더라도 다들 학문을 했었기에 내 아들도 그리되면 어찌하나
싶어 상경시킬 용기가 나질 않는다. 어찌하면 좋겠는가?

답하기를 | 학문이라고 하는 것은 그러한 문제를 고치
기 위한 것이다. 그대는 성하마을城下町에

서 살고 있다고 하였지만 이곳 교토에 비하자면 어찌 되었든 시골이니 그러한 일들이 실제로 일어날지도 모른다.

> **묻기를** 그렇지 않다. 학문을 한 자제들 중 7, 8할은 교토에서도 이름이 알려진 선생들에 대해서 배우고 있다.

> **답하기를** 그대의 말을 듣고 있노라면 그렇게 배운 자들이 모조리 인륜에 반하여 살고 있는 것이 된다. 바른 가르침의 길이 추구하

고자 하는 것은 인륜을 확실히 하는 것뿐이다. 스승이라고 하는 자는 설령 배우는 이가 적敵이라고 하더라도 성인의 길에 반하는 가르침을 행하여서는 아니 된다.

학문의 길이라고 하는 것은 먼저 자기 자신의 행동을 삼가고 의로운 마음으로 주군을 존경하는 것. 인애의 마음으로 부모를 섬기고 신뢰의 마음으로 친구와 교우하는 것. 사람을 차별하지 않고 사랑하고 빈궁한 이를 동정하는 것. 공덕이 있더라도 이를 절대 과시하지 않고 의복에서 소도구에 이르기까지 검약한 마음을 가지며 화려함을 추구하지 않는 것. 가업을 소홀히 여기지 않으며 가계는 수입에 맞추어 지출을 억제하는 것. 법을 제대로 지키고 집을 잘 안정시키는 것이다. 학문의 길을 대충 말하자면 바로 이러한 것이다.

묻기를 지금 한 말 중에서 알 수 없는 부분이 있다. 의복을 화려하게 하지 말라는 것이다. 그런데 내 자식에게는 다른 자식들보다는 조금이라도 더 나은 것을 입히고 싶다는 것이 부모의 마음인 법. 더하여 자식이 변변치 않은 차림으로 있는 것은 부모의 마음을 아프게 하는 것이니 오히려 불효가 아닌가?

답하기를 부모의 뜻과 반대로 자식에게 변변치 않은 차림을 시키라는 것이 아니다. 내가 말하고자 하는 것은 '검약하라'는 것이다. 올바른 도리를 잘 아는 부모라면 예를 어기면서까지 사치하는 것을 기뻐하지는 않을 것이다. 공자(『논어(팔일편)』)도 "사치하지 말고 검약하라. 그것이 사람으로서의 예이다"라고 말하고 있다. 약간의 예가 부족한 것만으로도 큰 사치의 해악을 낳을 수 있음을 알아 두었으면 한다.

올바른 도리에 어둡고 사치를 좋아하는 부모라고 하더라도 무엇이든 자신들의 생각대로 되는 것은 아니다. 이를 비유하여 보자면 도벽이 있는 부모가 자기 자식들에게도 도둑질을 권할 것인가이다. 자기 자식에게 도벽이 있음을 안다면 다른 사람들이 알기 전에 그만두도록 하는 것이 진정한 부모의 마음인 것이다. 자식도 부모의 마음을 안다면 효행의 도리를 헛되이 하지 않게 되고 부모가 악행에 빠지려 하면 이를 멈추게 하여 바른길로 인도하려고 하게 된다. 올바른 도리를 아는 부모라면 이심전심으로 자식의 마음을 이해하고 올바른 삶으로 나아가게 될 수밖에 없다. 이것이 학문의 힘이다.

<blockquote>
묻기를 그대가 말하는 대로라면 아들에게 학문을 시키더라도 큰 문제는 일어나지 않겠지. 그런데 이렇게 말하는 이들도 있다.
</blockquote>

"오늘날 이렇게 학자들의 관습이 악화된 것은 제자에게 문제가 있어서가 아니다. 유학자라고 하는 자들이 성현의 마음을 제대로 이해하지 못한 채 가르치기 때문에 자신들의 생각에만 빠져 고사의 예로 돌아가는 것을 잊었다. 게다가 봉록을 챙기고자 하는 바람이 있기에 예를 다하여 앞으로 나아가고 의를 생각하여 물러나는 것이 불가능하다. 배우는 자는 스승의 그러한 예에 어긋나는 태도를 따라 하기에 자신의 지식을 과시하거나 타인을 얕잡아 보거나 하는 것이다. 이러한 것이 학문의 폐해이다. 그 원인을 더듬어 가다 보면 스승이라는 자가 추구하는 명망이나 사리사욕이라는 결론에 도달하게 된다. 그것이 자연스레 제자에게 전염된 것으로 제자에게 문제가 있는 것은 아니다. 그야말로 스승의 문제다"라고 하였다. 어찌 생각하는가?

<blockquote>
답하기를 그러한 것은 입에 담아서는 안 된다. 『논어(자장편)』에 "자공子貢이 자금子禽에게
</blockquote>

말하기를 군자는 단 한마디로 현자가 되기도 하고 단 한마디로 현자가 되지 않기도 한다. 말함에는 신중을 기하지 않으면 안 되는 것이다"라고 되어 있다.

이 세상에 유학자가 몇 명이나 되는지는 잘 모르겠지만 『논어』를 읽지 않은 유학자 따위는 있을 수 없다. 주자는 『논어』에 주석을 더한 『논어집주(서설)』에서 "공자는 성인이 되고 미곡창고의 출납을 관장하는 관리가 되었는데, 미곡의 양을 재는 것에 있어서는 공평함 그 자체였다"라고 쓰고 있다.

공자는 장작이나 목초, 목재 등을 모으는 관리직에 임한 적도 있는데 대성인으로서의 덕이 이미 갖추어져 있었기에 그 일을 전혀 불만스럽게 생각지 않았다. 따라서 계량에 있어 공평하였고 셈을 함에 있어 흔들림이 없었던 것이다. 이를 다른 말로 바꾸자면 천명에 담담히 따르는 것이라고 할 수 있다.

『논어집주(서설)』는 앞의 내용에 이어 공자는 축산을 담당하게 되어 소와 양을 기르는 일에 종사하였는데 소와 양은 점점 더 커졌고 점점 더 번식하여 늘었다고 한다. 그때도 공자는 천명을 차분한 마음으로 받아들인 것이다. 사농공상士農工商 어디에 종사하는 자라도 그러한 삶의 방식을 모범으로 하여 자신의 가업에 만족할 줄 알아야만 하는 것이다. 『논어』를 읽는 자가 이 정도도 모른다는 것은 말이 되지 않는다.

무릇 '도를 안다'라는 것은 지금의 자신이 놓여있는 처지에 불만을 토로하지 않고 과분한 욕망을 부리지 않도록 자신을 경계하는 것이며 그것을 '학문에서 얻을 수 있는 덕'으로 삼는 것이다. 그대의 이야기 속의 학생들은 어떤가 하면 그러한 것도 모르면서 칼을 차기를 원하고 가르침의 길을 변변히 이해도 못하고 있으면서 은사의 트집을 잡고 있다. 그것은 큰 잘못이다.

그러한 학생들을 가르치는 사람들은 유학자가 되어도 성현의 영역에까지 달하지 않았다면 녹봉이 머릿속을 어지럽힐 것이다. 그런데 그 정도의 유학자라 하더라도 '녹봉에 신경을 쓰는 마음이 인다면 사관하여서는 안 된다'는 이치 정도는 알고 있다. 그렇기 때문에 녹봉을 원하는 마음을 누르고 의에 반하는 녹봉은 받지 않으려고 하는 것이다.

자신의 현재의 처지는 천명이라는 것을 명심하여야 한다. 그리하는 것은 공자를 모범으로 하는 것이다. 그 의미를 안다면 지금의 자신의 직분을 소홀히 하는 마음은 생겨나지 않을 것이다. 또한 혹시 번주藩主로부터 신하로 들이고 싶다고 권유가 있더라도 자신은 그러한 그릇이 못 된다며 우선은 사양하여야 한다. 사관을 할 것인지 말 것인지로 인하여 마음이 흔들려서는 안 된다.

『논어(자한편)』은 이렇게 말하고 있다. "아름다운 옥을 궤에 넣어 두어야만 할까요? 팔아야만 할까요?"라고 자공이 여쭈자 공자는 "팔아야지 당연히 팔아야지. 나 역시 좋은 값을 주고 사 줄 상인을 기다리고 있다"고 답했다. 자신의 값을 기다린다고 하는 것은 "선비 되는 자는 예를 다하여 초대하지 않으면 안 되고,

설사 굶어 죽더라도 스스로가 사관을 원하여서는 안 된다"라는 의미이다. 이렇게 확실히 설파하고 있거늘 그것을 잘 모른다고 하면『논어』를 읽었다고 말할 자격이 없다.

누구라 하더라도 사관하는 것은 주군이 잘못할 때 간언하여 바로잡고 국가를 제대로 안정시키기 위함이다. 녹봉을 추구하는 사심이 조금이라도 있다면 사관하여 얻은 녹봉을 잃게 되는 것을 두려워하게 된다. 녹봉에 마음을 빼앗긴 자가 주군에게 간언하고 잘못을 바로잡는다는 것은 생각조차 할 수 없겠지. 설사 아무리 많은 책을 읽고 세간으로부터 박학하다고 불린다 하더라도 주군을 불의에 빠지게 하는 자라면 학자라 할 수 있겠는가?

그 옛날 염구冉求[3]라는 자가 계씨季氏[4]를 가재家宰[5]로서 섬겼으나 심약한 성격이 화가 되어 계씨에게 간하지 못하고 오히려 세금을 더 걷어 계씨가 더욱 부유하게 되도록 도왔다. 이 사실을 알게 된 공자는 염구를 엄히 꾸짖었다. 봉록을 원하는 자가 주군을 섬기면 스스로 실패하고 수치스러운 결과로 이어진다는 가르침인 것이다.

그런데 유학자라는 자들은 성인의 마음을 모른다고 그대는 말하였는데, 어떤 의미인가? 마음은 몸의 주인이다. 더구나

---

3 공자의 제자인 자유(子有).

4 노나라의 대부.

5 봉토의 관리자.

"유儒는 그 덕으로 몸을 씻는 것"이라 『예기(유행편)』에도 쓰여 있듯이 '유儒'라는 것은 곧 '유濡'로 '적시다'라는 의미인 것이다. 몸을 씻는다는 것은 마음을 씻는 것이라고 이해하여야만 한다. 주자의 『맹자집주(서설)』에도 있듯이 『맹자』라는 책도 '심상心上'[6]에서부터 설명을 시작하고 있다. 마음을 알면 품은 뜻이 굳건해지고 '의리義理'[7]를 알게 되기에 학문은 나날이 깊어지게 된다. 그러나 마음을 모르면 애써 학문을 하더라도 어렴풋한 자기만의 학문을 하기에 무엇인가를 깨닫거나 새로운 것을 발견하거나 할 가능성이 없다.

『근사록(도체류)』에 다음과 같은 구절이 있다.

"의서에 수족의 마비를 일컬어 불인不仁이라고 쓰고 있다. 이것은 '인仁'의 특징을 그야말로 잘 표현하였다 할 것이다. 인자仁者는 천지만물과 마음을 일체로 여긴다. 자기 몸이 아닌 것은 하나도 없다. 천지만물을 자기 몸으로 인식할 수 있으면 어디엔들 이르지 못하겠는가. 만일 누군가가 자신의 마음과 같지 않다면 상호 간의 의사소통이 불통하게 되고, 마치 수족이 마비不仁된 것마냥 될 것이다."

그야말로 성인은 시종일관 자기 자신의 마음으로 천지만물을 파악하고 그것들과 하나가 되어 있다. 따라서 스승이라는

---

6 마음의 존재. 마음의 상태.

7 '의'의 도리. 올바른 것의 체계.

자가 그 마음을 올바로 이해하지 못하면 무엇을 모범으로 하여 가르쳐야 하는지도 모르고 사람의 마음을 바로잡는 것도 할 수 없음이다. 그러할진대 가르치는 자로서 일가를 이루고 있는 유학자가 마음을 모른다고 말한다.

그대의 고향에서도 책을 많이 읽고 문장력이 뛰어난 자가 누군가를 가르치고 있다면 그러한 이를 유학자로서 인정하여 주는 듯하다. 허나 성현의 마음을 알지도 못한 채 누군가를 가르치고 있다면 그러한 인물은 하찮은 작은 유학자에 불과하고 '걸어다니는 책장' 정도라고 불러야 할 것이다. 그에 반하여 '군자'라고 불릴 수 있는 훌륭한 유학자는 항상 배우는 자의 마음을 바로잡아 주고 오직 덕이 있는 사람으로서 길러내는 것을 목적으로 하고 있다. 군자로서의 유학자라 함은 자신의 재능을 자랑하지 않고 물욕이나 세간의 평판 등도 염두에 두지 않으며 오직 사람으로서의 도리에 뜻을 두고 있는 유학자를 말하는 것이다.

허나 마음을 아는 것은 먼 옛날의 성현들의 시대에나 가능했던 것으로 지금 이 시대를 살아가는 이들은 불가능하다고 생각하는 이들도 있다. 석가의 '말법만년末法萬年'이라는 가르침이다. 그러나 그대는 한편으로 불교에 대하여 악담을 하면서도 자신의 입맛에 맞춰 '말법의 세계에서는 불교의 도리가 쇠한다'라는 부분만을 받아들여 자신의 의견으로 하는 것은 대관절 무슨 말인가? 맹자는 "지금으로부터 열 세대 후의 일을 알 수 있습니까"라고 자장이 묻자 "백 세대 후라 하더라도 바뀌지 않는다"라고 답하지 않았는가? 이러한 도리를 이해하지 않고 강독을 하고, 사람을 가르쳐서는 안 된다.

> **묻기를** │ 그렇게 말하는 그대는 마음이 무엇인지 알고 있기에 가르치고 있는 것인가? 그렇다고 한다면 '마음을 안다'는 것은 과연 어떠한 것인가?

> **답하기를** │ 마음은 몇 마디 말로 간단히 전달할 수 있는 그런 것이 아니다. '마음은 본체이다'라고 하는 이들도 있다. 마음을 물건에 비유해서 말하자면, 구체의 거울과 같은 것이다. 사방도 상하도 모두 비춰낸다. 정자가 말한 "성인의 마음, 명경지수와 같음"이 바로 그것이다.

그 외에도 '마음의 작용, 역할'로서 설명하는 이들도 있다. 『맹자(고자상편)』의 "마음의 역할은 생각하는 것을 관장함이다"라는 말이 그것이다. 사람은 굶주리면 무엇인가 먹고 싶다고 생각하고 목이 마르면 물을 마시고 싶다고 생각한다. 공자(『논어(계씨편)』)에서 말하는 "보는 것은 만사의 시비와 선악을 확인하고자 하기 위해서고, 듣는 것은 이해하고자 하기 위해서고, 사람의 얼굴을 보는 것은 예의에 어긋남이 없도록 하기 위해서이다"라는 것이 그것이다. 한결같이 성인들은 천지만물을 자신의 마음으로 삼지만 그러한 것을 입으로 말하여 이해할 수는 있는 것은 아니다. 스스로 노력하여 터득하는 수밖에 없음이다.

『시경(대아편)』의 '증민烝民'[8]이라는 시에 "하늘은 백성들을 낳으시고 사물에 법칙이 있도록 하시었다"라는 구절이 있다. 이 것을 아비와 자식의 관계에 맞추어 본다면 자식을 자애롭게 사랑하는 것이 아비의 마음이고 아비에게 효행하는 것은 자식 된 이의 마음이다. 모든 것이 이러한 것이다.

이것은 척 보기에는 알기 쉽다고 생각되지만 한 번 이러하다고 확신을 가지고 그것에 의심을 품지 않게 될 정도가 되지 않았다면 올바르게 이해하는 것은 불가능하다. 그러한 확신은 신념이 아주 견고하였을 때 처음으로 세워진다. 따라서 부모가 자식에게 전해줄 수 있는 것도 아니고 스승이 제자에게 알려주는 것도 불가능하다. 스스로 이해하면 그것을 스승은 인정해주는 것이다.

그러나 이것은 공자나 맹자도 설명하고 있는 것은 아니지만, 공자는 "하늘은 무엇을 가르치더냐? 그저 사계절은 순환하고 만물은 생성하고 있다. 하늘은 무엇을 가르치더냐?"라고 『논어(양화편)』에서 말하고 있다. 올바른 도라는 것이 숨어 있는 것은 아니다. 공자는 그렇게 풀어서 이야기하고 있지만 '사계절이 순환하고, 만물은 생성하고 있다'라는 것이 어떠한 것인지 유념하여 살피는 이는 매우 적다.

---

8 모든 백성.

『장자(천도편)』를 보면, '편扁'이라는 이름의 통을 만드는 목수가 제나라의 군주인 '환공桓公'이 성인의 책을 읽고 있는 것을 보고 "성인의 뜻을 모르고서 그 책을 읽는 것은 술 빚은 후의 찌꺼기와 같은 것. 본래의 맛은 이미 잃은 것이다"라고 논하였다는 이야기가 나온다.

어떤 것이 본래의 맛인가 하니 목수가 바퀴를 깎는 것과 같은 식으로 "헐겁게 바퀴를 만들면 걸림 없이 굴대가 들어가지만 튼튼하지는 못합니다. 반대로 빡빡하게 바퀴를 만들면 그때는 굴대가 들어가지를 않습니다. 너무 헐겁지도 않고 너무 빡빡하지도 않은 것. 그 감촉을 손으로 터득하여 마음에 새기는 것. 그것을 말로써 표현하는 것은 불가능합니다"라고 편이 말한 것은 정말 재미있다.

마음을 모르고서 법을 논하는 것은 목수에 대해서 소문으로만 듣고 바퀴를 깎는 것과 같은 것. 마음에 쿵 하고 떨어지듯이 깨닫지 못한다면 통을 만들었다 하더라도 물을 담는 용도를 이루지 못할 것이다. 가르침의 길도 그것과 같은 것이다. 그렇기에 마음으로 하는 것이 정말 중요해지는 것이다.

『논어(위정편)』에 "70세가 되어 마음이 명하는 대로 행하여도 도리에 어긋남이 없어졌다"라 되어 있다. 이렇듯 마음의 소욕所欲대로 행하여도 그것이 천하의 본보기가 되는 것은 현인이라 하더라도 쉽게 따라 할 수 있는 것이 아니다. 그러나 마음을 안다는 그 지점에서는 누구라도 똑같다.

그것을 무언가에 빗대어 보자면 물과 같다고 할 수 있다. 성인이 넓은 바다에 큰 배를 띄워서 천하의 재화를 옮기어 만민을 길러내는 것과 같은 것. 혹은 현인이 대하의 물을 이용하여 한 나라의 재화를 옮기어 또 다른 한 나라를 길러내는 것과 같은 것. 우리들처럼 작은 인간은 작은 하천의 물로 5정에서 7정[9] 정도의 전답을 적시어 일가를 길러내는 것과 같은 것. 세상을 돕는 다양한 방법은 그 각각이 모두 다르겠지만 그 물들이 사방의 바다에 다다르면 모두가 같은 물이 된다.

마음을 안다는 것은 그와 같은 것이다. 성현이라고 불리기까지에도 상중하라는 방식의 차이는 있다 하더라도 배움을 지속한다면 결국은 성현의 영역에 다다르게 됨은 모두가 똑같다. 우리들과 같은 범인은 욕구를 제어하고 악을 행하지 않도록 꾸준히 각고면려 刻苦勉勵 한다면 조금씩 그것에 가까워짐을 반드시 알 수 있을 것이다.

이때 질문자인 번주에서 온 손님은 돌아갔다

| 또 다른 손님이 묻기를 | 그대가 지금 손님에게 말한 대로라면 책을 강독하며 제자들을 모으는 세상의 유학자들은 모두가 성인의 마음을 알고서 |

---

9   약 5만~7만 ㎢.

가르치고 있다는 것인가?

아니다. 그렇지 않다. 단지 단순히 책을
강독하는 것만을 가지고 '진정한 유학자'
라고 말하기는 어렵다. 태어날 때부터
지니고 있는 '본성'을 깨우치고 자신을 윤택하게 하는 이를 진정
한 유학자라고 할 수 있는 것이다. 한우충동汗牛充棟이라는 옛말
처럼 방대한 양의 서물을 독파하였다 하더라도 '성리性理'라고
하는 것을 알지 못하는 이는 주자가 『대학장구(서)』에서 말한 "서
물書物의 문장을 단지 암송시킬 뿐인 속물의 유학자"에 지나지
않고 진정한 유학자가 아니다.

그대도 어딘가에서 유학자의 강의를 듣게 된다면 속물의
유학자와 진정한 유학자의 차이를 구별할 수 있어야만 한다. 그
렇지 않으면 번주의 손님이 말하였던 것처럼 학문에 삼켜져 가업
을 소홀히 하고 불효의 원인이 되어 큰 장애가 될 것이다. 마음을
추구하고, 마음을 터득하여 가르치는 유학자가 진정한 유학자이
다. 『맹자(고자편)』에서는 "귀하게 되고 싶다고 원하는 마음은 누
구나 똑같다. 누구라도 자신 속에 귀한 것을 자지고 있는데도 그
것을 알아차리지 못할 뿐이다"라고 말하고 있다. 이 말의 의미를
차분히 되새겨 보았으면 한다.

제 2 권

귀신을 왜 멀리해야 하는가?
鬼神を遠と云事を問の段

**어떤 이가
묻기를**　우리나라의 신도神道와 중국의 유교의
도는 다른 부분이 있다. 『논어(옹야편)』에
는 공자가 제자 번지에게 '귀신을 공경하
되 멀리 두어라. 이것이 앎知이라는 것이다'라고 일렀다고 쓰여
있다. 그러나 일본의 신도는 그렇지 않다. 중국도 일본도 '신'이
라는 이름은 똑같이 부르거늘 이렇듯 차이가 있는 것은 왜인가?

답하기를　그대는 우리나라의 신들에 대해서는 어
떠한 마음가짐을 가지고 있는가?

묻기를　우리나라의 신명神明[1]은 '익숙하고 친숙
하여 가까이 가는 것'을 근본으로 하고
있다. 신을 멀리하는 것은 공경하지 않
음을 의미한다. 따라서 무언가 소망이 있을 때는 그것을 소원문

1　일본의 신도에서 신들을 지칭하는 말.

으로 써서 신명에게 빈다. 그래서 그 원이 성취되었을 때에는 소원문에 썼던 신과의 약속을 지킨다. 예를 들어 도리이 鳥居[2]를 세우거나 신사를 수리하거나 그런 것을 실천하는 것이다.

이렇듯 신들은 사람들의 소원 등을 받아주신다. 한편 성인은 '공경하되 멀리하라'라고 말하고 있어 양자 간에는 큰 차이가 있다. 이러한 것을 보자면 유학자 등을 좋아하는 이들은 우리나라의 신도를 등진 자들로 죄인이라고 보아야 하지 않겠는가?

답하기를 | 아니다. '공경하되 멀리하라'의 의미는 그러한 것이 아니다. 외부의 신을 제사 지내고 모실 때에는 공경하며 가까이하

는 것이 중요하다. 그로 인하여 올바른 도에서 벗어난 불손한 바람은 멀어지게 된다. 선조를 모시는 제례에서는 '효'가 주체이다. 단 그렇게 하는 것이 멀리하는 것은 아니다. 공경하되 멀리하라는 그와 같은 해석은 크게 잘못된 것이다. "신은 인간의 무례를 허용하지 않는다"고 『논어(팔일편)』에도 있듯이 무례한 소망을 가지고서 신에게 다가가면 불경한 것이다. 존경하는 대상을 멀리하는 것이 불경 不敬 이 아니다. 만약 그대가 말한 대로라면 소원문에 쓴 바람이 성취되었을 때 약속을 지키어 반드시 도리이를

---

2   일본의 전통적인 문의 한 종류로 신사 등에서 자주 볼 수 있다. 속세와 성스러운 영역을 구별하는 경계의 역할을 한다. 감사의 마음으로 도리이를 기부하는 경우가 많은데 대표적인 예로 교토의 후시미 이나리 신사에는 기부받은 도리이가 수천 개에 이른다.

세우거나 신사를 보수하거나 하지 않으면 안 되는데 그렇게 하는 것이 우리나라의 신들을 공경하는 것이라고 말하는 것인가?

묻기를 │ 바로 그러하다.

답하기를 │ 그렇다면 어떠한 인물을 가정하여 묻고 싶다. 그 사람이 "그대의 이웃의 딸을 내 아들의 부인으로 삼고 싶은데 중매를 맡 아주지 않겠는가? 사례는 두둑이 하겠네"라고 말하였다면, 그대 는 개의치 않고 중매를 하겠는가?

묻기를 │ 그러한 말투는 사람을 얕보고 있는 것이 아닌가? 돈을 목적으로 하는 중매인 따 위 할 리가 없다!

답하기를 │ 그대에게도 수치심이라는 것이 있기 때 문에 굴욕감은 받아들일 수가 없는 것이 다. 그렇다면, 이쪽에서 귀인貴人에게 어 떻게든 중매인을 의뢰하고 싶을 때 "이번 일을 이루어 주신다면 그에 마땅한 금전을 드리고 싶다"고 말할 수 있겠는가?

묻기를 │ 귀인을 가볍게 보는 말투이다. 그런 말

을 할 수 있을 리가 없다.

답하기를 | 그렇다면 청정한 신에게 기원하는 방법
에 대해서 말해 보자. 귀인에게는 말할
수 없는 '의'에 반하는 말투로 "만일 원이
성취된다면 도리이를 바치고 신사를 보수하겠습니다"라고 기원
하였을 때 그걸 들어줄지 말지 망설이는 한심스러운 신이 과연
존재하겠는가? 신을 얕보아 무례한 것을 봉납하고 신을 모독하
면 언젠가 신벌을 받게 되겠지. 무서운 일이다. "마음만 사람으
로서의 진정한 도에 부합한다면 빌지 않더라도 신이 지켜 주신
다"라는 의미의 기타노신사北野神社³의 신영神詠⁴도 있음이다.

중국으로 눈을 돌려보더라도 공자가 중병에 걸렸을 때, 제
자인 자로子路가 기도를 권하자 공자는 "나는 자신의 행함을 바
르게 하기 위하여 평소에도 계속 빌어 왔다. 그렇기에 병이 들었
다고 하여 새삼스럽게 기도를 드리거나 하지는 않을 것이다"라
고 하고 있다.

귀인을 원하여 비는 것은 사람의 진정한 도에 합치하는 것
이지만 이미 도에 부합하고 있다면 빌어야 할 필요 따위는 없을

91

---

3 교토에 위치한 신사. 기타노텐만구(北野天満宮)라고도 불린다. 텐만구라는 명칭은 실존
인물이었으며 학문의 신으로서 여겨지는 스가와라노미치자네(菅原道真)를 모시는 신사를 말
한다. 일본 전국의 텐만구의 총본산이라고 할 수 있다.

4 신이 읊었다고 전해지는 노래라는 뜻으로 실제로 기타노신사의 신영은 스가와라노미치자
네가 지었다고 전해지고 있다.

것이다. 아직 도에 부합하시 못하였다는 생각이 있기에 비는 것이다. 그대는 공자의 가르침인 유교가 우리나라의 신도와 다르다고 말하고 있지만 그것은 잘못된 것이다. 모든 성인의 책들이 이러한 미혹에서 해방되기 위한 것들이다. 답을 얻기 위하여 서적에 기대고는 오히려 더욱 헤매게 되었다면 차라리 서적 따위 읽지 않는 편이 낫지 않겠는가.

우리나라에는 예로부터 신국을 움직이는 보조수단으로서 유교가 이용되어 왔음을 알아야 한다. 예를 결여하고 의에 반하는 뇌물을 우리나라의 신들이 환영할 리가 없다. 신은 청정결백의 기원이라고도 말할 수 있는 존재이기에 신명이라고 불리는 것이다. 무릇 신을 신앙한다는 것은 마음을 청정히 하기 위함이다. 그런데 예에 반하고 의에 반하는 이러저러한 원들을 가슴에 품고서 아침이든 밤이든 신사를 찾아가 여러 가지 뇌물 따위의 술수를 부리며 신에게 빈다. 부정한 의도로 신의 청정을 더럽히는 자가 있다면 그것이야말로 틀림없는 죄인으로 신벌을 받음이 어울린다.

"하늘로부터 죄를 받았다면, 더 이상 빌 여지도 없다"고 『논어(팔일편)』에 나와 있다. 천명 이외에 무엇을 원하는 것은 모두 죄라고 성인 공자는 말하고 있다.

많은 소망들은 자기 멋대로 하고자 함이다. 자기 제멋대로 한다면 다른 이들에게 나쁜 영향을 미친다. 타인을 고통스럽게 하는 것은 큰 죄이다. 죄인이 되고서 어찌 신의 마음에 부합한다고 하리오.

신은 사람을 차별하지 않고 누구라도 평등하게 대한다. 한쪽은 나쁘게, 한쪽은 좋게 만드는 형태로 원을 이루어 준다면 그것은 편애이다. 원하는 바가 이루어지는 경우와 이루어지지 않는 경우를 다르게 비유해 보면 부모가 자식에게 가독家督[5]을 넘겨주는 것에 닮아있다. 자식들의 바람은 불필요하다. 자식의 행실이 건실하다면 가독을 잇겠지만 행실이 나쁘다면 가독을 잇지 못한다. 바람이 이루어지는가 그렇지 않는가도 이와 같다.

하늘의 명은 자신이 어찌하느냐에 달려 있음을 알아야만 한다. 신의 마음은 거울과 같이 맑다. 편애하는 사심이 있을 리가 없다. 그러할진대 그대는 바람이 이루어지는 것이 신이 들어주었기 때문이라고 말한다. 그것을 들은 사람들은 "누구누구는 이러이러한 것을 신에게 봉납했기 때문에 소원이 받아들여졌다"라며 서로 말할 것이다. 그런 소문 속에서 결국 신은 뇌물을 받는 존재가 되어 버린다. 그것은 신을 모독하는 안타까운 상황이다. 그렇게 되어 버리는 것은 천명이라는 것을 모르기 때문이다.

또 다른 이가 묻기를 "응당 모셔야만 하는 자신의 선조가 아닌 영귀靈鬼를 모시는 것은 그 신에게 아첨하여 복을 구하고자 하는 것으로 비루

---

5   일본 역사상 가부장제에 따르는 가장권(家長權)을 뜻하는 말. 일족의 수장이자 가족의 총독을 의미한다.

한 짓이다"라고 『논어(위정편)』는 말하고 있다. 우리는 오곡이 영글면 신에게 은혜를 갚는 의미로 각 토지의 신이며 이세진구며 그해 처음으로 익은 벼 이삭을 바치고 가구라 神樂[6]를 봉납한다. 그 점이 중국과 다르거늘 그대는 두 나라가 말하는 신들이 모두 똑같은 듯이 말하고 있다. 어떠한 이유로 그리 말하는가?

답하기를 | 『중용(제16장)』은 "귀신의 덕은 실로 성대하다. 만물은 귀신에 의하여 형태를 부여받고, 남는 것 없이 빠짐없이 고루 미치고 있다"고 말하고 있다.

귀신이라는 것은 천지음양의 신을 말함이다. "만물은 귀신에 의하여 형태를 부여받고, 남는 것 없이 빠짐없이 고루 미치고 있다"라는 것은 조화는 귀신의 효용에 의한 것으로 귀신이 만물을 빠짐없이 모두 관장하는 주인이라는 의미이다.

또한 우리나라에는 이자나기 伊邪那伎와 이자나미 伊邪那美[7]로부터 시작하여 일월성신 日月星辰부터 토지의 온갖 것 전부를 관장하고, 그 힘이 미치지 않는 곳이 없기 때문에 '유일의 신국'이라고 말한다. 이것이 중요한 것으로 잘 생각해 보지 않으면 아니 된다. 그러나 우리나라는 중국과는 달리 천황이 이세진구의 뒤를

---

6   풍작과 건강 등을 기원하며 신을 초대하여 즐겁게 한다는 의미로 행하는 제례 예능.

7   일본의 고대 역사서인 고서기(古事記), 일본서기(日本書紀) 등에 기록된 일본 건국신화의 창조신으로 이자나기가 남신이며 이자나미가 부인이자 여신이다.

잇고 있다. 그렇기에 이세진구를 천황가의 선조를 모시는 영묘靈廟로서 우러러 받들고 있음이다. 나라의 백성을 통솔하는 '한 하늘의 군주'의 선조이기에 저 아래에 이르기까지의 만민이 참궁參宮을 하는 것이다.

중국에는 이러한 관습은 없다. 우리나라는 영묘를 존엄히 여겨 가구라나 첫 벼 이삭을 봉납한다. 오늘날의 예로 말하자면 만민이 천황가에 공물을 헌상하는 것과 같은 것이나, 가구라나 첫 벼 이삭을 봉납하였다 하여 그자 자신이 천황가와 관련된 제례를 집행할 수는 없다. 막부의 장군이라도 천황가의 제사에 관여하는 것은 불가능하다. "정사는 그 지위에 있는 자만이 할 수 있다"고 『논어(태백편)』에도 나와 있다. 그 제를 모시지 않으면 중국과 다름이 없다.

『논어(팔일편)』에 중국의 제사에 관하여 다음과 같은 기술이 있다.

"노나라의 대부 3가[8]가 선조의 제례를 지내며 자신의 신분 지위를 무시하고 『시경』에 있는 '옹雍'이라는 노래를 사용하였다. 공자가 말하기를 '제후들이 제사를 돕네, 그 가운데 천자의 모습은 엄숙하시네'라는 시인데 3가에 있어서는 어떤 의미도 없는 것이다."

노나라의 3가는 천자, 대장군의 아래인 대부라는 위치에

---

8 맹손, 숙손, 계손의 3가.

있으면서 천자의 종묘의 제례에서만 쓰이는 노래를 불렀다. 즉 천자가 제례를 끝낼 때에 공물들을 거두면서 부르는 옹이라는 시를 자신들의 선조를 모시는 자리에서 부르고 더하여 천자가 모시는 태산의 신까지 모시려고 하였다. 이렇듯 자신의 위치를 넘어서서 세상의 이치를 거스르는 것은 단적으로 말하여 금기를 범한 것이고 해서는 안 될 짓을 한 것이기에 공자는 "자신의 선조 이외의 영귀를 모시는 것은 비루하다"라고 말한 것이다.

또한 『맹자(진심하편)』에도 "나라 안에 가장 중한 존재는 인민이며, 그다음이 토지의 신과 곡물의 신, 가장 가벼운 것은 군주이다"라고 되어 있고 그해 수확한 첫 벼 이삭을 봉납하는 관습은 중국에서도 일반적으로 행해지고 있는 것이다. 우리나라에서는 첫 벼 이삭이나 가구라를 봉납하는 것을 제사라고는 말하지 않는다.

예를 들어 '기온회 祇園会'[9]를 비롯하여 '어영회 御霊会'[10]도 그 토지신에 대한 제사이다. 그 토지에 살고 있는 사람들이 평온무사한 것을 기뻐하고 자신들을 스스로 축복한다는 취지이다. 가령 사람들의 일신에 무언가 지장이 생겼다 하더라도 이러한 제례는 시행된다. 이러한 것으로부터도 개인적인 선조의 영에 대한 제사가 아닌 것은 명백하다. 속설에 마음을 빼앗기지 말고 본질적인 것을 통찰하며 깊이 생각해 봄이 중요하다.

---

9   교토의 기온사의 제례인 기온마츠리를 지칭.

10   불의의 죽음 등으로 원한을 품고 죽은 영혼을 위로하는 제사.

귀신을 왜 멀리해야 하는가?

속인들은 왜 살생을 하는가?
禪僧俗家の殺生を譏の段

어느 선승이 방문하여 다음과 같이 말하였다.

묻기를 | 오늘 내가 어떤 곳을 방문하였는데, 그
집 아들의 혼례가 있다는 이유로 생선 등
을 요리하여 살아 있는 것을 죽이지 말라

는 '살생계'를 범하고 있었다. 자신들의 경사를 위하여 살아있는
것의 목숨을 빼앗고 있다. 속세의 사람들은 어찌 이리 한심스러
운 짓으로 경사스러운 의식을 치르는 것인가. 실로 통탄스럽다.

답하기를 | 그대는 불법의 가르침을 배우고는 있지
만 그것은 소승小乘의 것이고 대승불교
의 가르침은 아직 모르고 있다는 것이 안타깝다.

묻기를 | 대승을 모르는 것이 아니다. 그 이유를

말하겠다. 불법에서는 우선 '오세五戒'[1]를 지키는 것을 가장 중요시하고 있다. 살생계는 오계 중에서도 가장 무거운 계율이다. 유교로 말하자면 '오상五常'[2] 중 '인'에 해당한다. 유가에서는 인을 소홀히 다루게 될 일 따위는 하지 않는다. 그대는 유교의 가르침을 말하고 있지만 아직 인의 의미를 잘 모르는 듯하니 성현의 진정한 마음에 대하여 어둡다 할 것이다.

답하기를 | '인'이라 함은 '자애의 덕이 있어 사심이 없는 것'을 말함이다. 그러나 그대는 선종을 배우고 있다고 하는데 선종의 진정한 본질에 다다르지 못한 듯 보인다.

남전南泉 화상의 일화 중 이런 이야기가 있다. 새끼 고양이에게 불성이 있는가 없는가로 제자들이 논쟁을 하자, 남전 화상이 고양이를 치켜들고 "선문답에 답한다면 이 고양이를 살려줄 것이고 답하지 못한다면 베어 버리겠다!"라고 말하였다. 제자들은 누구도 답하지 못하였다. 그러자 남전은 고양이를 베어 버렸다.[3] 또한 당나라 말기 현자蜆子 화상은 맨몸으로 새우를 잡아먹

---

1 불교에 입문한 자가 지켜야 할 다섯 가지의 계율. 살생하지 말라(不殺生), 도둑질하지 말라(不偸盜), 음행하지 말라(不邪淫), 거짓말하지 말라(不妄語), 술을 마시지 말라(不飲酒) 이상의 다섯 가지를 말한다.

2 인(仁), 의(義), 예(禮), 지(智), 신(信).

3 이 일화는 『벽암록』이라는 책과 무문혜개(無門慧開)라는 승려가 1228년 선불교의 화두를 정리한 『무문계』라는 책에 등장하는 48개 화두 중 14번째 화두인 '남전참묘(南泉斬猫)'이다. 남

었다. [4]

　허나 그러한 행위만을 보고 '둘 다 모두 살생계의 금기를 어긴 파계승이다'라고 판단하여 배척해야만 하는 것인가? 그보다도 우선 그대 자신이 매일 행하고 있는 살생의 수는 하나하나 거론하지 않더라도 다 셀 수 없을 정도이다. 오늘 아침 식사에 입에 집어넣은 쌀알의 숫자가 몇 개나 되는지 짐작이라도 가겠는가?

묻기를 │ 　그건 틀리다. 오곡五穀에는 감정이 없다. 따라서 살생에 해당하지 않는다.

답하기를 │ 　그러한 것인가? 대승불교에서는 '유정무정有情無情'을 나누어 그 사이에 격차를 두지 않는다. 이를 나누어 생각한다면 '초목이나 국토에는 불성이 없다'라고 말하는 것이 된다.

　『일본서기日本書紀』의 '신대권神代券'에는 이자나기가 "나는 당신이 통치하고 있는 백성 천 명을 죽이겠다"라고 무의식 중

전 화상이 고양이를 치켜들고 "이 고양이에 대해서 무언가 논(論)을 내 앞에서 펼쳐 봐라!"고 호통을 치자 제자들이 아무 말도 하지 못하였다. 그러자 남전 화상이 그 고양이를 죽여 버렸다는 내용이다. 기본적으로는 집착에 대한 화두로 해석된다. 불교의 제1계를 어기는 이 화두에 대하여 해석은 상당히 논쟁적인데 일본의 제국주의하에서는 화합을 위해서는 살생도 가능하다는 논리로 황도불교(皇道佛教)에 의하여 해석되기도 하였다.

4　직지심체요절(直指心體要節)에도 나와 있는 화두이다. 현자 화상이 인가를 받은 이후로는 세속에 섞여 살았는데 새우와 조개를 잡아먹고 잠은 백마묘(白馬廟)의 지전(紙錢) 속에 누워 지냈다고 한다.

에 입밖으로 내자, 이자나미는 "그렇다면 나에게 백성 천오백 명을 낳게 하라"라고 응했다는 이야기가 나와 있다.

이자나기와 이자나미 두 신은 음과 양의 신이며 하늘과 땅 사이에는 '낳음'과 '죽임'의 두 가지가 존재하고 있음을 알아야만 한다. 오늘날 무엇을 함에 있어서도 이 도리를 본보기로 하고 있다. 만물은 '일리 一理'가 관통하고 있고 그사이에는 '경중 輕重'이라고 불러야만 하는 서열이 존재한다. 이 서열을 무너뜨리지 않는 것이 중요하다. 천지간에 일어나는 다양한 일들과 현상은 이러한 도리로 보지 않으면 안 되는 것이다. 즉 강한 것이 이기고 약한 것이 지는 것은 자연의 도리라고 말할 수 있는 것이다.

가까이 있는 것을 예로 들자면 저 새들을 보면 알 수 있다. 맹금류인 독수리나 뿔매는 다른 새들뿐만이 아니라 가축도 덮치어 잡아먹는다. 또한 가마우지나 백로는 물고기를 잡아먹는다. 참새와 같은 작은 새들은 거미라든가 풀벌레 따위를 먹는다. 들개나 늑대는 사슴이나 원숭이를 잡아먹는다. 이와 같은 것을 '살생'이라고 볼 것인가 '천도유행 天道流行'이라고 볼 것인가?

내가 말하고 싶은 것은 종교의 계율이라는 것도 하늘의 도리[5]를 모르고는 유지될 수 없다는 것이다. 복날 즈음에는 쌀을 절구에 찧어서 하루 이틀 놓아두면 쌀벌레가 생기게 된다. 이 벌레는 티끌처럼 조그마하여 알아채기 어렵다. 쌀 속에 손을 넣어

---

5   원문에서는 천리(天理)라고 쓰고 있다.

보면 손이 가려워진다. 가렵다는 생각이 들 때 검은 그릇에 쌀을 담아내어 밝은 곳에 두고 잘 들여다보면 움직이고 있는 것들이 보일 것이다. 그것을 쌀벌레라고 부른다.

그러면 본래의 문제로 돌아오자. 쌀을 비롯한 오곡에 마음이 없다고 하지만 그 오곡 속에 쌀벌레가 섞여 있다고 한다면 계율을 지키는 승려는 오곡을 먹어서는 아니 된다는 결론이 나온다. 그러나 먹지 않으면 죽는다. 여기까지 왔다면 승려라고 하더라도 먹기 때문에 명맥을 이어올 수 있음은 알 수 있겠지.

부처의 가르침에 따라 계율을 지키고자 한다면 우선 자아를 넘어서기 위한 수행을 해야만 할 것이다. 사람으로서의 이 몸뚱이가 그대로 땅, 물, 불, 바람, 공기와 하나가 되어 일단 깨달음이 열린다면, 자기 자신도 세계 속의 하나의 물체가 됨이다. 그때 사람과 쌀벌레 어느 쪽이 더 귀하다고 말할 수 있는가? 한없이 천한 쌀벌레를 구하고, 한없이 귀한 인간을 죽인다는 선택은 결코 허용될 수 없다.[6]

불교의 본체는 무심無心으로 인간의 지각으로는 달하지 못

---

6   이 문장은 언뜻 보기에는 의미가 반대이지 않을까 생각이 될 수 있기에 첨언이 필요하다. 이시다 바이간이 승려에게 '그대 자신도 오곡을 먹으며 명을 이어가고 있음'을 지적하면서 위와 같이 말하고 있음에 주의해야 한다. 오곡을 먹지 않으면 즉, 쌀벌레를 먹지 않으면 사람은 죽게 된다. 쌀벌레를 살리기 위해 오곡을 먹지 않아 사람이 죽을 수는 없다. 다시 말하여 그것은 자연의 이치라는 것이다. 깨달음을 얻어 자기중심의 기준에서 벗어나 하늘의 이치에서 본다면 쌀벌레가 희생되어 인간이 목숨을 보전하는 것은 천리이다. 다음 구절부터의 이시다 바이간의 이야기를 들어보면 그가 형태의 발현으로서 '귀천'을 어떻게 바라보는지, 그리고 '희생'을 어떻게 보아야 하는지가 잘 드러나고 있다. 본서의 후반부에 첨부한 경제학적 해제에서도 이 부분을 구체적으로 다루고 있다.

하는 불가사의한 것이다. 그러나 하늘의 도리만 안다면 계율을 지키는 것은 어려운 일이 아니다. 신과 부처와 성인은 누가 스승이고 제자인 그러한 관계는 아니다. 모두가 자신의 마음이 시키는 대로 움직이고 있을 뿐이지만 모든 것이 자연스럽게 하늘의 도리에 부합하고 있다. 하늘의 도리를 알지 못하고서는 어떠한 도리에도 부합하지 못하는 것이다. 이것을 그저 조용히 생각해 보는 것이 좋을 것이다.

하늘의 도리라는 것은 만물을 낳고, 태어난 것이 다른 태어난 것을 길러내고, 또는 태어난 것이 다른 태어난 것을 먹어 버리는 것이다. 만물에 하늘이 부여한 도리는 평등하다. 하지만 그것이 드러나는 '형태'에는 귀천貴賤의 나누어짐이 있다. 즉 귀의 형태를 가진 것이 천의 형태를 가진 것을 먹고 생명을 이어가는 것은 하늘의 도리이다. 또한 불교의 『열반경』에는 "초목국토실개성불草木國土悉皆成佛"[7]이라고 되어 있기에 만물은 모두 부처인 것이다. 그러나 앞서 이야기하였듯이 형태에는 귀천이 있어 귀의 형태를 가진 인간불이 천의 형태를 가진 오곡불五穀佛, 과일불果物佛, 수화불水火佛까지 먹으며 이 세계가 성립되어 있다.

이 도리를 안다면 성인이 무엇인가를 행할 때에 '예禮'를 판단기준으로 귀한 것과 천한 것을 구분하였던 이유도 알게 될 것이다. 귀한 것이 천한 것을 희생시키고 있다는 것을 이해하지

---

7   초목도 국토도 남김없이 모두 성불한다는 의미.

못하면 안 된다. 예를 들어, 주군은 귀하고 가신은 천하다. 천한 가신이 귀한 주군을 대신하여 목숨을 버리는 사례를 찾는 것은 그리 어렵지 않다. 하지만 귀한 주군이 천한 가신을 대신하여 목숨을 버렸다는 이야기는 아직 들어본 적이 없다. 이렇듯 천한 형태를 가진 것이 귀한 형태를 가진 것의 희생이 되는 것은 천리의 도리이며 그것을 주군의 사리사욕이라고는 할 수 없음이다. 성인이 무엇인가를 판단할 때 예를 중시하는 것은 바로 이러한 것이다. 주군을 배신한 가신을 '적신賊臣'이라고 부르는 것은 그러한 이유이다.

새삼스럽게 말할 것도 없지만 그대도 오늘 아침부터 수천 수만의 오곡불과 과일불을 살생하여 먹었기에 자기 자신의 몸뚱이를 보전할 수 있었다. 그런데 정작 그대는 이 이치를 모르고 있다. 모르고 있으면서도 저도 모르는 사이에 그렇게 하고 있는 것은 천한 형태의 생물을 희생시켜서 귀한 형태의 것이 자신을 '길러낸다養'는 도리에는 부합하고 있다. 그대가 소승불교의 가르침에 집착하여 "자신은 살생하지 않았지만 감정이 없는 것은 먹고 있다"라고 이야기한다면 '초목국토실개성불'이라고 설파하는 불교의 가르침은 허위가 되는 것이 아닌가? 허위라면 불교의 경전은 전부 파기하지 않으면 안 된다. 그러나 버리지 않고 쓰고자 한다면 큰 부처가 작은 부처를 먹고 살생을 하는 것에 아무것도 바뀌는 것은 없다.

그대 자신은 적당히 살생을 하며 자신의 몸뚱이와 생명을 이어오면서 "속세의 사람들이 축하할 일이라는 이유로 생물을 죽이는 것은 비루하다"라고 말하고 있다. 그러나 그것은 불교의 본래의 의미를 모르고서 타인을 비방하고 중상하는 것이 되니 큰 죄이다. 그대처럼 불법에 어두운 승려가 많기에 요시다 겐코우 吉田兼好 법사도 『도연초 徒然草 (97단)』에서 "본체에 기생하여 본체를 못 쓰게 만드는 것으로서 군자에게 있어 인의가 있고 승려에 게는 법이 있다"며 야유하며, 승려는 불법에 의하여 오히려 일신을 해치고 군자는 인의로 자신의 일신을 해친다고 비판하고 있는 것이다.

군자의 경우는 인의가 이미 갖추어져 있기에 군자라고 함이거늘, 잘 생각해 본다면 『맹자 (이루하편)』에 있는 "순은 자연스럽게 그 행위에 인의의 마음이 나타나고 있었고, 의도하여 인의를 행하고자 한 것이 아니다"가 무슨 의미인지 잘 알게 될 것이다.

그러면 인의에 대해서인데 『태극도설』로부터도 알 수 있듯이 '무극의 진리 無極之眞'의 힘을 본체로 하는 것 이외에 인의라는 명목이 있을 리 만무하다. 자아를 초월한 성인인 순이 과연 인의를 목적이라고 의식하여서 행하였겠는가? 성인의 도는 '일리혼연 一理 渾然'이라는 것을 알고 불법도 또한 본디 무법인 것을 터득한다면 겐코우 법사가 비판한 것과 같은 일은 일어나지 않을 것이다.

그대는 선종을 배우고 있다고는 하지만 선의 본래의 가르침을 터득하기까지에는 아직 달하지 못한 듯하다. 그렇기에 속세의 사람들이 축하를 위한 자리에서 살생을 하는 것을 비루하다

속인들은 왜 살생을 하는가?

고 말하는 것이다. 그대도 자기 자신의 본성을 안다면 오계는 말할 것도 없으며 백계도 이백계도 지킬 수 있을 것이다. 단 그저 그런 마음가짐으로 알려고 하는 것이 아니라 한시라도 빨리 이를 터득하고자 할 때의 이야기이다.

　　지금 말한 것과 같은 도리를 알 수 있게 되었을 때, 그때야 말로 출가한 승려로서 살생계를 지킬 수 있다는 것을 알게 될 것이다. 그리고 속세의 사람들은 속세의 사람들대로 축하할 일에 생선이든 닭이든 요리를 하는 것이 아무렇지 않다는 것을 알게 될 것이다. 그리하는 것에 대하여 무엇도 의심할 것이 없으며 무엇도 이상할 것이 없게 된다. 단 주의해야만 하는 것은 출가한 승려와 속세의 사람들을 하나로 뒤섞어 생각하지 않는 것이다.

　　이해하기 쉽도록 더욱 알기 쉬운 예를 들어 설명하겠다. 인간의 머리, 몸통, 손, 발은 모두 한 몸이지만, 목의 위치는 인체의 상부에 있어 발을 대신할 수 없고 발도 손을 대신할 수 없다. 입은 신체를 먹여 살리기 위한 입구이지만 눈을 대신할 수 없고 귀는 코를 대신하여 냄새를 맡을 수는 없다. 이렇듯 인체의 부위로부터 알 수 있듯이 하늘과 땅 사이에 존재하는 모든 형태는 그 나름의 역할이 명백하다. 따라서 어떤 것의 형태가 바뀌면 그 법칙도 바뀌고 그 어떤 것들에 따라서 각각의 법칙이 달라지게 되는 것이다. 그러니 승려의 법칙인 불법을 속세에도 적용한다면 이상한 이야기가 될 수밖에 없다.

　　마음을 청정히 하는 데에 있어서 불교도 결코 나쁘지 않다. 하지만 일신을 수양하고 정확히 안내하며 천하국가를 다스리는 것에서는 유교의 가르침이 더 적절하다. 바다와 강을 건너는 수단으로서는 배가 편리하지만 육로를 이동하는 데에는 말이나 가마가 적절하다. 불교를 세상의 법으로 하여 백성을 다스리고자 하는 것은 육로에 쓰는 말과 가마로 바다를 건너려고 하는 것과 같다. 오계를 지키는 자로서 정치를 하고 죄인을 죽이는 것은 어찌 되는 것이라 할 것인가?

　　죄인은 죽이지 않으면 정도政道가 서지 않는다. 형벌이 없는 정치는 어찌 될 것인가? 즉 그대가 말하고 있는 것은 물과 불을 함께 놓고 보고자 하는 것과 같은 것이다. 물과 불은 같이 두면 물은 끓게 되고 불은 꺼져 버리게 된다. 물과 불은 따로따로 하지 않으면 대립하여 다투게 되고 세상의 아무런 도움도 줄 수 없다. 이 도리를 어떻게 생각할 것인가 하는 것이다.

부모를 어찌 섬겨야 하는가?
或人親へ仕之事を問之段

묻기를 | 우리 집의 조부의 대에 '테다이手代'[1]에
종사하였던 이가 있는데 지금은 출가하
여 승려가 되었다. 그 사람이 평소부터
나를 일컬어 '불효자'라고 비난하며 "부모에게 효도하라"라고 몇
번이고 설교를 하고 있다. 그런데 나는 그러한 것은 기억하는 바
가 없다. 그래서 효행이란 어찌하면 좋은 것인지 가르침을 받고
싶다.

답하기를 | 효행의 기본은 부모에게 효도를 하겠다
는 강한 의지를 가지는 것이다. 『맹자(이
루상편)』에 있는 이야기를 보면, 그 옛날
공자의 제자 증자라는 인물이 아버지를 봉양하고 있었는데 식사
에는 꼭 술과 고기를 함께 준비하였다. 아버지가 식사를 마치고

---

1 당시 상점이나 공방 등에서 '반토'라고 불리는 우두머리와 말단 견습생 사이의 중간직으로
우두머리의 대리인 역할을 담당한다. 요즘 말로 하자면 중간관리직이라고 할 수 있다. 물으러
온 이가 상인 또는 장인 집안의 사람임을 알 수 있다.

젓가락을 내려놓았을 때 남긴 음식이 있으면 "이 남은 것들은 누군가에게 줄까요?" 하고 물었고, 먼저 아버지가 "남은 것이 있느냐?"라고 물으면 반드시 "있습니다"라고 답하였다. 누군가에게 주고 싶다는 부모의 의사를 헤아린 것이었다. 이렇듯 부모의 기분을 생각하고 그 의사를 존중하면서 부모에게 봉사하는 것 그것이 효행이라는 것이다.

> **묻기를** │ 부모를 봉양하면서 드는 생각은 어떠한 의복이나 식사를 준비하여도 좋은지 나쁜지 말씀이 없으시기에 부모의 기분을

오히려 해하고 있는 것은 아닌지 생각도 드는데…

> **답하기를** │ 그대는 부모의 몸을 봉양하는 것만이 효행이라고 생각하고 있기 때문에 출가한 승려의 충의로운 조언의 취지를 잘못 받

아들인 것이다. 내가 말하고 있는 것은 '마음을 봉양하라'는 것이다. 그러면 마음에 짚이는 것들을 몇 가지 물어보고 싶다. 우선 그대는 가끔 유흥을 나가 야심해져 집에 돌아온다고 들은 바 있는데 사실인가?[2]

---

2   방문자에 대해서 이시다 바이간이 이미 많은 정보를 가지고 있음을 알 수 있다. 이후 이 방문자와의 대화에서는 이시다 바이간이 이미 알고 있는 정보들을 언급하며 방문자를 나무란다. 도비문답 전체에서도 이러한 양상으로 진행되는 대화가 많다.

묻기를 나도 이전에는 자주 밖으로 돌아다녔지만 부모로부터 "괘씸하구나"라며 "당분간은 외출을 금지한다"고 꾸지람을 들었

었다. 내가 받아들이기 어려워하자 그때 승려가 된 이가 나타나 중재를 하였다. "아무래도 젊은 몸이니 달에 한두 번 정도의 유흥은 기분전환 삼아서 용인해 주면 어떤가"라고 중재를 하였고 부모도 이를 받아들여 허락하여 주었기에 그에 따라 외출하는 것이다.

그 이후 내가 밤늦게 돌아오는 것은 가끔씩밖에 외출을 할수 없기에 마음껏 놀려고 하기 때문이다. 그렇다고 해서 부모의 마음을 해칠 정도로 형편없는 짓거리를 하는 것은 아니다. 나의 부모는 옛날부터 소심하시었다. 그리하여 집의 가솔들이 내가 돌아올 때까지 자지 못하고 기다리고 있는 것을 불쌍히 여기시어 내가 문이 잠겼다고 두드리는 일이 없도록 모두가 잠드는 새벽 2시 경까지 기다리신 적도 있지만 그게 매번 그러한 것은 아니다. 기껏해야 달에 한두 번이다. 그리고 부모님도 다음 날 아침에는 주무시고 싶은 만큼 충분히 주무실 수 있는 신분이니 그게 고민거리라고는 말할 수 없을 것이다.

답하기를 그대는 유흥을 목적으로 외출하는 것은 아주 가끔씩 있는 것으로 부모를 심야까지 기다리게 하여도 문제가 없다고 말하

는데 부모를 모시는 자는 밤에는 늦게 잠들고 아침에는 일찍 일어나 부모의 안부를 살피는 것. 그것이 자식으로서의 제대로 된 도리이다. 그럼에도 그대는 자신의 유흥을 위해서라면 덥든 춥든 번거로움을 마다치 않고 더하여 밤늦게까지 아무렇지 않게 부모를 기다리게 한다. 그렇게 하면서 기분 좋게 놀이에 흥이 돋아지겠는가?

사람을 기다리는 것은 누구에게나 따분하고 지루하다. 그냥 기다리는 것도 그러할진대 부모는 '술에 많이 취하지나 않았을까?', '싸움이나 하지는 않을까?', '춥지는 않을까?', '감기라도 걸리는 건 아닐까?' 하며 이것저것 마음을 졸여가며 기다리고 있다. 그것만이 아니다. '우리들이 이렇게 밤늦은 시간까지 잠도 못자고 기다리는데, 젊은 도련님의 부모님은 말 한마디 못 하는 건가?'라며 집의 식솔이 생각하고 있지나 않을지 신경도 쓰고 계실 터이지. 하녀나 봉공인奉公人들이 기다리기 지쳐 "이미 새벽 2시를 넘겼다" 따위의 말들이 귀에 들어갔을 때 마음이 아팠던 것도 한두 번이 아닐 터이다. 그런데도 그대는 부모의 그러한 고뇌와 아픈 마음에는 조금도 관심이 없다. 밤늦게까지 기다리게 해 놓고서는 다음 날 아침은 게으른 늦잠을 탐할 수 있다고 하다니 어리석음에도 정도가 있음이다. 그렇게까지 불효를 하면서 부모의 기분을 짓밟고 있다고는 생각하지 않는 것인가? 도대체 그대라는 사람은 가업을 어찌 생각하고 있는 것인가?

부모를 어찌 섬겨야 하는가?

묻기를 | 가업에 있어서 아직 한 사람 몫을 충분히 한다고는 말하기 어렵다. 그 이유는 친구들과의 교제에 많은 시간을 빼앗겨 더하여 필요한 노래, 장단, 다도 등도 하지 않으면 안 되기에 그 단련에도 바빠 좀처럼 가업에까지는 손길이 미치지 못하기 때문이다. 가업에 있어서는 테다이들이 각각 충실히 역할을 수행하고 있기에 사실 나는 아무것도 하지 않아도 전혀 아무 문제도 없다.

그러한 상황임에도 아까 말한 그 승려가 된 자는 부모님에게 "가업은 어릴 때부터 눈으로 보고 배워둬야만 한다"는 둥 잔소리처럼 말하고 있다. 아버지도 그 승려 앞에서 나에게 "상업에 대한 것도 조금은 배우거라"고 말씀을 하셨지만 어머니는 승려의 말이 불편하여 뒤에서 "자신의 주인이었던 사람의 아이에 대하여 마치 자기 자식이나 손자에게 말하는 듯 괜한 참견을 하다니. 사람에게 미움을 사서 오래 살 수 있겠는가?"라며 악담을 하시었다. 아버지는 두려운 것이라도 있는지 승려의 말에 한마디도 반문하지 않고 그저 조용히 듣고만 계시었다.

답하기를 | 가업은 테다이들에게 맡겨두고 자신은 유예遊藝에 전념하고 있다고 하였는데, 그렇게 안락하게 살 수 있는 것은 가업의 덕택이 아닌가? 자신의 직분을 모르는 자는 금수만도 못하다고 해야 할 것이다. 개는 집의 문을 지키고 닭은 때를 알려준다. 무

사라는 이가 말을 기르고 있으면서도 말을 탈 줄 모른다면 그건 말이 되지 않는다. 편지는 누군가에게 대필을 시키더라도 용건을 전할 수 있다. 그러나 주인이 아닌 하인을 말에 태울 수는 없다. 상인이라 해도 자신의 직분을 모르는 자라면 선조로부터 이어받은 집안을 망하게 하고 마는 것이다. 그 승려가 말하는 것도 바로 그런 것일 테지. 충의의 마음을 가진 승려의 고언이 모친에게 있어서 화가 났던 것은 '황금과 같은 말은 귀에 아프기'[3] 때문이다.

신하의 간언을 받아들이는 주군은 진정한 주군이지만, 주군이 신하의 장수長壽를 원치 않는 것은 충신을 죽이고 싶다고 원하는 경우이다. 그 점에서는 걸왕桀王도 주왕紂王도 차이가 없다. 주군에게 충의를 바치지 않는 자들만이 주변에 남는다면 가문의 멸망으로 이어진다. 『대학(전십장)』에도 "그릇이 작은 자들이 나라를 움직이면 위해가 수도 없이 생기고 선인이라 하더라도 그것을 어찌할 수 없다"라는 말이 있다.

또한 아버지께서 가업에 관한 것을 잔소리처럼 말하도록 그 승려가 부추기고 있다고 그대는 보고 있는 듯한데 그것도 틀렸다. 승려가 말하고 있는 것은 도리에 부합하기 때문에 '의'라는 덕에 대해서 책임을 느끼어 그대의 아버지는 그렇게 말하는 것이다. "가정도 반드시 자기 스스로 파멸할 원인을 먼저 만들었으

---

3 일본의 속담을 그대로 직역하였다. 우리말로 하자면 도움이 되는 좋은 말은 듣기에 불편하다 정도가 될 것이다.

며, 그것을 보고서 남들도 그 집안을 파멸시키고자 한다"고『맹자(이루상편)』도 말하고 있다. 그대도 자신의 직분을 잊어버리고 있기에 일신을 해하게 될 것이다. 이 도리를 이해하지 못한다면 집을 팔아넘기고 나서야 알아채고 후회하게 될 것이다. 그에 더하여 그대는 성미가 급하여 부모에게 평상시에도 걱정을 끼치기만 한다고 들었다. 그것은 어찌 된 것인가?

묻기를│ 천성이 성미가 급한 것은 나도 잘 알고 있어 이 성격을 고치고 싶다고 생각은 하고 있다. 하지만 여하튼 천성이기에 어찌 되질 않았다. 부모에게 민폐를 끼쳤던 것은 이런 일이 있었다. 시골 출신 사내를 고용한 적이 있는데, 그 사내가 매사에 엉성하여 솜씨가 영 좋지 못하였기 때문에 딱 한 번 손찌검을 하여 상처를 입힌 적이 있다. 울면서 아파하는 것을 겨우겨우 달래어 그때는 어찌어찌 상황을 수습하였다. 그런데 그 상처가 다 낫기도 전에 시골로 돌아가겠다고 억지를 부렸기에 부모님도 테다이들도 체념한 적이 있다. 그런데 그 이후로 그러한 일은 없었다.

답하기를│ 그대는 천성이 성미가 급하다고 하였다. 그러나 천성이 성미가 급하다는 것은 있을 수 없다. 그대가 자기 좋을 대로만 행동하기에 그리된 것일 뿐. 그대도 귀하고 높은 사람들 앞에 나서면 자기 마음대로만 행동하지는 않을 터. 성급한 언동은 본인이 신중히 행동하고자 하는 의지만 있다면 고쳐지지 않을 리가 없다.

이전 그대가 고용인에게 손찌검을 하였을 때 그 사내는 화를 내거나 원망을 하는 태도를 보이지 않았지 않는가. 마음속으로는 격하게 원망하고 화가 나더라도 상대가 주인 되는 사람이기에 견디고 참았던 것이다. 일면식도 인연도 없는 타인이 그 사내를 때렸다면 그대에게 하였던 것처럼 가만히 견디고 참았겠는가? 틀림없이 맞섰을 것이다. 그러나 상대가 주인 되는 이었기에 날을 세우는 것을 신중히 하였던 것이다. 이 점을 잘 생각해 보아야 할 것이다. 신중히 조심하여서 고쳐지지 않는 것은 아무것도 없다. 하물며 그 신중히 생각하는 마음을 부모에게도 쓰지 않는다면 짐승과 무엇 하나 다를 바가 없다.

그리고 부모님에게 걱정을 끼쳤던 것이 한 번뿐이라고 하는데 한 번뿐이라 횟수가 적어 가볍다고 할 수 있는 것이 아니다. 약자를 때려 피를 보았을 때 부모의 기분을 살피라. 타인의 자식을 상처 입힌다면 단지 그 상처만이 마음이 쓰이는 것이 아니라 혹여 그 상처가 원인이 되어 죽음에 이르는 일이라도 있다면 상대 가족이 그대의 목숨을 노릴지도 모른다고 생각하여 두려움에 고통스러워하실 것이다.

『삼국지』에 문제文帝[4]에 관한 일화가 있다. 문제는 구름보

---

4 위나라 초대 황제 조비(曹丕).

다도 높이 솟아 있다는 의미의 '능운대凌雲台'를 낙양에 세웠다. 그런데 아직 글이 쓰이지 않은 빈 현판을 실수로 그대로 걸어버린 것을 알아채었다. 문제는 위탄韋誕이라는 서예가를 밧줄에 건 바구니에 실어서 끌어 올려 현판까지 오르게 하였다. 현판까지의 높이는 땅으로부터 25장丈[5]이었다. 위탄이 글을 다 쓰고 지상으로 내려왔더니 검은 머리가 어느새 하얗게 세어 있었다고 한다. 잠시 공포를 느낀 것만으로도 순식간에 백발이 되어 버린 것이다.

그대의 부모가 가슴 아파하는 모습은 몸에 못을 박고 있는 것과 같은 것이겠지. 순식간에 5년이나 늙어 버리는 것과 같을 것이다. 늙어 간다는 것은 죽음에 가까워지는 것이다. 칼로 죽이지만 않을 뿐 죽이는 것에 진배없다. 고용되었던 그 사내가 혹시 죽기라도 했다면 아무 일 없이 끝나지는 않았을 터이다. 그러한 결과로 이어졌다면 그 자리에서 화에 사로잡혀 자기 자신을 잃어버림으로 오는 위해가 부모에게도 이르게 된다. 이토록 큰 불효는 없다.

묻기를│ 앞서도 말하였지만 급한 성미가 좋지 않음을 나도 알기에 어떻게든 고치고자 생각하고 있다. 부모님의 마음을 힘들게 한 것이 그 정도였다고는 생각지 않았지만 모르고 있었던 것은

---

5 약 75.5m.

어찌할 수 없다. 부모에게 친절히 해야민 하는 경우에는 할 수 있는 최대한 애쓰고자 한다. 아버지는 자주 술을 드시고 자주 도를 넘길 때가 있다. 그럴 때는 장황하게 말이 길어져서 좀처럼 잠자리에 들지 않으시어 어머니도 곤혹스러워하고 있다. 아버지는 다음날 숙취로 고통스러워하였기 때문에 주량을 생각지 않은 음주라고 판단하여 이후에는 약주량을 줄이도록 설교한 적이 있다. 그러한 것은 부모의 몸을 걱정하여 한 것이니 효행에 적합하다고 할 수 있지 않겠는가?

답하기를 | 그건 틀렸다. 그대가 말하고 있는 것은 자식으로서의 도리에 반하고 있다. 『역경(가인상전)』에는 "가인에 엄군嚴君이 있다"라는 말이 있다. 일가를 이끄는 주인은 처자로부터 보기에는 군주와 같다. 따라서 어머니와 그대는 가솔들과 같은 입장이다. 그 가솔이 지루하다는 이유로 군주의 즐거움을 거두려고 하는 것은 법도에서 벗어나는 이야기이다. 그러고는 그대는 어머니께서 고생스럽다고도 말하고 있다. 그대는 자기 혼자 도리에서 벗어나는 것이 아니라 어머니마저도 도리에서 벗어난 이로 만들고 있다. 더하고 더하여지는 불효의 행실은 이루 셀 수 없을 정도다. 자기 자신도 똑바로 하지 못하면서 다른 사람의 일을 언급할 입장이 아니다. 하물며 그대가 부모에 대해서 말을 한다는 것은 논외이다. 애당초 그대가 쓰고 있는 돈은 어디에서 온 것인가?

부모를 어찌 섬겨야 하는가?

묻기를ㅣ 부모로부터 용돈 명목으로 받고 있지만 그 돈만으로는 한 달도 버티기 어렵기에 부족한 돈은 테다이들에게 부탁하여 충당하고 있다. 그렇지만 테다이들은 이러쿵저러쿵 이유를 대면서 원하는 만큼의 돈을 융통해주지는 않기에 어머니에게 울며 매달려 그때그때 3냥, 4냥[6] 씩 받아 썼다. 그래도 부족할 때에는 여기저기에서 5냥, 10냥씩 빌리고 있다. 그러나 부모도 2, 3년 안에는 은거하실 예정이기에 그리되면 빌린 돈 정도는 당장이라도 갚아줄 수 있다. 다른 이들도 그걸 알기에 50냥이고 100냥이고 쉬이 빌려주는 것이니 아무 문제가 없다.

답하기를ㅣ 그대의 이야기에는 집을 망하게 할 전조가 느껴진다. 그 이유를 말하겠다. 우선 부모가 주는 용돈인데 그것은 하늘이 그대에게 준 봉록이다. 그 액수의 10배를 쓰고서도 부족하다고 하는 것은 한도라고 하는 도리를 모르는 사치꾼이다. 사치하는 자를 하늘은 용서치 않는다. 거기에다 용돈이 부족할 때에는 테다

---

6 에도시대의 화폐 단위이다. 에도시대 막부는 금, 은, 동 광산을 직할령으로 삼아 화폐의 주조를 막부가 관리하게 되면서 전국의 통일된 화폐 단위를 수립한다. 이중 금화의 단위가 '냥(兩)'이다. 이는 다른 광물로 만들어진 화폐들의 기준이 된다. 1601년 정비되어 1871년 엔으로 화폐가 바뀌기까지 270년간 이어진 화폐 제도이다. 일본은행금융연구소화폐박물관의 「에도시대의 1냥은 지금 얼마?」(2017. 9)라는 자료에 따르면 1냥의 가치는 대략 쌀 한 석(150kg), 무사 가문 하녀의 반년치 임금, 목수 23인분의 1일 일당, 소바국수의 406그릇에 해당한다고 설명하고 있다.

이에게 부탁하여 돈을 충당한다고 하였는데 그 돈은 테다이의 돈인가? 그대 자신의 돈인가? 잘 생각해 보아야 할 것이다.

자신이 필요한 것을 스스로 일하여 번 돈으로 얻을 생각은 않고 그저 아무것도 하지 않고서는 테다이들에게 아무 생각 없는 사람처럼 추태를 보여서는 안 된다. 그대는 상가의 뒤를 이을 아들이기에 테다이에게 명하여 지참시켜야만 하는 입장에 있다. 그럼에도 불구하고 뻔뻔하게도 자기 스스로 나서서 돈을 받으러 간다는 것은 하는 짓이 완전히 뒤바뀌지 않았는가.[7] 이대로 가면 결국에는 선조 대대로 쌓아온 재산을 잃고 테다이들에게 부양받을 처지에 놓일 징후가 보인다.

돈이 없을 때는 어머니의 비상금으로부터 받는다는 둥 그대가 어머니에게 용돈을 드려도 모자랄 판에 역으로 뜯어내고 있다. 여성이 거액의 돈을 모으는 것은 어렵다. 어머니는 아마도 부모 형제로부터 돈을 빌려 그대에게 준 것이 아니겠는가! 그런 도리도 모른다니 슬픈 일이다. 그렇게 하고도 돈이 부족하면 타인에게 빌린다고 하였는데 자신의 재산이 있으면서도 타인의 호주머니에 기대고 있다. 그것이 세가 기울게 되는 징후라고 말하는 것이다.

사람들이 그대에게 돈을 빌려주는 것은 그대의 집과 땅에

---

7   상가의 후계자이니 테다이들이 올린 수익을 관리하고 이를 현재의 상가의 수장(자신의 아버지)에게 가져가도록(지참하도록) 명하여야 하는데 오히려 자신이 테다이와 부모에게 돈을 받아 가고 있다는 의미이다.

눈독을 들이고 있다는 것. 그러니 계속 빌리다가는 언젠가 다른 이의 손에 넘어가고 말 것이다. 하늘이 그대의 재산을 뒤집어엎으려 하는 조짐은 이미 나타나고 있음이다.

『맹자(이루상편)』에 인용되어 있는 『시경(대아판편)』의 시의 한 구절인 "하늘이 지금 실로 주나라의 왕실을 거꾸러뜨리고자 하는 화급한 시기에 말만 많은 것은 아무 소용이 없음을 되새기라"[8]가 실로 그대에게 들어맞는 경구이다. 그건 그렇다고 치더라도 월에 한두 번 놀러 나갈 뿐이라면서 어째서 그렇게까지 돈이 필요한 것인가?

묻기를 | 그 의문은 지극히 당연한 것이다. 가부키 같은 연극 관람을 할 때의 돈 쓰는 것을 설명해 보자면, 연극이 첫선을 보일 때마다 사지키세키栈敷席[9]를 2개, 3개 정도 전용으로 빌리면 그에 상응하는 잡비가 발생한다. 상세한 것까지 다 설명할 수 없지만 이것이 생각한 것 이상으로 돈이 든다. 가부키의 재미는 그대들 같은 학자들은 잘 모르지 않는가?

---

8   원문은 "하늘이 환난을 내리는데 그렇게 즐기지 마라. 하늘이 변하는데 그렇게 떠들지만 마라"이다.

9   에도시대의 가부키 극장에서 무대 정면에 있는 일반 관객석의 좌우에 한 층을 높게 하여 2층 구조로 만든 고급관람석.

답하기를 연극 한번 보는 데에 초고급석인 사지키세키를 2개 3개씩이나 전세를 낸다는 것인가? 그러한 좌석에 초대하는 손님들이라면 접대에 따른 제반 비용뿐만이 아니라, 이러저러한 것에 상당한 돈이 들 수밖에 없다. 그렇게 돈이 드는 손님을 2개, 3개나 되는 사지키세키를 전세 내어 대거 초대한다면 부모로부터 받은 용돈이 부족한 것은 당연지사. '세상에 보기 드문 쓸모없음'이란 실로 그대를 가리키는 말이구나. 집에서는 테다이들이 1분分[10] 2분의 금액에 집착하며, 5리니 3리니 세세한 물가에도 신경을 쓰면서 상업에 정교함을 기하고 있다. 땀 흘려 가며 몸이 가루가 되도록 그들이 힘들여 번 돈을 그대는 단 한 번에 탕진해 버린다. 그러한 소행은 테다이와 견습생들의 혈육 모두를 밑바닥까지 빨아 먹는 것과 같다.

그대가 하고 있는 짓은 은나라 주왕이 비간比干의 가슴을 갈랐다는 『사기』의 이야기와도 겹쳐진다. 주왕은 자신을 돕고자 잘못을 범하고 있음을 간하였던 충신의 가슴을 갈라 버린 것이다. 이 이야기에 그대는 어떠한가 비추어 보면, 가업에 힘쓰는 테다이들의 가슴을 아프게 하고만 있을 뿐이다. 충의로운 이들을 아무렇지 않게 상처 입히고서 악독한 주왕과 무엇이 다르다고 말할 수 있겠는가? 무서운 일이다.

---

10 에도시폐 화폐 제도의 화폐를 계산하는 4진법 단위. 1냥은 4분이며 1분은 4주(朱)이다.

인간으로서의 도리로 말하자면 하루 만에 유흥으로 쓰는 돈을 가솔들에게 나누어 준다면 그대의 뜻을 가솔들은 신처럼 받들어 생각하겠지. 가솔들이 신과 같이 두려워하고 존경한다면 그것이야말로 상가의 주인으로서 모범이라 할 수 있거늘, 그대와 같은 인간은 집안에서는 가솔들에게 인색하기 짝이 없는 인물로 그 값어치가 정해져 있다.

부모님은 집에서의 그대의 모습을 보고 저만큼 돈에 인색하다면 큰돈을 헛되이 쓰지는 않을 것이라고 착각하고 있다. 그렇기에 집과 땅이 그야말로 해일에 휩쓸리듯이 송두리째 빼앗겼을 때의 무너지는 마음은 상상이 되고도 남는다. 그보다도 그대와 함께 있는 견습생이나 아랫사람들은 그대의 모습에 대하여 그대의 부모님에게 이야기하거나 하지 않는가?

묻기를│ 그 점에 있어서는 빈틈없이 하고 있다. 아랫것들에게는 주의를 시켜 단단히 입막음을 해 놓았기 때문에 그들 이외의 가솔들은 전혀 알지 못한다.

답하기를│ 아랫것들의 입을 막았다 하여 가솔들에게 알려지지 않았을 거라는 생각은 너무도 어리석다. 그대의 나쁜 행실은 스스로가 입을 열기 전부터 이미 다 들통이 나 있다. 『중용(제1장)』은 "숨기려고 하는 것보다 더 잘 드러나는 것은 없다"라고 말하고 있다. 형태로서 겉에 드러나지 않고 있는 것일 뿐. 보아서 판단할 수 있는 움직임이라는 것이 이미 있음이다. 움직이면 이미 명백하다. 다른 이는 눈치채지 못하고 있다고 생각하고 있더라도 그대의 마음은 벌써 나쁜 짓을 했다는 것을 알고 있다. 알고 있기 때문에 입막음을 하는 것이다. 나쁜 짓이라는 것을 알면서도 왜 빨리 그만두지 않는가? "자신이 행하여야만 함을 알면서도 그것을 실행하지 않는 것은 용기가 없어서이다"라고 『논어(위정편)』에도 나오지 않는가?

더구나 그대의 경우는 아랫것들이 그대의 부정한 돈의 사용을 보고 익히고 거짓과 허위를 말하는 것을 듣고서 익히어 이후 한 사람의 몫을 하게 되었을 때는 그대를 따라서 각종 수법으로 금전을 훔쳐 쓰거나 가게의 돈을 물 쓰듯 쓰는 테다이가 되어 버리고 말 것이다. 이것은 그대 자신이 사람의 도를 그르치게 한 것이기에 그러한 테다이로서 길러지더라도 불만 따위 말할 수 없음이다. 그렇다고 해도 가게의 돈을 마구 쓰는 테다이가 있다면 어딘가에 보내 버려 고생시키면 그걸로 될 일이다. 그런데 주인과 아랫것이 함께 방종하게 제멋대로 옳지 못한 행실을 한다면 그대의 집이 망하는 것은 시간문제일 것이다.

『논어(헌문편)』에 다음과 같은 말이 있다.

"공자가 위나라 영공靈公의 무도함을 말씀하시자 강자康子가 물었다. 그런데도 패망하지 않은 것은 무엇 때문입니까? 공자가 답하였다. 종숙어仲叔圉가 외교를 잘 행하고, 축타祝佗가 내정을 잘 다스리고, 왕손가王孫賈가 군을 잘 통솔하니 어찌 망하겠는가"

위의 영공은 무도한 군주였지만 세 명의 유능한 충신을 기용하였기에 나라를 보전할 수 있었다. 그대의 집에 그 승려가 있는 것은 위에 3명의 신하가 있었던 것과 같음이다. 그러함에도 그대는 승려가 죽어 없어지기를 원하고 있다. 그 승려가 죽는다면 가솔들은 모조리 그대의 명을 따를 것이고 결국은 집이 망하게 될 것이다.

그러나 마음이라는 것은 충분히 바꿀 수 있는 것이다. 그대가 지금까지의 잘못을 반성하고 회개한다면 악행은 금세 선행으로 바뀌고 부모를 향한 효행의 길도 열릴 테지.『논어(자로편)』도 말하고 있다. "『역경(항의 93효)』에는 항상 행실이 지조가 없으면 사람이 가벼워지고 수치를 당할 수 있다는 말이 나와 있다. 공자께서 이에 대하여 점을 쳐볼 필요도 없는 옳은 말이라 하였다."

그대의 앞길도 이러한 것이 아니겠는가. 지금까지의 행실로부터 장래를 예측하고 반성하여서 자신의 삶의 방식을 바꾼다면 사람들로부터 당하게 될 수치를 면할 것이다. 그리고 사람의 자식으로서의 바른길로 들어서 가운이 트이고 상업이 융성하게 될 수밖에 없을 것이다.

상인에게 학문이 필요한가?
或學者商人の學問を譏の段

묻기를 | 나는 학문을 하는 것을 좋아한다. 모두의 앞에 서서 학문에 대하여 말하고 가르침을 펼치려는 그 길은 성인의 길이며 내가 지향하는 것도 그와 다르지 않다. 그런데 '송학宋學'으로서의 유교는 공맹의 마음과는 떨어져 있는 노장사상이나 선종과 닮아 있어서 특히 '리理'를 강조한다. 그 때문에 나에게는 이해하기 어려운 부분이 있다.

그대는 송학의 유학자들의 주역을 이용하고 있으면서도 공맹의 본래의 가르침을 펼치겠다고 생각하고 있는 것은 아닌가? 그에 관하여 이야기해 주었으면 한다. 이해할 수 없는 부분은 질문을 하고 싶다. 나의 의문이 해소된다면 그것은 즉 학문이라고 말할 수 있을 것이다. 첫 질문은 '사람을 가르쳐 이끌어 내는 것에 있어서 가장 중요하다고 생각하는 것은 무엇인가?'이다.

답하기를 | 내가 생각하는 궁극의 학문은 맹자가 말한 "마음을 다하여 성을 알고, 성을 알면

하늘을 안다"라는 것에 닿아 있다. '하늘을 안다'라는 것은 '천' 다시 말해 '공맹의 마음'이기에 '공맹의 마음을 안다'라는 것과 같다. 공맹의 마음을 안다면 송나라 유학자들의 마음도 하나가 될 수 있다. 마음이 하나가 되면『논어』나『맹자』의 주역도 자연스럽게 그에 합치하게 될 터이다. 마음을 안다면 그 속에 '천리'도 갖추어져 있다. 그렇기에 '천명'에 역행하지 않도록 행동할 수밖에 없는 것이다.

> 묻기를ㅣ 그대는 '리'가 그대로 '명命'이라고 말하는데 그것은 크게 잘못 알고 있는 것이다. '리'라는 글자는 '옥玉의 이치理'라고

쓴다. 즉 옥의 표면에 있는 이치라는 뜻이 된다. 모든 물질세계의 이치이기에 그에 통하게 될 때에는 살아 있는 것이 아니라 죽은 것이다.

한편 '명'에 대해서는『서경(강고편)』에 "하늘의 명은 언제나 변함없이 똑같은 것이 아니다"고 되어 있다. 즉 명은 단순한 명이 아니고 하늘이 내린 천명이기에 이것은 생물로서의 본질을 갖추고 있다. 이렇듯 '리'와 '명'은 서로 다른 것이다. 그럼에도 죽은 것(물질세계)과 산 것(생물)을 동일시하여 생각하고 있는 이유는 무엇인가?

답하기를 그내가 말하고 있는 것은 지엽말절枝葉末節의 하찮은 것에 집착하여 문자의 해석에 농락당하고 본질을 놓치고 있다.

『논어(학이편)』의 "군자는 근본을 세우고자 애쓴다"라는 교훈을 잊어서는 아니 될 것이다. 이 가르침은 모든 것에 대하여 말할 수 있는 것이라 할 수 있다. 따라서 학문의 길에 뜻을 두는 자가 우선해야만 하는 것은 '본래를 아는 것'이다. 학문도 그 말엽에 이르면 이를수록 내용이 복잡하고 다양하게 갈래가 나누어지고 이해하기 어렵게 되기 때문이다.

처음에 하늘과 땅이 있었고 그 후 만물이 태어났다. 만물이 생겨나고 이후에는 이름이 붙여졌다. 이름이 붙여진 후에야 거기에 문자를 맞추어 그것을 기록한 것이다. 문자를 만든 것은 '복희伏羲'로부터도 후대 시대의 사람 '창힐倉頡'이라고 알려져 있다. 천도는 만물이 아직 이름도 없고 문자도 없는 시대부터 존재하였던 것이다. 그 천도라는 것도 사람이 태어나고 나서 그리 명명한 것이다. 그러하니 내가 하는 이야기도 이름에 집착하지 말고 들어주었으면 한다.

성인 공자는 이미 '인'을 근본으로 하였고, 노자는 '대도大道'를 인의 근본이라고 생각하였다. '인'과 '도'라는 두 가지의 말이 존재하기에 단지 문자만을 받아들여 어느 것이 근본인가로 논쟁하는 것은 무의미하다. 소리도 없고 냄새도 없이 만물의 본체가 되는 것을 일단 이름하여 '건乾'이라고도 '곤坤'이라고도 '도道'라고도 '리理'라고도 '성性'이라고도 '인仁'이라고도 부르고 있다. 이름은 모두 제각각이지만 그것들은 결국 하나이다. 예를 들어『역경(건괘)』에 나오는 '건'을 '원형이정 元亨利貞 '[1]이라고 하는 것과 같은 것이다. 건은 '리'이며, 원형이정은 '명'이다. 두 가지는 '본체'와 그 '작용'이라는 관계이다.

　　문자를 떼어 내고서 통찰해야 하는 것이다. '리'와 '명', 두 가지의 이름이지만 이 둘은 하나라는 것을 이해하지 않으면 안 된다. 예를 들어 '강川'과 '못淵'이 그러하다. 물이 흐르고 있는 것을 강이라 말하고 물이 고여 있는 것을 못이라고 말한다. '리'는 못과 같은 것이며, '명'은 강과 같은 것이다. 즉 '동動'과 '정靜'이라는 차이가 있긴 하지만 하나인 것이다.

　　『논어(헌문편)』에는 "공자의 제자 공백료公伯寮가 같은 공자의 제자인 자로가 계손季孫에게 등용된 것을 시기하여 이를 헐뜯었다. 그때 공자가 말하기를 성현의 도가 바르게 행해지는 것도 하늘의 명이고 무너지는 것도 하늘의 명이라 하였다"고 기록하고 있고,『맹자(진심상편)』에도 "천명이 아닌 것은 없다"고 쓰고 있다. 이렇듯 공자와 맹자가 함께 '바른 도리의 흥하고 쇠함, 세상의 평온과 혼란은 모두가 하늘의 명'이라고 말하고 있고 이로부

1　건은 하늘을 의미한다. 원(元)은 '착함이 자라는 것', 형(亨)은 '아름다움이 모인 것', 이(利)는 '의로움이 조화를 이룬 것', 정(貞)은 '사물의 근간'을 뜻한다. 따라서 원형이정은 하늘이 갖춘 네 가지의 덕을 의미한다. 이시다 바이간은 건이 본체이며 그의 작용으로 원형이정이 발현되고 있다고 설명하고 있는 것이다. 이 원형이정에 대한 언설은 마지막 '천지개벽이 말이 되는가?'라는 문답에서 다시 거론된다.

터도 알 수 있듯이 명이라는 것은 하늘이 행히는 것의 총칭이며 '리'는 그 명의 '몸체'[2]인 것이다.

『역경(설괘전)』에 이러한 구절을 볼 수 있다.

"그 옛날 성인이 역을 만듦에 있어서 장차 성과 명의 이치에 순응하도록 만들고 싶다 생각하였다. 그래서 하늘의 도를 세워 음陰과 양陽이라 하고 땅의 도를 세워 유柔와 강剛이라 하고 사람의 도를 세워 '인'과 '의'라고 하고 천지인을 겹치어 '량兩'이라 하였다."

음양, 강유, 인의로 나누어져 있긴 하지만 천지인의 궁극의 도리는 하나이다. 이 성명의 이치를 몸소 보여주고 있는 것이 성인인 것이다. 그 덕분에 '사람이 아무것도 하지 않아도 세상이 자연스럽게 다스려지는 것이다.'[3]

『논어(위령공편)』에 "아무것도 하지 않고서도 천하를 잘 다스린 이는 바로 순임금이 아니겠는가"라고 되어 있다. 그렇다면 하늘의 리에 따르는 것 이외에 도는 없는 것이 아니겠는가? 앞서 언급한 『서경(강고편)』도 '리에 거스른다면 천명이 변화하여 멸하고 말 것이다'라는 뜻의 가르침이다. 그렇기에 '하늘의 명은 언제나 변함없이 똑같은 것이 아닌 것'이다. 이것을 모범으로 삼아 '리'에 따른다면 지금의 시대라 하더라도 천명에 부합하도록 할

---

2   도비문답 원문에는 체(体)라고 쓰고 있다. 즉 드러난 모습, 몸체, 실체, 본체, 발현, 현현 등으로 생각할 수 있을 것이다.

3   이는 장자의 '무위자연(無爲自然)'의 인용이다.

수 있을 것이다.

그렇다면 '리'라는 것은 무엇인가? 천지는 말할 것도 없이, 인간, 금수, 초목에 이르는 만물은 각각 떨어져 도를 행하고 있지만 그 도에 갖추어져 있는 몸체를 임시로 이름하여 '리'라고 말하는 것이다.

그리고 문자는 천지개벽으로부터 수억 년 후에야 만들어진 것이다. 그 정도의 척도에 하늘이 생성한 이루 다 잴 수 없는 것들을 끼워 넣으려 해본들 그 만분의 일에도 닿지 못할 것이다. 이 도리를 잘 이해하지 않으면 안 된다. 문자에 집착하는 것은 오곡 그 자체의 의미가 아닌 오곡의 껍질이나 지게미를 먹는 것과 같은 것. 어떤 구실로 억지를 부리더라도 문자만으로는 전부를 제대로 말할 수 없는 것이다. 천지의 본체라는 것은 본디부터 문자를 없애더라도 어찌 되는 것이 아니기에 옛날이든 오늘날이든 변하지 않는 것이다.

바로 그 점, 명은 '작용'이기에 움직이고 변화한다. 리는 '몸체'이기에 움직이지 않고 변화하지 않는 상태이다. 움직이지 않는 것, 변하지 않는 것을 '리'라고 이름하였다고 생각한다면 이해하기 쉬울 것이다. 문자는 세상의 일체의 사물을 천하에 유통시키는 그릇과 같은 것이다. 리는 그 주인이다.

『논어(요왈편)』에 "도량형을 바로 잡고" 운운하는 것처럼,

저울도 마스枡⁴도 천하에서 애용되고 있기에 '보물'처럼 소중히 취급하는 것이다. 『역경(주역설괘전)』에도 쓰여 있듯이, 성인은 "천하의 도리를 철저히 연구하고 인간의 본성을 철저히 알아 천명을 하는 경지에 도달"하기 때문에 고금을 통틀어 보물인 것이다. 이 도리를 이해하는 것이 학문의 근본임을 마음에 새겨야 한다. 도리에 정통한다면 그때그때에 어울리는 해결법이 눈에 보이게 될 터이다.

묻기를 | '성리'를 알면 그때그때 상황에 맞는 적절한 해결법들을 찾게 될 것이라 그대는 말하지만 매 상황에 가장 적절한 것을 행

한다는 것은 어려운 일이다. 그런데도 그대는 아주 간단히 할 수 있는 것처럼 말한다. 그게 자신을 위해서 좋다는 것인가? 아니면 타인을 위해서 좋다고 함인가?

답하기를 | 좋다고 함은 그 상황에서 쌍방에게 안성맞춤이라는 의미이다.

묻기를 | 쌍방에게 있어서 모두 좋다는 것 따위는

---

4 부피의 측량 단위인 합(合), 승(升), 두(斗)를 측정하기 위한 일본의 도량형 용기. 가장 큰 용기부터 일두마스(一斗枡, 약 18.039ℓ), 오승마스(五升枡, 약 9.02ℓ), 일승마스(一升枡, 약 1.804ℓ), 오합마스(五合枡, 약 0.9ℓ) 이렇게 네 종류가 있다.

존재하지 않는 것 아닌가? 무언가 알기 쉬운 비유로 설명해야만 할 것이다. 자 여기에 무명천이 있다고 가정해 보자. 그것을 한 필 사다가 그대와 내가 반반으로 나누고자 한다면 그대나 나나 베의 누임이 곱게 이어진 쪽을 가지고 싶어 하지 않겠는가? 이 이치는 무명천뿐만이 아니라 온갖 일들에 적용되는 이치이다. 다른 예를 들어보자면 봉공인을 고용하여 일을 시킬 때 같은 날 고용된 두 명에게 같은 일을 명한다고 한다면 반드시 어느 쪽을 상관으로 삼고 다른 한쪽은 부하가 된다. 그 경우에 상관이 된 자는 문제가 없겠지만 부하가 된 자는 불쾌하게 여겨 불만을 가지게 될 터이다. 이렇게만 생각해 보더라도 어찌 됐든 쌍방이 함께 좋게 될 수 있다는 것은 있을 수 없다.

답하기를ㅣ 그때그때 상황에 대응한 적절한 방법이라는 것이 있고 어찌할 것인가는 각각의 경우와 상황에 따라 다름이다.

묻기를ㅣ 각각의 상황에 따라 다르다는 것은 어떤 의미인가?

답하기를ㅣ 두 명의 봉공인의 역량이 같을 경우에는 먼저 저 문을 열고 들어와서 주인이 있는 곳에 얼굴을 비춘 자가 위가 될 것이다.

일반적으로 두 명이 나란히 찾아오는 일 따위는 없다. 만약 역량에 우열이 있다고 한다면 역량이 우수한 쪽이 위다. 일의 역할로 판단해야 할 경우에는 같은 날에 같은 일을 시킨다고 하더라도 일의 처리가 빠른 쪽이 위가 될 것이다. 그렇게 하는 것은 어떤 것이든 하늘의 도리를 따라서 행하는 것으로 스스로가 마음대로 정하는 것이 아니다. 그러한 이유로 그때그때 상황에 대응한 가장 적절한 방법이 있다고 말하는 것이다.

묻기를 | 내가 다시 묻고 싶은 것은 무명에 대해서다. 무명에 대하여 답을 하지 않는 것은 모르기 때문인가?

답하기를 | 아니다. 그렇지 않다. 답할 필요도 없었기 때문에 말하지 않은 것뿐이다.

묻기를 | 답할 필요도 없다는 것은 어떤 의미인가?

답하기를 | 공자(『논어(안연편)』)도 말하고 있지 않은가? "자기도 하고 싶지 않은 것을 다른 이에게 하게 해서는 안 된다"라고. 자신이 싫어하는 것은 타인도 싫어하는 것이다. 그래서 무명에 대해서 이네만 내가 그 무명을 나누는 입장이라면 누임이 고운 쪽을

그대에게 줄 것이다. 그대가 나누는 입장이라면 고운 쪽을 넘겨 주지 않으면 안 된다. 만약에 그대가 먼저 좋은 쪽을 가져가고 나에게 끝자락 질 나쁜 부분을 주었다고 하더라도 나는 어찌 되었 듯 그대에게 신세를 지고 있으니[5] 그렇게 되었다고 생각하면 그만이다. 그런 식으로 생각한다면 물건을 나눌 때 언제나 문제가 없지 않겠는가? 그대에게 좋은 것을 주면 그대는 즐겁고 나는 '의'를 다하였으니 '인'을 키우는 것이 가능하다. 이걸로 좋지 않은가?

묻기를ㅣ 그렇게 되면 그대는 손해를 보는 것이 되는데 손해를 보고서 즐거워하며 '의'라고 하는 이유는 무엇인가?

답하기를ㅣ 아니다. 나는 손해를 보는 것이 아니다. 큰 이익을 보고 있다.

묻기를ㅣ 손해가 되었음이 자명하게 보이는데 이득이라고 하는 것은 무슨 연유인가?

답하기를ㅣ 맹자의 말을 빌리자면 "군자도 살아가는

---

5   무명을 얻게 되고 또 나누는 수고를 나를 대신하여 상대방이 하고 있으니 나의 입장에서는 신세를 지고 있는 것이다.

것이 중요하지만, 더 중요한 것은 의"라는 것이다. 군자는 명을 어기고서라도 의를 찾는다. 거기에 비하자면 무명 따위는 너무 가벼운 이야기이지 않는가. 가령 한 나라를 손에 넣어 억만금을 얻는다 하더라도 그러한 과정이 도리에 어긋난다면 어찌 정의롭지 못한 행동을 할 수 있다는 것인가? 겉으로 보이는 상품으로는 손해를 보더라도 겉으로 보이지 않는 '마음의 수양'이라는 이익을 얻는다. 이것보다 좋은 것은 없지 않은가?

묻기를 │ 그대는 재물을 버리고 그저 의를 존중하라고 말한다. 그렇다면 눈앞에 이익이 있다고 하더라도 의에 반한다면 팔짱만 끼고 있으라는 것인가?

답하기를 │ 의에 반하는 행동을 하면 마음의 고통이 된다. 나는 마음의 고통으로부터 벗어나고 싶어서 학문을 하고 있거늘 어째서 일부러 불의에 뛰어들어 마음을 아프게 하라고 말하는 것인가?

묻기를 │ 상인들은 매일 언제나 손님을 속여서라도 이익을 얻어야 하는 것이 일이라고 생각하고 있다. 그러니 학문 따위에는 결코 힘을 쏟지 않는 것이 보통이거늘 그대의 글방에는 많은 상인들이 출입하고 있다. 그러함을 보면 그대는 앞에 있는 사람에게 그때그때 맞춰서 말을 바꿔가며 가르치고 있는 것으로 『맹자(진심상편)』에 인용된 "향원鄕原⁶이야말로 바른 덕을 해치는 위선자"라는 공자의 말씀은 그야말로 그대를 가리킴이다.

있는 그대로 말하자면 그대는 학자라고 말할 수 없다. 그저 시류에 영합하여 더럽혀진 지금의 세상에 잘 맞을 법한 형태로 세간을 혹세무민하며 자기 자신의 마음도 속이고 있는 보잘것없는 인간이다. 그러나 그대의 문하생들은 그러한 것을 모른다. 그러면서도 학자 나부랭이라고 자부하고 있다니 부끄럽지도 않은가?

답하기를 | "군자는 알지 못하는 것이나 모르는 것을 입에 담지 말라"고 공자(『논어(자로편)』)도 말하고 있다. 어떠한 때라도 자신이 모르는 것에 대해서는 입에 담아서는 안 된다. 이것을 모르면서 함부로 지껄여 대는 것은 품성이 용렬한 것이다. 애당초 그대가 말하고 있는 것은 세상 사람들도 의심하고 있는 것이다. 크게 보자면 도는 하나이다. 그러면서도 그 속에는 사농공상의 사민 각각이 밟아 나가야 하는 도가 있다. 상인은 말할 것도 없고 사민에서 벗어나 있는 걸식하는 이에게도 도는 있음이다.

---

6 향토의 군자라는 뜻으로 매사에 시시비비가 명확하지 않으며 세간의 습속에 어울려 두루 뭉술하게 살아가면서 지역 사람들로부터는 존경을 받는 이를 가리킨다. 가치관이 뚜렷하지 않은 사람이나 위선적인 사람을 의미한다.

묻기를 | 걸식하는 자에게도 도가 있다고?

답하기를 | 일전에 들은 이야기에 따르면 어떤 이가
강주江州[7]에 갔었을 때 그곳에 비인非人[8]
들의 마을이 하나 있었다고 한다. 그곳
에서 새로 지은 다리를 처음으로 건너는 축하의식이 열리고 있었
기에 잠시 멈춰 서서 보고 있으니 비인의 우두머리로 보이는 자
가 사람들이 빙 둘러선 한가운데 앉아 있었다. 거기에 마을 사람
들이 축하선물을 가져오고 있었다. 그중 여위고 안색이 좋지 않
은 사내 한 명이 가지를 세 개 들고 와서는 우두머리 앞으로 나섰
다. 우두머리는 그 사내를 보고는 "너는 최근 병을 앓고 있었다
고 들었는데 어찌하여 무리해서 가지를 가져온 것이냐"고 물었
다. 그러자 사내는 "그렇습니다. 제가 오래도록 투병하고 있는
중에 소두목이 찾아와서 이번에 새로 놓은 다리를 처음 건너는
의식을 치를 것이니 두목님에게 축하품을 바쳤으면 한다고 말하
였습니다. 그리하여 늦은 밤 다른 이의 밭에 숨어 들어가 훔쳐 왔
습니다"라고 답하였다. 두목은 화를 내며 "걸식을 하는 것은 훔
치지 않기 위함이다. 도둑질을 할 것이라면 누구도 걸식 따위 하
지 않을 것이다. 네 놈은 이 마을에서 살 수 없다"고 말하며 소두

---

7   율령제 영제국 중 하나인 오우미노쿠니(近江国)의 다른 이름. 현재 일본의 시가현(滋賀県)
지역이다.

8   일본 에도시대의 천민 계급. 사농공상 중 어디에도 속하지 않는다.

목을 부르더니 "이놈의 병이 다 낫거든 마을에서 내쫓아라"고 명하였다고 한다.

　이처럼 설령 굶어 죽는다 하더라도 도둑질만큼은 하지 않는다는 신념이 걸식함에 있어서의 도인 것이다. 『논어(위령공편)』에 자로가 분개하여 "군자도 이처럼 곤궁할 때가 있어야 하는 것입니까?"라고 묻자 공자는 "군자가 곤궁한 것은 당연하다. 그러나 소인은 궁색해지면 흐트러지고 함부로 행동한다"고 답하고 있다. 아무리 빈궁하다 하더라도 올바른 삶을 살아간다면 군자이다. 빈궁하여 욕망에 휘둘려져 사람의 도리에 반하는 짓을 하는 것은 소인이다. 소인이면서 걸식보다도 못한 짓을 하는 것은 사람으로서도 한심한 것이 아니겠는가?

　　　묻기를 | 대체로 상인은 욕구가 강한 자가 많고 평소 이익을 게걸스럽게 탐하는 것이 그들의 일이라고 생각하고 있다. 그런 인간들에게 무욕無欲의 마음가짐을 설파하는 것은 그것이야말로 고양이에게 생선을 맡기는 것과도 같은 것. 상인에게 학문을 장려하는 것은 이치에 맞지 않는다. 그러한 이치를 알고 있으면서도 가르치고 있는 그대라는 사람은 정말로 엉뚱한 사람이다.

　　　답하기를 | 상인으로서의 바른 도리를 모르는 자는 이익을 탐하는 것에 집어삼켜져 오히려

가문을 망하게 하고 만다. 그에 반하여 상인으로서의 도리를 깨닫는다면 욕심이 아닌 인을 마음에 새기고 일에 전념하기에 가문은 번영한다. 그렇게 되도록 하는 것을 '학문의 덕'으로 삼고 있다.

묻기를 | 그렇다면 물건을 팔 때 이익을 내지 말고 물건을 들일 때의 가격으로 팔라고 가르치는 것인가? 만약 그렇다면 그대의 학당에서 배운 자들은 겉으로는 이익을 얻지 않아야 한다고 배우고 뒤에서는 몰래 이익을 얻고 있다는 것이 된다. 그래서는 진정한 교육이라고 말할 수 없을뿐더러 엉터리를 가르치고 있는 것이다. 본래 해서는 안 되는 것을 강요하기에 이렇듯 모순되는 이야기가 되어버리는 것이다. "상인에게 이익을 얻으려 하는 욕구는 필요치 않다" 따위의 설교는 여태까지 한 번도 들은 바가 없다.

답하기를 | 내가 말하고 있는 것은 엉터리가 아니다. 그 이유를 설명하겠다. 여기에 군주를 섬기는 무사가 있다고 해보자. 그 경우에 봉록을 받지 않고 섬기는 자가 있는가?

묻기를 | 그런 자가 있을 리가 없다. 공자나 맹자조차도 "녹을 받지 않는 것은 예가 아니다"라고 말하고 있는데, 어떻게 해야 하

상인에게 학문이 필요한가?

겠는가? 녹을 받는 상황에 따라서 달라진다. 받을 만하게 섬기어서 받을 경우에는 욕심이라고는 말할 수 없는 것 아닌가?

답하기를 | 상품을 팔아서 이익을 얻는 것은 상인으로서 당연한 도리이다. 물건을 들일 때의 가격으로 팔아야 하는 것이 도라는 말 따위는 들은 적이 없다. 판매 이익을 욕심이라고 치부하여 도리에 맞지 않다고 한다면 공자는 왜 자공을 제자로 삼았는가? 자공은 공자가 설파한 도를 상매매에 적절히 적용하였다. 그 자공도 매매이익을 얻지 않았다면 풍요를 이루지는 못하였을 것이다. 상인의 매매이익은 무사의 봉록과 같다. 이익을 얻지 않는 것은 무사가 봉록을 받지 않고 일을 하는 것과 같은 이치다.

구체적인 예를 말하겠다. 어떤 무가의 저택에 출입하는 두 명의 어용상인이 있었다. 그리고 새롭게 거래를 원하는 상인이 한 명 있었다. 상인의 출입 창구를 관리하는 자의 말에 의하면 "두 명의 어용상인으로부터 사는 물건은 가격이 매우 비싼 듯이 느껴진다" 하여 새롭게 거래를 원하는 상인의 비단 가격과 비교하여 보니 금액이 상당히 차이가 있었다. 그리하여 창구 관리자는 불쾌히 여겨 출입하는 두 명의 어용상인을 한 명씩 불러들여 이렇게 말하였다.

"그쪽에서 지참한 옷가지는 매우 비쌌기 때문에 다른 상인의 가격도 대조하여 보았더니 상당히 차이가 있었다. 괘씸하기 짝이 없구나."

이를 듣고서 출입 상인 중 하나가 반론하였다.

"저희가 어용거래를 소홀히 생각했던 적은 조금도 없습니다. 처음으로 이 저택에 출입을 부탁드렸을 때는 손해를 보더라도 거래를 성사시키고자 생각하였지만 그 이후로도 계속 그 가격을 이어가는 것은 무리입니다."

이 상인은 관리자에게 진술서를 적어서 내고는 되돌아갔다.

이어서 관리자가 또 한 명의 어용상인을 불러 똑같이 "괘씸하기 짝이 없다"고 말하자,

"지당하신 말씀입니다. 저희도 작년까지는 아버지께서 어용거래를 담당하고 있었습니다만 그만 돌아가시고 대신하여 제가 매매의 분부를 받게 되었습니다. 하지만 아직 미흡하여 사정을 잘 알지 못하기에 어찌할 줄 모르는 중이었습니다. 물건을 들이는 데 있어서도 아직 익숙하지 못한 탓에 도매상이 비싼 가격에 팔았는지 어떤지 알지 못하여 매우 불안한 상황입니다. 게다가 이 저택에 조달하였던 의복을 비싼 가격에 제공해 버린 것은 지금까지 받아왔던 주인님의 은혜를 잊은 소행이라고밖에는 드릴 말씀이 없습니다. 지금 당분간은 주인님으로부터 받고 있는 후치마이扶持米[9]로 생활하고 이후 한두 해 내에 가내의 물품을 처분하여 빚을 청산하고 나면 그때 다시금 저택의 어용에 임할

---

9   쌀로 받는 녹봉. 녹미.

수 있었으면 합니다"라고 말하였기에 이 역시 진술서로 남기고 집으로 돌려보냈다.

그 후 협의가 시작되었다. 첫 번째 어용상인은 경제적으로 힘들다는 듯이 포장하여 높은 이익을 제시하였고 게다가 관리인을 그럴듯한 말로 구슬리려고 하였다는 죄가 인정되어 어용상인으로서의 일을 맡을 수 없게 되었다고 한다.

한편 또 다른 어용상인은 정직하게 사정을 말하였고 더하여 그 상인이 빈곤해진 것은 죽은 아비의 낭비가 심한 생활이 원인으로 본인의 죄가 아니었다. 그러한데도 죽은 아비의 죄를 자신이 뒤집어쓰려고 하는 효심이나 주인에게의 충의심 등이 보였기 때문에 후에도 천하에 큰 역할을 할 것이라고 판단되었다. 관리인은 그 상인이 빚을 갚는 것도 도와주고 "늘 해왔던 대로 어용에 임하라"고 명하였다. 이것이야말로 정직을 통하여 행복을 얻은 모범. 그리될 수 있었던 것은 세 가지의 덕이 있다고 인정받았기 때문이다. 첫 번째는 주인으로부터 받은 깊은 은혜를 잊지 않고 높은 가격을 매기지 않은 성실함. 두 번째는 아버지의 낭비를 감추려고 한 효심. 세 번째는 관리인을 말로 속이려 하지 않았던 정직함. 이 세 가지의 덕이 돌고 돌아 자신의 행복으로 이어진 것이다.

또 다른 어용상인이 말하였던 "어용을 소홀히 한 적은 없습니다. 처음 어용을 맡을 때에는 손해를 본다는 것을 알고도 납품을 하였습니다" 따위의 말은 세간에서 자주 듣는 말이지만 듣는 쪽의 입장이 되어 보면 가격이 눈에 보일 만큼 차이가 있는데 '과연 지당하다'라고 생각할 수 없을 것이다. 적당히 그 자리를 벗어나기 위하여 거짓말을 하고 있다고 생각할 것이다. 교묘한 말솜씨로 말하면 말할수록 듣는 쪽은 수상쩍게 느끼게 되는 것이다.

세간의 사람은 현명한 듯 보이지만 실제의 도를 배우지는 않았기에 자신이 범하고 있는 잘못이 늘어가고 있는 것을 알지 못한다. 그러한 점을 잘 생각해 본다면 무엇이든 거짓말을 하여서는 실패하게 된다는 것을 알아차릴 수밖에 없을 것이다. 가령 담뱃잎 상자 하나, 또는 담뱃대 하나를 사려고 할 때 팔고 있는 것이 좋은 것인지 조악한 것인지 눈으로 봐서도 뻔히 보이는데도 이러쿵저러쿵 말을 늘어놓으면 문제가 있는 상인이다. 그에 반해 있는 그대로 말하는 것이 좋은 상인이다. 사람의 성실함과 불성실함이 눈에 보이듯이 상대도 또한 이쪽의 성실, 불성실을 볼 수 있다는 것을 알아차리지 못한다.

『대학(전육장)』에 "타인이 자신을 보는 시선은 몸속 깊은 곳에 있는 폐와 간을 꿰뚫어 보는 것만큼 날카롭다"고 나와 있다. 이 도리를 알게 되면 있는 그대로 말하게 되기에 정직한 자라고 생각되고 어떠한 일이라도 맡길 수 있는 사람이 되어 고생하지 않더라도 다른 이의 굽절을 파는 것이 가능해진다. 상인은 사람으로부터 정직하다고 평가받고 서로가 '선한 사람'이라고 느끼어 마음을 열 수 있는 관계로까지 발전하는 것이 바람직하다. 그 참다운 묘미는 학문의 힘이 없이는 알 수 없을 테지. 그런데도 "상인에게는 학문이 필요 없다"고 하며 학문을 뚜렷한 까닭도 없이 싫어하고 가까이하려고 하지 않는 것은 어찌 된 것인가?

묻기를｜ 말은 그렇게 하지만 세간에서는 '상인과 병풍은 굽히지 않고는 세울 수 없다'[10]고 비아냥거리고 있다. 이것을 어찌 설명할 것인가?

답하기를｜ 세간에 돌아다니는 말에는 그렇듯 잘못된 것이 많다. 우선 병풍을 보면 조금만 휘어져도 접어둘 수 없게 되고, 놓는 곳이 평평하지 않으면 세울 수 없다. 상인도 이와 같아 자연스레 몸에 밴 한결같은 정직함이 갖추어지지 않으면 다른 상인들과 어깨를 나란히 하면서 두각을 드러내는 것은 어렵다. 그러한 점을 올곧은 것이 기본적인 바탕이 되어야 하는 병풍에 비유한 것이다. '병풍도 사람도 똑바르다면 세울 수 있지만 휘어져 있다면 세울 수 없다'는 의미를 잘못 받아들여 세간에서 말하고 있음이다. 조금 과장되게 말하자면 병풍의 올곧음은 그것이야말로 오래전 백이伯夷의 올곧음 그 이상일지도 모른다.

---

10 병풍은 접힌 상태로 놓지 않으면 세울 수 없듯이, 사람도 도리에 집착하지 말고 적당히 타협하지 않으면 세상을 살아가기 어렵다는 의미로 쓰이는 비유적인 표현이다. 지금도 그러한 의미로 쓰이고 있다. 이시다 바이간은 이 말이 세간에서 잘못 이해되고 있는 대표적인 예라고 반박하는 것이다.

<table>
<tr><td>묻기를</td><td>그렇다 치더라도 병풍에 비견될 정도의
상인의 정직함이란 어떠한 것인가?</td></tr>
<tr><td>답하기를</td><td>"상품을 파는 것을 상업이라고 한다"고
『한서(식자지)』에 쓰여 있다. 즉 봉록도
상품의 판매가격에 포함되어 있다는 것</td></tr>
</table>

을 알아야만 한다. 그렇기에 상인은 왼쪽에 있는 것을 오른쪽으로 옮기어도 이익을 손에 넣을 수 있다. 그 이익은 부정한 것을 통하여 얻은 것이 아니다.

중개전문의 상인을 아이다야閒屋라고 한다. 아이다야가 수수료를 취하는 것은 가게의 어딘가에 써 붙여 둔다면 누구라도 눈에 들어올 것이다. 거울에 물건을 비추듯 그 어디에도 거짓 속임은 없다. 어디까지나 일부러 숨기는 것도 아니다. 올바른 방법으로 이익을 얻고 있는 것이다. 상매매는 올바른 방법으로 이익을 올릴 때에 성립된다. 올바른 방법으로 이익을 올리는 것은 상인으로서의 착실한 삶이며 이익을 올리지 못하는 것은 올바른 상인의 도리라고 말할 수 없다.

무사는 어떠한가 하면 상인이 "이 상품을 이 가격에 팔면 손해를 입지만, 손해를 입더라도 싸게 팔겠습니다"라고 말한다 해도 사지 않고 "사주는 것은 자네가 이익을 얻도록 하기 위해서이다. 자네의 원조는 필요 없다"고 말하는 것이 일반적인 것이다. 그렇기에 이익을 얻으려 하지 않는 것은 올바른 상인의 도리에 반하는 것이라 할 것이다.

<blockquote>
묻기를 | 그렇다면 물건을 매입할 때는 이 정도라든가 이익은 이 정도라든가 세간 일반에 통하는 약속이 있어야만 하지 않는가?
</blockquote>

그리고 거짓으로 속이어 가격을 낮추어 팔거나 하는 것은 어찌된 것인가?

<blockquote>
답하기를 | 파는 값이라는 것은 그때그때의 시세에 의하여 바뀌기 때문에, 은 백 몬메匁[11]에 들여온 상품이 구십 몬메가 아니면 팔리
</blockquote>

지 않는 경우도 있다. 하지만 그렇게 되면 손해가 발생하기 때문에 은 백 몬메로 팔던 상품을 백이삼십 몬메로 하여 파는 경우도 있다. 시세가 오르면 오를수록 가격이 강세이고 내리면 내릴수록 약세이다. 시세의 변동은 하늘의 뜻이기에 상인의 자의로 어찌할 수 있는 것이 아니다.

　막부에 의해서 공정가격이 정해진 상품 이외에는 모두 때에 따라 변동한다. 아니 항상 변동한다. 예를 들어 오늘 아침까지는 금 한 냥에 쌀 한 석을 살 수 있었는데 낮에는 아홉 두 정도밖에 살 수 없게 되어 돈의 가치는 떨어지고 쌀의 가치는 높아진

11　에도시대의 돈 단위. 100몬메는 현재 가치로 약 130만 원 정도의 가치가 있다.

다. 또는 그 반대로 돈의 가치가 높아지면 쌀의 가치는 내리는 방식이다.

이 세상에서 가장 큰 규모의 매매조차도 이러한 이치에 따른다. 그 외 이런저런 상품들은 예외 없이 나날의 시세가 변동하고 있다. 그 변동은 공적인 것으로 상인 사적으로 조작할 수 있는 것이 아니다. 게다가 한 명의 상인이 다른 많은 상인들을 무시하여 "매입가는 이렇게 하고, 이익은 이렇게 하겠다"라는 식으로 제멋대로 정하는 것도 어렵다. 이러한 것에 속임은 없다. 그런 것을 속이는 것이라 한다면 사고파는 것은 이루어질 수 없다. 사고파는 것이 불가능해지면 사고자 하는 이에게 물품이 전해지지 못하고 팔고자 하는 이는 팔 수 없게 된다. 그렇게 되면 상인은 살아가는 것이 불가능해지고 농업이나 공업으로 분야를 바꿀 수밖에 없게 된다. 상인이 농공으로 신분을 옮기면 상품을 유통시키는 자가 아무도 없어지고 만인이 곤란해져 버리지 않겠는가.

사농공상의 사민 각자는 이 세상이 안정될 수 있도록 힘을 다하지 않으면 안 된다. 사민 중 어느 하나만 빠지더라도 다른 신분이 그것을 보완할 수는 없다. 사민을 통치하는 것은 주군의 일이다. 그 주군을 돕는 것이 사민의 일이다. 사무라이는 원래 '지위가 높은 신하'로서 자리매김하고 있다. 농민은 '초망草莽의 신하', 상인과 장인은 '시정市井의 신하'이다. 어떤 신하이든 주군을 돕는 것이 도리이다. 상인이 상품을 사고파는 것은 세상이 문제없이 잘 돌아가게 함을 돕기 위해서이다. 장인에게 지불하는 품

샀은 장인의 봉급이다. 농민에게 주어지는 '사쿠아이作間'[12]도 무사의 봉록과 같다. 우리나라의 모든 백성은 산업이 없으면 살아갈 수 없다.

상인의 매매는 천하공인의 틀림없는 녹봉이다. 그럼에도 그대는 "상인은 이익을 탐하여 매매이익을 독점하고 있기에 거기에 도 따위는 없다"고 나쁘게 말하여 차별하고자 하고 있다. 무엇 때문에 상인만을 경멸하고 혐오하는가? 지금 그대가 물건을 사려고 할 때 "매매로 얻은 이익의 절반은 지불할 수 없다"고 말하면서 그만큼의 금액을 빼고 돈을 낸다면 그것은 나라의 법을 깨는 것이 된다. 상인이 주군으로부터 어용을 명받았을 경우에도 정확히 이익분까지 값을 쳐주고 있다. 즉, 상인이 얻는 이익이라는 것은 주군의 허가를 받은 봉록과도 같은 것이다. 단, 전답의 '사쿠토쿠作得'[13]와 장인의 '품삯'과 상인의 '이익'은 무사의 봉록과 같은 단위로 몇백 석이니 몇십 석이니 이렇게 셈할 수 있는 것이 아닐 뿐이다.

일본에서도 중국에서도 매매로 이익을 얻는 것은 당연한 규칙이다. 그 매매이익을 얻어 상인으로서의 임무에 더욱 힘쓴다면 저절로 세상을 위하는 것이 된다. 상인이 이익을 얻지 않으면 가업은 세울 수 없게 된다. 상인의 봉록은 앞서도 말하였듯이

---

12 영주에게 공납한 이후 남은 작물. 이후 답변에서 등장하는 사쿠토쿠와 비슷한 의미로 병용된다.

13 농민이 매년 정해진 소작료를 영주에게 바친 이후 추가로 얻게 되는 수확분.

매매로 얻는 이익이기에 사는 사람이 있음으로 해서 처음으로 얻을 수 있는 것이다.

상인이 고객의 부름에 응하는 것은 임무에 응하는 것과 같은 것이다. 탐욕을 쫓고 있음이 아니다. 사무라이의 도리도 주군으로부터 봉록을 받지 않으면 임할 수 없음이다. 그에 반하여 주군으로부터 받는 봉록을 부수입 따위로 보아 도리에 반한다고 비판한다면 공자나 맹자를 비롯하여 세상에 도를 아는 사람은 없는 것이 되어 버린다. 그대는 사농공은 제외하고 오직 상인이 녹을 받는 것을 '욕심'이라고 말하며 "상인은 도를 아는 것 따위 불가능하다"고 일방적으로 단정하고 있다. 그것은 어찌 된 것이란 말인가? 나는 상인에게는 상인으로서의 도가 있다는 것을 가르치고 있음이지 사농공에 대한 것을 가르치고 있는 것은 아니다.

묻기를│ 그런 것이라 한다면 상인이 팔거나 사거나 하는 물품에서 이익을 얻는 것은 이상적인 모습이 된다. 도에서 벗어나 좋지 않은 것이 그 이외에는 있는가?

답하기를│ 지금의 세상이 돌아가는 모습을 보고 있노라면 도리에서 벗어나 좋지 않은 것들이 많다. 그 점에서 가르치고 싶은 것이 있음이다. 진정한 상인이라면 몸을 삼가며 절대로 행하지 말아야 할 것이 있다. 예를 들어 설명하자. 내가 유년 시절에 들은 이야기이다.

옛날 어느 나라에 물난리가 들어 농작업을 할 수 없게 되어버린 전답이 있었다. 그 전답에는 물난리가 들기 전에 부과되어 있던 공물이 있었고 그 과세가 물난리 이후에도 이어지고 있었기 때문에 전답의 소유자는 궁여지책으로 과일을 심었더니 벼농사보다 나은 작황을 얻게 되었다. 그랬더니 그 과일에 대해서 선대의 군주가 새로운 세금을 매겼다고 한다. 선대의 군주에 이어서 군주가 된 현 군주는 이를 불쌍하게 여겨 새롭게 세금을 부과하는 법을 폐지하여 농민의 부담을 경감시키고자 생각하였다. 그러나 아버지가 시작한 제도였기에 그 법을 바꾸는 것에 대하여 아들로서 마음이 편치 않았다. 하지만 최종적으로는 폐지하기로 결단하여 가신을 불러들여 이렇게 말하였다.

"성하마을에는 이층집을 지은 이들이 있다. 이층집에는 예외 없이 과세하도록 하라."

의아하게 여긴 가신은 다른 이들과도 상담하여 주군에게 아뢰었다.

"얼마 전에 주군은 이층집에 세를 거두라고 말씀하였습니다만 그러한 예는 일전에도 없었기에 모쪼록 과세의 뜻은 거두어 주십시오."

그러자 주군은 이렇게 말하였다.

"선례가 없다고 말하는가? 나는 그 선례를 가지고서 말하였음이다. 침수된 논에 논으로서도 공물을 징수하면서 더하여 과일밭으로서도 세금을 취하는 것은 이층집에 과세하는 것과 같은 것이다. 선례가 없는 것이 아니다."

이후 과일에 과세하는 것을 멈추고 논의 공물만으로 바뀌었다는 이야기이다. 백성들은 "주군의 인애가 닿지 않는 곳이 없고 백성을 자신의 아이처럼 사랑하는 정치가 행해지니 참으로 고마운 일이다"고 입에서 입으로 전하였다고 한다.

상인도 이러한 사례를 본보기로 하여야 한다. 그러나 세상에는 이중의 이익을 취하여, 달콤한 독을 마시고 스스로 죽음에 빠지는 것과 같은 일들이 많은 듯하다. 그 실제 예를 두세 가지 들어보겠다. 우선 옷가지를 이야기해 보자. 여기에 비단 한 필, 허리띠 한 개가 있다고 하자. 그리고 그 길이가 일반적인 촌법村法보다 1, 2촌[14] 짧은 상품이 있을 경우에는 천을 짠 이가 이것이 조금 짧다고 '고하고'(상품으로서는 문제가 없더라도) 가격을 깎는 것이 이치에 맞다. 그런데 겨우 1, 2촌 짧을 뿐이니 결함상품이라고 할 정도도 아니기에 비단 한 필, 허리띠 하나의 보통의 가격을 붙여 팔아도 문제는 없다고 볼 수 있다. 하지만 천의 부족분으로 이익을 얻고, 더하여 정규품과 같은 가격으로 팔아 이익을 얻었다고 한다면 이것은 이중의 이익을 얻은 것이 된다. 이는 나라가 법으

---

14 약 3~6cm.

로 금하고 있는 '후타마스二枡 사용'[15]과 비슷하다고 할 수 있다.

다른 예를 들어 보자. 염색천을 파는 곳에서 물건을 받아 올 때 천의 물들임이 약간 다르면 작은 흠을 두고서 크게 불평을 늘어놓아 값을 깎아서 구매하고, 더하여 이를 만든 직인職人의 흠을 보아 마음에 상처를 입혀 놓고서 한편으로는 주문한 손님에 대해서는 제대로 본디 값을 청구하여 돈을 취하고 그 돈을 직인에게는 넘겨주지 않는 경우도 있다. 그런 경우도 이중의 이득 이상의 악행이다. 여하튼 세상에는 이런 수법이 많음이다.

한 가지 더 다른 예를 들면 가업의 경영상황이 좋지 않아서 외상으로 물건을 들이거나 돈을 빌린 곳에 그 3할이나 5할을 우선 갚고는 사과로 넘기거나 하는 경우도 있다고 들었다. 그런 경우에 채권자 중에는 외상으로 판 금액이 많은 자가 채무를 지고 있는 상대에게 사례금을 요구하여 그것을 받아먹으면서 표면상으로는 손해를 입고 있는 듯이 꾸민다. 허나 실제로는 손해 따위 없는 자들도 있다고 들었다. 이처럼 교묘한 도둑질을 '부정'이라고 한다.

묻기를 | 사죄하는 상대로부터 사례금을 받고 단물을 빨아먹는 인간이 상인뿐이랴. 상인 이외에도 그런 수법을 쓰는 이들은 있음이다.

---

15 계량을 할 때 쓰는 '마스'가 두 개라는 의미로. 물건을 사들일 때의 계량과 팔 때의 계량을 달리하는 것을 말한다.

답하기를 | 상인 중 많은 이들이 도를 모르기에 그러
한 짓을 하고 만다. 상인으로서의 올바
른 도를 알고 만사에 대처하는 자라면 의
에 반하는 그러한 행위는 하지 않는다. 어령御領이나 가령家領[16]
을 관리하는 쇼우야庄屋[17]라든가, 마을의 쇼우야의 보좌나 지도
자도 주군의 올바른 정도를 보고 배워서 그 대리로서 일에 종사
하는 것이니 백성들로부터 사례금 따위를 받거나 하는 일이 있어
서는 아니 된다. 애당초 사무라이라고 불리는 자가 아랫사람들
로부터 몰래 사례금 따위를 받거나 하는 일이 있다면 사례금을
준 자에 대해서 특별히 돌보아 주거나 뒤를 봐주게 될 것이다. 아
랫사람들과 마찬가지로 툭하면 저런 식으로 알선행위를 하는 무
사는 사무라이라고 불려서는 아니 된다. 그러한 짓을 하는 것은
도둑이지 사무라이가 아니다.[18]

위에 있는 자가 아랫사람들로부터 뇌물을 받아서는 정도
가 서지 않는다. 설령 당분간은 들키지 않는다고 하더라도 하늘
이 알고, 땅이 알고, 자신이 알고, 사람들이 알기 때문에 언젠가
는 세상에 알려져서 벌을 받을 것이다. 천벌을 모르는 자가 이 천

---

16 어령은 막부의 직할지, 가령은 당상가들의 영지를 의미.

17 에도시대 마을의 정사를 맡아보던 사람으로 촌장에 해당한다.

18 당시에는 외상이나 돈을 빌려준 경우 이를 급히 갚을 수가 없는 이들이 무사계급에게 사
례금을 주고 부탁하여 채무 관계를 무마하거나 연기시키는 경우가 있었으며 이를 의도적으로
알선하고자 하는 경우도 있었다. 이시다 바이간은 이를 비판하고 있다.

하태평의 세상에 있어서는 안 된다. 그러나 상인은 사무라이와는 다르기에 그러한 의에 반하는 행위를 범하고 마는 것이다. 아주 조금이라도 도에 뜻을 두고자 하는 마음이 있다면 결코 해서는 안 되는 것이다.

묻기를 | 사죄를 하는 자가 사례금을 내며 잘 봐주기를 청하는 것이 나쁜 것인가? 그렇지 않으면 사례금을 받고서 뭘 의뢰하게 하는 것이 잘못된 것인가?

답하기를 | 그 경우 부탁하는 쪽은 아래의 입장이 된다. 그에 반하여 부탁을 받는 쪽은 위의 입장이 된다. 부탁을 하는 쪽도 부탁을 받는 쪽도 죄가 있지만 죄의 무거움을 두고 말하자면 위에 있는 자가 칠이요 아래에 있는 자가 삼이다. 예로부터 지혜를 가진 자는 위에 서서 그렇지 못한 자를 통치하고 사역하여 왔다. 무지한 자는 아래의 입장이 되어 노동을 함으로써 위에 있는 자들을 길러낸다고 『맹자(등문공상편)』에도 쓰여 있다.

어떤 이는 머리를 쓰고 어떤 이는 몸을 쓴다고 한다. 머리를 쓰는 이는 사람을 통치하고 몸을 쓰는 이는 통치를 받는다. 통치를 받는 이는 사람들을 길러내고 통치하는 이는 사람들로부터 길러진다.

높은 위치에 있는 이들의 깨끗함을 모범으로 삼는 것은 먼 옛날부터 사람의 도리이다. 그 올바른 도를 지키지 않고 사정하며 비는 이에게 합을 맞추어 의에 반하는 사례금을 받아 그것을 재산의 일부라고 생각하는 것은 정말 천박하기 그지없다. 설령 신분이 낮은 가문에 태어났다 하더라도 모두가 똑같은 사람인 법이다. 경제적으로 곤궁한 자는 가진 재산을 처분해서라도 사례금을 주며 사정을 할 수밖에 없다. 빌려준 쪽은 그에 상응하는 손해가 발생한다. 그때 양자 사이에 끼어들어 마치 중재 역할을 하는 듯한 낯짝을 하고서는 사례금을 받아먹는 것은 도둑질과 다를 바 없다. 그러한 짓을 하는 자는 달콤한 독을 복용하며 자살하는 것과 같다 할 것이다.

또한 테다이들 중에서도 이러한 못된 생각을 품는 이들이 많이 있다. 이것은 주인이 생각지도 못했던 악행을 생각해 내어 주인에게 달콤한 독을 먹여서 가업을 끊기게 하는 것과 같다. 『맹자(고자상편)』의 "주군의 악행을 조장하는 것은 그 죄가 적다 할 수 있으나, 주군의 악행에 영합하는 것은 그 죄가 크다"라는 말이 바로 그것이다. 허나 주인은 금전 손해만 적다면 그 테다이를 충의로운 자로 잘못 알고 자신이 망해가는 것도 알지 못한 채 테다이가 하는 짓들에 기뻐하게 되는 것이다. 그리되는 이유를 알아보니 "상인에게는 학문은 필요 없다"고 말하며 강의를 들으려고도 하기는커녕 듣는 이들을 비웃고 있음이었다.

그것은 비유해 보자면 코가 있는 한 마리의 원숭이가 코가 없는 아홉 마리 원숭이의 웃음거리가 되는 것과 같다. 자신은 똑

똑하다고 생각하여 선에 반하는 도리에 빠져들어 버린다면 그 가문에 머지않아 화가 미치게 될 것임에도 그것을 알지 못한다. 슬픈 일이다. 『역경(주역상경·곤부문언전)』에 의하면 선행을 쌓아 온 가문에는 그 화복의 은덕이 반드시 자손에게 미치고 불선不善을 쌓아 온 가문에는 그 재화가 반드시 자손에게 미친다. 신하 된 자가 주군을 죽이거나 자식 된 자가 부모를 죽이거나 하는 것은 일조일석一朝一夕에 일어나지 않는다고 한다.

이것이 나의 가르침의 요점이다. 성인의 인의 마음을 곰곰이 생각해 보는 것이다. 성인이라 함은 말하였듯이 불선을 미워한다. 그 점을 안다면 이중의 이익을 속여서 얻거나 마치 똑같은 크기처럼 보이는 두 개의 마스를 나누어 쓰는 속임수를 쓰거나 몰래 사례금을 받는 등의 상행위는 위험하다. 『논어(술이편)』의 공자의 말인 "불의를 범하여 손에 넣은 돈이나 지위는 나에게 있어서는 뜬구름과 같은 것이다"라는 구절을 떠올려 보아야만 할 것이다.

이렇듯 신중하게 살아갈 수 있도록 해주는 것이 '학문의 힘'이다. 세상의 모습을 보고 있노라면 겉으로는 상인처럼 보이지만 그 실체는 도둑과 같은 자가 있다. 그 점, 진정한 상인은 상대도 잘되고 자신도 잘되는 것을 바라는 이다. 교묘한 술수 따위를 쓰는 상인은 상대를 속여서 그 상황을 겉만 번지르르하게 꾸며 넘긴다. 그러한 자들과 진정한 상인을 같은 선상에 놓고 논하여서는 안 된다.

묻기를 | 상인으로서의 도리에 대한 대강의 내용은 이상의 설명으로 충분한 것인가?

답하기를 | 지금 말한 것은 매매의 도리이다. 이 이상은 더욱 번잡하여 여기에서 모두 다 이야기하는 것은 어렵다.

묻기를 | 그러면 그 외에 다른 어려운 가르침이 있는가?

답하기를 | 아니다. 어려운 가르침이 아니다. 그러나 '오상오륜'은 천하 국가를 통치하는 것과 같다. 그렇기에 작은 가내에도 가르침은 있는 것이다.

비유를 통하여 설명하여 보자. 어떤 시골 마을에 대불전大佛殿이 보고 싶다고 말하는 노인이 있었다. 그 자식은 효자로 고장의 목수에게 대불전의 모형을 만들어 줄 수 없는지 부탁을 하였다. 목수는 자신의 역량으로는 대불전의 모형은 무리라며 거절하였다. 그러자 효자는 "아니, 그저 작은 형태라도 상관없다. 사오 척 정도의 것이라도 상관없다"며 거듭 부탁을 하였다. 그러자 목수는 "어떤 사당이든 짓는 방법을 모르면 모형을 만드는 것은 무리다. 사당에는 크고 작은 것이 있지만 해야 할 작업이 바뀌는 것은 아니기 때문이다"라고 말하였다.

천하를 다스리는 것은 대불전을 짓는 것과 같다. 작은 집안을 다스리는 것은 작은 모형의 사당을 짓는 것과 같다. 한 채의 집에는 군신이 있고, 부부가 있고, 형제가 있고, 붕우와 교우도 있다. 거기에 인륜의 도가 없으면 설령 아주 작은 집안이라 하더라도 제대로 다스릴 수 없다. 작은 집안을 다스리는 데에도 인이요, 천하 국가를 다스리는 데에도 인이다. 이 두 가지의 인은 서로 다른 것이 아니다. 상인의 인애仁愛라 함도 세상에 도움이 되었을 때야말로 의미가 있는 것으로 작년 대기근[19] 때에 구제미를 제공한 자 전원에게 영주가 포상을 내렸었다. 굶주린 자를 구하여 죽음을 면하도록 하는 것이 인간의 도리인 것이다.

묻기를	그렇다면 상인으로서의 마음가짐은 어찌 가지는 것이 좋은 것인가?
답하기를	한 가지로부터 만 가지를 아는 것이 제일이다. 일례를 들어 말하면 무사 되는 자가 주군을 위하는 일에 목숨을 아까워해

---

19 1732년, 일본의 연호로는 교호(享保) 17년에 있었던 대기근을 가리킨다. 이 시기에 장마가 2개월 동안 이어지며 평년보다 낮은 기온의 여름이 지속되고 벼멸구와 메뚜기 등의 해충 피해도 이어지며 유례없는 대기근이 발생하였다. 이 피해는 서부 일본의 46개 번에 이르러 수확량은 예년의 27% 정도에 머물렀다. 『도쿠가와짓키(德川実紀)』의 기록에 의하면 250만 명이 기근에 시달리고 969,900명의 아사자가 발생하였다고 하며 다음 해인 1733년에 기근으로 쌀값이 급등하자 각지에서 서민에 의한 폭동이 일어났다.

서는 사무라이라고 할 수 없다. 상인도 그러한 것을 안다면 자신의 도는 자연스럽게 명확해질 것이다. 자신을 길러내어 주는 고객을 소홀히 다루지 않고 마음을 다한다면 십중팔구 상대의 마음을 충분히 움직이게 될 것이다. 상대의 마음에 부응하도록 상매매에 혼을 담아 매일 임한다면 세상을 살아감에 있어서 그 무엇도 근심할 것이 없다.

더하여 검약을 제일로 마음에 두고 종래는 은 1관을 계산하여 들이는 일체의 비용을 3할 줄여 700몬메[20]로 하고, 1관으로 예상하였던 이익을 1할 줄여 900몬메로 감액 수정해야 한다. 매상 1관 중에 이익을 1할 줄인 900몬메로 함으로써 상품의 가격이 비싸져도 불만을 들을 일이 없어진다. 불만을 들을 일이 없으니 마음도 편안하다.

그리고 전에 말하였던 옷감의 아주 작은 촌법 실수의 문제도 당치 않은 짓 따위는 하지 말아야 할 것이다. 도산하는 이와 서로 미리 짜고 사례금을 받거나 하지 말며 채권자들의 몫을 훔치려 하지 말아야 한다. 정해진 것을 무시하여 억지를 부리지 말고 낭비하지 말며 신변의 도구에 의심치 말고[21], 유흥을 멈추고 집의 증축과 개축을 취미로 하지 않아야 한다. 이러한 일체의 것들을 모두 피하고 깊이 삼간다면 1관의 이익을 생각하였던 상품

---

20 일본의 화폐 단위의 하나. 1000몬메가 1관이다.

21 자신의 몸에 붙이는 장식 등에 대해서 부족하지 않은가 생각하는 것을 의미한다.

이 9할의 이득밖에 나지 않았다 하더라도 가업은 평안하고 무사할 것이다.

상품매매에서의 부정은 이익을 100몬메 줄이면 대체로 사라진다고 생각해도 좋다. 비유하여 말하자면 1마스의 물에 기름을 한 방울 떨어뜨리면 수면 가득히 확산되어 마스의 물 전부가 기름처럼 보인다. 바로 그러한 것이다. 그렇게 되어서야 그 물은 팔 수 없는 물이 된다. 매매의 이익이란 그러한 것이다. 즉 부정하게 얻은 100몬메가 전체의 수익 900몬메 돈 전부를 부정한 색으로 물들여 버리는 것이다. 부정에 의한 100몬메를 벌어들임으로써 900몬메의 벌이 전부가 부정한 돈으로 취급되어 버리는 것은 그야말로 한 방울의 기름으로 인하여 마스의 물을 전부 버리게 되는 것과 같은 것. 그런 연유로 상가의 자손이 망해 간다는 것을 모르는 이들이 많다.

이중의 이익을 취하고, 도산자와 합을 맞춘 사례금을 취하고, 지불 시에 술수를 쓰고 억지를 더하여서는 가업을 유지할 수 있다고 보장할 수 없다. 이 도리는 상매매뿐만이 아니라 모든 것에 있어서 해당되는 것이다. 그러나 욕심을 이기지 못하고 100몬메라는 숫자가 머리에서 떠나지 않아 부정한 돈을 탐하여 사랑해야만 하는 자손이 끊어지고 집안이 망하게 되는 이치를 모른다는 것은 한심한 일이 아닌가.

어쨌든 앞서 설명하였듯이 지금의 시대는 무슨 일에나 사무라이의 청렴결백을 본받아 자신의 삶의 모범으로 삼아야만 한다. 『맹자(양혜왕상편)』는 "항산恒産이 없이도 항심恒心을 갖는다는 것은 오직 군자만이 가능하다"라고 말하고 있다.

그 옛날 가마쿠라 막부의 사이묘지最明寺[22] 님이 집권을 사가미노카미相模守 님[23]에게 넘기고 각 나라들을 돌아보았던 것은 세상의 부정을 바로잡기 위해서였다. 즉 아랫사람들의 호소가 위까지 달하지 못하는 것을 우려하였기 때문이다. 위에 선 이에게 인의 마음이 있다면 아래에서 따르는 자가 의의 마음을 가지지 않을 리가 없다.

이러한 이야기가 있다. 아오토 자에몬 즉 후지츠나 님이 히키츠케슈우引付衆[24]로서 가마쿠라에서 소송을 취급하고 있을 때의 일이다. 도키무네 가문의 사람과 쿠몬죠公文所[25]의 관리 사이에 소송이 벌어져 다투게 되었다. 도키무네 가문의 사람 쪽에 다툼의 원인이 있었지만 재판을 맡은 자들은 시대의 권력자를 두려워하여 시시비비를 확실히 말하지 못하였다. 하지만 아오토만은 시시비비를 확실히 하여 흑백을 구별하였다. 쿠몬죠의 관리는 크게 기뻐하였고 판결이 내려진 밤 아오토의 저택 뒤에 있는 산에 올라 저택 내로 사례로서 전 300관을 던져 넣었다. 이 사실

---

22 가마쿠라 막부의 제5대 집권자인 호조 도키요리(北条時頼)를 이르는 말.

23 가마쿠라 막부의 제8대 집권자인 호조 도키무네(北条時宗)를 이르는 말.

24 재판의 기록 따위를 다루는 직위.

25 공문서를 취급하는 행정 기관.

을 안 아오토는 기뻐하기는커녕 남김없이 돌려주며 이렇게 말하였다.

"포상을 받아야 하는 사람은 호조 도키무네 님이다. 판결을 공명정대히 한 것은 도키무네 님을 신뢰하기 때문이다. 세상의 시비를 확실히 하면 도키무네 님도 즐거워하실 것이다."

이러한 인물이야말로 사무라이로서의 적절한 예라 할 것이다. 하지만 지혜라는 부분에서는 아오토 님에게 필적할 수 없는 이들도 있을 터. 그러나 정의롭지 못한 금품을 받지 않는다는 점에서 아오토보다 못해서는 사무라이라고 말할 수 없다. 그리 생각한다면 '세상 사람들의 귀감'이 되어야만 하는 사람은 사무라이 이외에는 따로 없다고 할 것이다. 『논어(이인편)』에 "힘이 부족한 이를 나는 아직 만난 적이 없다. 그런 사람이 있을지는 모르겠으나 나는 아직 한 사람도 본 적이 없다"고 나와 있다.

세상은 넓기에 코를 막고서 의에 반하는 악취 나는 것들을 취하는 자들도 있을 것이다. 혹여 그러한 자가 있다면 무사로 가장하고서 칼을 차고 있는 도둑일 터이다. 무언가를 부탁하는 이에게 뇌물을 요구하는 놈들은 벽에 구멍을 뚫고 집에 멋대로 들어가는 도둑과 아무것도 다를 것이 없다. 아오토가 재판을 공명정대하게 행한 것은 호조 도키무네님을 존경하고 있었기 때문이었다. 아오토처럼 스스로를 훌륭히 수양하고 맡은 바에 올바르게 임하여 부정함에 손을 더럽히지 않는 가신은 그야말로 주군에의 충의가 깊다고 할 것이다.

지금의 시대에도 불충의한 사무라이는 있다. 상인도 이중의 이익을 탐하고 부정한 돈을 취하는 자들이 있지만 그러한 것은 선조에 대한 불효이며 불충의임을 인식하여야 한다. 신분은 비록 사무라이가 아니더라도 마음은 사무라이에 뒤지지 않도록 하겠다 생각지 않으면 안 된다. 상인의 도리도 여타 사농공의 도리도 다른 것이 없다. 맹자도 말하고 있지 않은가? '도는 하나뿐이다'라고. 사농공상은 어느 것이나 하늘이 만든 것이다. 하늘의 도에 두 가지의 도가 있을 리 만무하다.

제
3
권

성(性)과 리(理)란 무엇인가?
性理問答の段

어떤 학자가 묻기를 | 대성인 공자는 '삼강 三剛'이나 '오상'의 도를 설법하였지만 '성리'에 대해서는 언급하지 않았다. 그러나 맹자에 와서 "사람의 본성은 선하다"고 설파하며 "나는 호연지기를 기르고 있다"고도 말하였다.

그러면서 맹자는 동시대의 고자告子가 "식욕과 색욕의 자연스런 성향이 성이다", "사람은 본성은 선하지도 않고 불선하지도 않다", "사람의 본성은 냇버들과 같다. 사람의 본성은 여울물과 같다" 이리 말하였다고 『맹자(고자상편)』에 전하고 있다.

시대가 흘러 당대 중기에 이르면 한퇴지韓退之가 "사람의 본성에는 상중하 세 종류가 있다"고 하며 '삼품설三品說'을 논문 '원성原性'에 썼다. 시대가 왔다 갔다 하지만, 순자荀子는 전국시대 말에 "사람의 본성은 악하다. 선이라고 하는 것은 허구이다"라고 주장하고, 양자揚子는 『양자법언揚子法言』을 저술하여 "사람의 본성에는 선과 악이 섞이어 있다"고 하는 「선악혼효설善惡混淆說」을 주창하였다. 그 외에 소위 '노장老莊'의 '허무설虛無說'

이나 불교의 '적멸설寂滅說' 등 사람의 본성에 대해서 언급한 학자의 수는 많고 하나하나 거론하기에는 셀 수 없을 정도이다.

　　어느 설이 맞고 어느 설이 틀렸는지 알 수가 없다. 그러한 상황이기에 이 나라의 유학자들도 어떤 이는 맹자가 옳다고 하고 어떤 이는 고자가 옳다고 하며 또 어떤 이는 맹자는 잘못되었다고 하고 맹자 이하 누구도 다 틀렸다고 하는 이도 있다.

　　이들 논쟁은 어느 하나 결정적인 것이 없다. 그러나 그대는 송대의 유학자가 옳다고 보고 맹자를 숭배하며 사람의 본성은 선하다고 말한다. 그러나 내가 보기에는 어떤 설이 옳은지 그른지는 정하기 어렵다. 그대도 같은 인간이니 어느 설이 옳은지 정하지는 않았을 터이다. 그런데 맹자를 지지하는 유학자가 많고 세간 일반에서도 맹자가 좋다고 평가하는 이가 많다 보니 그대도 실은 마음으로부터 맹자의 성선설에 납득하여 긍정하지 않음에도 사람의 본성이 선하다고 주장하고 있는 것처럼 보인다.

　　그러나 그래서는 학자로서 공정한 판단을 하였다고 말할 수 없다. 나처럼 의심스러운 생각이 든다면 의심스럽다고 확실히 말하는 편이 정직하다. 처세라는 점에서 보기에도 그다지 좋지 않을 것이다. 허나 마음속에 죄의식이 있는 것은 아닌가? 그대의 목덜미를 거머쥐고서 다그쳐 묻는다면 그대가 주장하는 성선설에는 이렇다 할 확실한 근거는 없는 것이 아닌가? 근거는 없지만 우선은 맹자에 기대어 성선설이라고 말하고 있는 것은 아닌가?

| 답하기를 | 아니다. 그렇지 않다. 그건 그것대로 그 |
| | 대가 어찌 생각하든지 나는 괘념치 않는 |

다. 어차피 내가 말하는 바를 듣기 위한 귀를 그대는 가지고 있지 않기 때문이다.

| 묻기를 | 그대가 생각하고 있는 것에 적중하였기 |
| | 에 그런 식으로 답하는 것인가? |

답하기를	그렇지 않다. 썩은 나무에는 조각을 할
	수 없고 썩어 무너진 벽에는 다시 색을
	칠할 수 없다고 『논어(공야장편)』에 있는

데, 그대와 같이 자신의 본체를 잃었는데도 그것을 알아채지 못하고 있는 자는 썩은 나무에 조각을 하는 것과 같고 죽은 사람을 상대하고 있는 것과 같다.

대관절 누구를 대상으로 말하고자 하는가? 성선설이 옳은가 아닌가, 자기 자신의 본성에 맞는가 아닌가 따위는 우선 내 안에 본보기가 될 것을 찾은 다음에 행하여야 하는 논쟁이다.

그러면 성선에 대해서는 잠시 제쳐두고 '공자일관孔子一貫'[1]

---

1 『논어(위령공편)』에 나온 일이관지(一以貫之)를 가리키는 말로 '하나로 꿰다'는 의미이다. 흔히 말하는 일관지도(一貫之道)이기도 하다. 말의 유래를 좀 더 살펴보면 공자가 제자 자공에게 "너는 내가 많이 배워서 그것을 모두 기억하는 줄 아느냐?" 하고 묻자 자공이 "그렇습니다. 아닌가요?"라고 말하였다. 이에 다시 공자가 "아니다 나는 하나로(하나의 이치로) 꿰었을 뿐이다"라고 답하였다고 한다. 이후 증자와의 문답에서도 공자는 "나의 학설은 하나의 도로 꿰고 있다"고 말한다.

을 어느 정도 이해하고 있는지 묻고 싶다.

> **묻기를** │ 증자의 '충서忠恕를 다하는 것'이라는 설
> │ 명으로 명쾌히 알 수 있다. 의심의 여지
> │ 따위 없다.

> **답하기를** │ 증자가 말한 충서는 최고의 선이다. 성
> │ 리에 대해서 잘 모르는 후세의 이들이라
> │ 하더라도 충서라는 것이 도를 관통하는

것이라는 정도는 말할 수 있다. 그러나 '일관이란 충서를 말한다'
라는 것은 잘못된 이해이다. 왜인가 하면 작금과 같이 일본에서
도 중국에서도 계속 충서만을 논하는 것은 성인의 도를 전하는
유일한 계통이라고 말할 수는 없다. 허나 유일하지 않다고 하여
그 계통을 없애버리는 것은 죄이다. 그대와 같이 성선설을 이해
하지 않고서 도가 일관하면 충서라고 말하는 것은 증자의 찌꺼기
를 먹고 있을 뿐이다.

일관이라고 하는 것은 본성이 선하다는 것을 단적으로 표
현하는 절묘한 도리일 뿐만 아니라 성인의 마음 그 자체이다. 그
렇기에 표현된 언어에서 한 발 떨어져 한 사람 한 사람이 자기 자
신에 맞추어 생각하여 이해하고자 하지 않으면 안 된다.

공자가 나의 도는 하나의 원리로 꿰고 있다고 말하였을 때
이를 들은 증자는 만사의 도리나 이치가 명확한 것을 헤아려 알

고 그 말이 공자의 사상에 합치하고 있고 의심 따위 끼어들 여지가 없음에 깊이 감동하였기에 그저 한마디 "예 그렇습니다"라고만 말하였다.[2]

　　다른 제자들도 함께 듣고 있었지만 공자의 말씀을 이해할 수 없었기에 공자가 방을 나가고 나서 "지금 말씀은 어떠한 의미입니까?"라고 증자에게 물었다. 일관이라는 말 하나만으로는 알 수 없었기에 증자는 이를 풀어서 '충서이이 忠恕而已[3]'라고 그때 설명하였다. 하지만 그대는 그 말에 담긴 진정한 의미를 모르고 있다. 공자는 이전에도 자공에게 "나는 하나의 이치로 일관할 따름이다"라고 말하였지만 자공은 그 뜻을 아직 이해하지 못하였기에 답을 할 수가 없었다고 『논어(위령공편)』에 기록되어 있다. 그에 반해 증자는 '도통 道統[4]'에 대하여 이해하고 있었기에 충과 서라는 말을 사용하여 '지성일관 至誠一貫[5]의 리理'를 설명한 것이다.

　　도통을 터득한 이는 자유로운 발상이 가능하기에 '일관이

2　당시 공자의 일이관지의 의미를 제대로 이해한 것은 증자뿐이었다고 전해진다.

3　'충'은 마음을 다하는 것을 의미하고 '서'는 자신의 마음을 미루는 것을 의미한다. 즉 충은 성실하게 올곧게 꾸준히 하는 것이며 서는 자애롭게 남을 헤아리고 용서하는 것을 가리킨다. '이이'는 다한다고 매진한다는 의미이다. 다시 말해 충과 서를 다하는 것이라는 뜻이 된다.

4　유학이 추구하는 참정신이 전해져 내려오는 큰 흐름을 말한다. 유교의 사상이 전해진 계보를 말하는 것으로 유교의 사상사(思想史)이자 학사(學事)라고 할 수 있으나 방계를 제외한 정통의 계보만을 의미한다 할 수 있다. 주자(朱子)는 도통을 요(堯), 순(舜), 우(禹), 탕(湯), 문왕(文王), 무왕(武王), 주공(周公), 공자(孔子), 증자(曾子), 안자(顏子), 자사(子思), 맹자(孟子), 주자(周子), 장자(張子), 정자(程子), 주자(朱子)의 순으로 정리하고 있다.

5　지극한 정성으로 진심을 다하여 한 뜻을 추구하는 것.

라 함은 충서를 말함이다'라는 설명을 듣기만 하여도 감각적으로 알 수 있다. 이를 감각적으로 알 수 있는가 그렇지 않은가는 도통을 알고 있는가 그렇지 않은가에 따른다. 그대는 충서를 말하고 있지만 성선의 본질을 모르기에 증자가 말하는 충서와는 결정적으로 다른 것이다. 이런 경우 충서에 대해서는 논하지 않는다 하더라도 미주알고주알 이치에 닿지 않는 것이 분명히 많을 터. 가르침을 설파하는 자는 이 도리를 설명하지 않으면 안 된다. 그러나 그대는 성리에 정통해 있지 않기에 이해할 수 없음을 알았다.

묻기를 | 그 점은 가르치는 자들에게 있어서 확실히 해결되지 않았지만 옛 성인들의 생각이기에 지금의 학자가 알 수 있는 것이 아니다. 그러니 '일관이란 충서이다'라고 말하는 것에서 멈추어 두고 그 이상의 것에는 결코 건드리지 않도록 해야만 하는 것이다.

답하기를 | 지금의 학자들은 알 수 없는 것이라고 그대는 말하지만 성인들의 가르침은 고금을 막론하고 변하지 않는다. 지금과 과거를 구분하는 것은 불법의 '말세末世'라고 하는 가르침이다. 혼동해서는 아니 된다. 애당초 공자는 "가까이할 것도 없고 멀리할 것도 없다"고 말하였다. 안회顔回는 "바라볼 때에 앞에 계시더니

홀연히 뒤에 계신다"고 스승을 평하였고[6] 맹자는 "도는 단지 하나"라고 말하였다. 이러한 예는 많다. 그러면 그대는 이러한 말씀들에 대해서 어떠한 식으로 대처하고 있는 것인가?

묻기를ㅣ 그러한 것은 깊이 검토하였지만 명확하지 않기에 즉답은 어렵다.

답하기를ㅣ 공자, 안회, 맹자의 세 가지 말씀은 모두가 자기 자신의 마음에 대한 것이거늘 그것을 급히 답할 수 없다며 넘기려 한다면 아무리 독서량을 늘린다 하여도 아무런 도움이 안 될 것이다. 『논어』라는 책은 어디를 펴더라도 성인의 마음이 쓰인 것이기에 그 마음을 이해하지 않았다면 무엇을 본보기로 삼아 수양하고 다른 이를 가르칠 수 있다고 하는 것인가?

묻기를ㅣ 맹자가 설파하는 도는 '오륜오상' 이외에는 없다. 이에 대하여 무언가 의문을 느끼는 것인가?

---

6 『논어(자한편)』의 일부인데 안회가 자신의 스승인 공자에 대하여 말하는 부분이다. "스승의 도는 우러러볼수록 더욱 높고 뚫어볼수록 더욱 굳으며 바라볼 때에 앞에 계시더니 홀연히 뒤에 계신다. 스승이 질서 있게 사람을 잘 지도하시고, 글로써 나를 넓혀주시고, 예로써 나를 제약하시니 그만두고자 해도 그만둘 수가 없고 이미 재주를 다하였는데도 더욱 우뚝 서 계시다. 좇고자 하나 그 길을 찾을 수 없다"라는 구절이다. 즉 공자의 가르침(도)은 언제나 변함이 없고 과거도 지금도 이어지고 있음을 칭송하고 있다.

‖ 성(性)과 리(理)란 무엇인가?

답하기를 | '일이이 一而已[7]'라는 말에서의 하나 一의 의미를 이해하지 못하는 한 그대는 도를 알지 못할 것이다. 공자는 사람이 도를 넓히지 도가 사람을 넓히지 않는다고 말하였다. 또한 북송의 유학자 장재張載는 인간의 본성을 극한까지 깨닫는다면 사람은 도를 넓힐 수 있다고 저서『정몽(성명편)』에 쓰고 있다. 주자는『논어집주』에 앞서 공자의 말씀에 대한 주석으로서 "사람을 떠나서 도란 없고 도를 떠나서 사람은 없다"라고 쓰고 있다.

그렇기에 사람의 마음은 넓고 크게 할 수 있음이다. 깨닫는 마음은 본체이고 오륜은 그 작용이다. 처음으로 본체가 있고 작용이 따른다. 작용이란 군신, 부자, 부부, 형제, 벗 사이의 교류를 말한다. 인의예지의 도덕은 이들 오륜을 행하고자 하는 마음이다. 그대는 그 마음이 오직 하나라는 것을 모르고 있는 것이다.

묻기를 | 그대가 말하는 바도 일리는 있지만 어떤 가르침을 보더라도 똑같지 않던가? 나 역시 이후부터는 마음가짐을 어떻게 하여야 하는지 고민해야만 한다고 생각하고 있다. 하지만 맹자의 성선설이라는 발상은 점점 더 이해하기 어렵다. 성인이라고 불리는

---

7   하나뿐이다.

사람이라면 지인용智仁勇의 삼덕三德[8]을 모두 가지고 있기에 '선'이라고 말할 수 있다. 하지만 현인만 되더라도 그렇게 딱 잘라 말할 수 없음이다. 하물며 일반인은 훨씬 못하다. 그런데도 그들을 같은 선상에 두고 선이라고 하는 것은 어떻게 된 견해인가?

답하기를 | 공자는 『역경』에서 "이것을 도라 한다. 이것을 잇는 것은 선이 되고, 이것을 이루는 것은 성이 된다"고 말하고 있다. 천하는 일음일양一陰一陽으로 이루어져 있다. 이 음양 이외에는 아무것도 없는 것이다.

묻기를 | 오행五行[9]이라 하더라도 음양이고 그 이외의 것은 아니다.

답하기를 | 그렇다면 묻겠는데 그 일음일양은 두 개인가 하나인가?

묻기를 | 둘로 나누는 것은 어렵다. 그렇다고 하나

---

8   『논어(자한편)』, 『중용(제20장)』 등에 등장하는 군자가 갖추어야 할 세 가지의 덕목이다. 슬기롭고 어질며 용기가 있어야 한다는 의미이다. 흔히 서양의 세 가지 덕목인 진선미(眞善美)와 비견되며 동양의 덕목으로 알려져 있기도 하다.

9   목(木), 화(火), 토(土), 금(金), 수(水).

성(性)과 리(理)란 무엇인가?

라고 말하는 것도 틀리다. 동動과 정靜 두 개다.

> 답하기를 | 그렇다. 동과 정의 두 개다. 움직이는 것
> 은 어디에서 와서 고요해지면 어디로 돌
> 아가는가?

> 묻기를 | 무극無極이라든가 태극太極이라든가 말

들 하지만 그것은 아무런 까닭도 없는 것
에 단지 이름만을 붙인 것이 아닌가? 명확히는 이해하기 어렵다.

> 답하기를 | 까닭 없는 것이 아니다. 태극이라는 것
> 은 천지인의 본체이다. 그러면 묻고 싶

다. 그대의 코로 쉬는 숨과 입으로 쉬는 숨은 하나인가 둘인가?

> 묻기를 | 그것 또한 구별하기 어렵다.

> 답하기를 | 코와 입으로 쉬는 숨은 천지의 음양의 기
> 와 직접 이어져 있다. 음양의 기를 천치

에 내뿜고 천지로부터 그것을 들이마시는 것이다. 그 마시고 뱉
는 동작을 한동안 멈춰둘 수 있는가?

묻기를│ 그런 건 불가능한 이야기이다.

답하기를│ 호흡은 천지의 음양이지 그대의 숨이 아
니다. 따라서 그대도 천지의 음양과 하
나가 되지 않으면 금세 죽고 말 것이다.
음양이 없으면 그대의 목숨도 없다는 것은 명백하다. 마시는 숨
은 음이고 뱉는 숨은 양. 『역경(계사상편)』에서 말하는 "잇는 것은
선善이요"라는 것이다. 사람의 몸이 움직이는 것도 고요해지는
것도 천지의 음양의 움직임이다. 『역경』에 쓰여 있는 것과 어느
부분도 다르지 않다.

공자는 천지에 의거하여 본체를 해명하였다. 맹자는 사람
에 의거하여 도의 본체를 해명하였다. 하늘과 땅이 하나라면 도
또한 하나이다. 『근사록』에 주돈이周敦頤의 태극도설이 인용되
고 있다.

"오행은 하나의 음양에서 태어난다. 음양은 하나의 태극으
로부터 태어난다. 태극의 근본은 무극이다."

이 무극을 하나라고 하는 것이 좋은가 둘이라고 하는 것이
좋은가? 스스로가 잘 이해하지 못하고 있다면 어찌 사람에게 도
를 설파할 수 있으리오. 만취한 꿈에서나 봤을 법한 이야기를 하
며 세간을 미혹하는 듯한 짓을 함은 너무도 한심하지 않은가. 어
서 공자와 맹자가 말한 하나라는 의미를 알아야 한다.

공자와 맹자는 서로가 딱 들어맞는 관계이다. 공자를 받아

들인다면 맹자도 받아들이게 되는 것이다. 난 맹자의 성선설을 아무 생각 없이 그저 받아들여서 그 덕을 보며 마치 뭐라도 알고 있는 척 으스대고 있는 게 아니다. 그 언설이 나의 마음과 합치하였기 때문이다. 이렇게 설명하면 매우 알기 쉽게 들리겠지만 이 이상 깊은 것을 이해하는 것은 어렵다. 만약 이해하게 된다면 생과 사는 하나가 된다. 그렇기에 공자도 아침에 사람으로서의 도를 깨우친다면 저녁에 죽어도 여한이 없다고 말하고 있는 것이다.

그러나 세상에는 공자나 맹자가 설파하는 성선을 오해하는 이들이 많다. 일례를 들어 보자면 세상 사람들은 "사람의 본성이 선하다면 세상에는 선인들만 있어 악인은 없을 터. 그러나 현실에는 악인도 수없이 많이 있으니 그 이야기는 거짓이 아닌가 하며 의심을 품는 이들도 많다. 올바르게 이해하고 있는 이가 너무도 적다"라고 말한다. 바로 그것이다. 이것이 선이고 저것이 악이라며 선악을 대립시켜서 선을 판단하기에 성인들이 본래 말하고자 하였던 것을 놓치고 커다란 잘못을 범하고 있는 것이다.

묻기를 | 그 커다란 잘못을 낳는 이유를 자세히 들려줄 수 없겠는가?

답하기를 | 그렇다면 '천지의 도'로서 설명해 보겠다. 지금 여기에 한 단[10]의 전답 두 곳이

10　잇탄(一反)이라고 하는 토지의 면적 단위. 잇탄, 즉 한 단은 약 300평이다.

있다고 가정해 보자. 백성의 노동력, 거름, 모종, 모내기를 한 시기 등 여러 조건은 모두 같다. 그러나 수확은 한쪽이 쌀 삼 석이오 다른 한쪽은 한 석 오 두이다. 겨우 한 단의 밭인데도 쌀 수확이 한 석 오 두나 차이가 생기는 것은 그 밭에 '악한 마음'이라고 불리는 것이 존재하고 있기 때문이라고 설명하면 알 수 있겠는가?

　　　　　묻기를 ｜　잘 모르겠다. 전답에는 마음이 없으니
　　　　　　　　 ｜　악한 마음이라 부를 수 있는 것이 없지
않은가? 그러나 기름진 논과 메마른 논이라는 차이는 있다.

　　　　　답하기를 ｜　흙에는 다름이 없고 같은 흙을 쓰더라도
　　　　　　　　　 ｜　기름지고 메마르는 차이가 생긴다. 흙의
　　　　　　　　　 ｜　드러나는 성질에 차이가 있다 하여도 흙
그 자체의 본질에 차이가 있는 것은 아니다. 이렇듯 흙이 같더라도 두 밭이 생긴다. 그러나 흙에 본디 갖추어져 있는 본질은 바뀌는 것이 아니다. 그렇기에 조금씩 비료를 뿌리고 흙을 더하여 전답을 점점 더 비옥하게 바꾸는 것이다. 이를 사람에 빗대어 보면 메마른 논은 소인이며 이보다 나아진 논은 현인이며 기름진 논은 성인에 해당한다. 성인, 현인, 소인이라고 하는 차이는 있지만 태어날 때부터 성선이라고 하는 사람으로서의 본성은 같기에 학문에 매진하면 소인은 현인으로 현인은 성인이 될 수 있다. 이것이 야말로 본성은 하나라고 하는 것의 증거이다.

성(性)과 리(理)란 무엇인가?

애당초 성인도 현인도 소인도 오늘 이 하루를 살아가고 움직일 수 있는 것은 두 가지의 호흡 덕분이다.[11] 이 두 가지 호흡을 이어주고 있는 것[12]을 터득하고 궁구한다면 형태 없는 그것이 만물의 본체라는 것을 알 수 있을 것이다. 이것을 성인은 '선'이라고 부른 것이다. 인간의 본성이 '선'이라는 것은 자기 편한 사고방식대로 미루어 짐작하여 알 수 있는 것이 아니다. 맹자가 말한 성선은 앞서도 이야기했듯이 악에 대하여 존재하는 선이 아니다. 잘못 알아서는 안 된다.

묻기를 | 맹자의 성선설과 고자의 "본성은 선도 아니고 불선하지도 않다"는 같은 것이지 않은가? 왜냐하면 선도 불선도 아닌 것은 텅 비어서 아무것도 없는 공적空寂한 세계이다. 맹자는 그 공적한 세계에 이름 붙이기를 성선이라고 부른 것이다. 그에 대하여 고자는 있는 그대로 "선도 아니고 불선도 아니다"라고 말하였다. 표현은 다르지만 실은 양쪽 다 실체가 없는 허명虛名이다. 그런데도 맹자가 옳고 고자가 옳지 않다고 하는 것은 왜인가?

답하기를 | 그대가 납득이 가지 않는다고 말하고 있

---

11 앞서 말한 들숨과 날숨이다.

12 이시다 바이간은 수차례에 걸쳐 이것이 '선(善)'이라고 말하고 있다. 즉 '선'을 터득하고 갈고 닦으라는 의미이다.

는 바로 그 지점이다. 먼저 미리 말해두고 싶은 것은 고자가 "선도 불선도 아니다"라고 말한 것은 그의 생각에 지나지 않는다는 점이다. 그 이유는 스스로의 본성을 탐구해 보아도 선인지 불선인지 구별할 수가 없었기 때문이다. 그래서 고자는 선도 불선도 아니라는 결론에 달하였다.

한편 맹자의 성선은 천지와 곧바로 이어진다. 그렇게 말할 수 있는 이유는 사람이 잠들어도 의식하지 못한 채 호흡이 이어지고 있기 때문이다. 그 호흡은 자신의 숨이 아니다. 천지의 음양이 출입하고 있는 것이고 천지에 넘치는 호연지기가 형태가 있는 것들을 움직이고 있는 것이다. 맹자는 자신과 천지 사이에는 혼연일체인 도리가 일관되게 존재한다고 하여 사람의 본성은 선이라고 설파한 것이다. 맹자의 논리는 자연스럽고 억지가 없으며 『역경』의 기술과도 합치하고 있다. 허나 그 부분의 내용은 그 전후를 포함하여 알기 어려운 부분이긴 하다. 숙고할 필요가 있다.

『역경』은 천지의 관점에서 설명되고 있기에 쓰어있는 내용은 모두 '무심無心'[13]이다. 그 무심의 음양이 한 번 움직이고 다시 고요해진다. 음과 양의 이 동정動靜에 이어지는 것이 선이라고 맹자는 말하고 있다. 이런 절묘한 논리와 고자가 사색한 단상을 같은 선상에 두고 이야기해서는 안 된다. 둘 사이에는 큰 거리가

---

13   여기서 이시다 바이간이 말하는 '천지의 관점에서 쓰였기에 무심'이라는 말은 천지는 마음이 없기에 사계절과 홍수, 가뭄 등 천지조화의 정해진 순리에 따라서만 움직임을 뜻하고 있다. 천지에게는 사람과 달리 무슨 의도가 있거나 욕망이 있지 않다. 그저 모든 것이 조화롭게 그때그때 자연스럽게 일어나고 멈추며 지나가게 한다. 그래서 무심이라고 말하고 있다.

있음이다.

　맹자의 성선설은 생사를 초월한 하늘의 도이다. 떠올랐다가 사라지는 고자의 사색과 어찌 동일시할 수 있으리오. 그러나 이것은 알기 쉬운 듯하면서도 이해하기 어렵다. 생각해서 알 수 있는 것이 아니다. 『논어(술이편)』에 쓰여 있듯이 제나라에 있을 당시의 공자가 흔들림 없는 신념을 가지고 분발하여 3개월 정도에 좋아하던 고기를 멀리하고 그 맛을 잊을 만큼 열심히 학문에 몰두하였다는 일화를 되새겨야 할 것이다.

　세상에는 서적들을 읽으면서도 '성선설'을 잘 알지 못하는 이들이 많다. 알지 못하면서 책을 읽고 있는 이들을 빗대어 표현하자면 병자들이다. 열이 있는 병자도 식사는 하지만 그 맛있음을 모른다. 그러니 즐겁지 않다. 성선을 모르는 사람에게도 똑같이 말할 수 있다. 책을 읽어도 그 의미를 알 수 없다. 그럼에도 불구하고 맹자의 성선은 옳지 않다고 생각한다. 맹자가 설파한 성선은 하늘의 도리이다. 공자가 『역경』에서 설파한 성선도 또한 하늘의 도리다.

　혹시라도 천지와 사람이 따로라고 생각한다면 그대의 코와 입을 막아 볼 일이다. 천지의 음양의 은혜를 받지 않고서도 살아갈 수 있다면 맹자는 옳지 않다. 죽어 버린다면 맹자는 옳고 천지의 성선과 같음이 결정적인 것이 된다. 이것이 가장 단적인 증거이다.

갈피를 잡지 못하는 것은 천지의 음양에 이어지는 것[14]이 무엇인지 모르기 때문이다. 헤매기에 고자의 언설을 지당하다고 믿게 된다. 고자의 말처럼 인간의 본성에 선이나 불선이 없다고 한다면 남들이 너나 할 것 없이 지지를 보내겠지만 그것은 조금 떨어져 생각해야만 할 문제이다. 선도 불선도 없다고 생각한 당초는 맹자의 성선과 아주 약간의 차이가 있을 뿐이지만 도달점에는 천리의 차이가 생기기 때문이다.

성인의 도는 천지뿐이다. 천지는 눈에 보이듯이 맑음과 탁함이 있어 하늘은 맑고 땅은 탁하다. 맑은 하늘도 탁한 땅도 어디를 보더라도 무언가를 낳아서 길러낼 것처럼 보이지 않는다. 하늘에도 땅에도 마음은 없지만 만물이 생생하게 살아가고 있는 모습은 지금도 그 옛날에도 다를 것이 없다. 그 생생한 생명을 이어주고 있는 것이 선이다. 좀 더 구체적으로 말해 보자면 하늘은 형태가 없고 마치 마음과 같다. 땅은 형태가 있고 마치 물체와 같다. 그것들의 생생한 모습은 그야말로 생물과 같다. 하지만 마음이 없다는 것은 마치 죽은 것과 같다. 천지는 그 두 가지를 겸비하고 있기에 만물의 주체가 될 수 있는 것이다. 그것에 임의로 이름 붙여 '리'라든가 '본성'이라든가 '선'이라고 부르는 것이다.

그러나 자기식대로의 생각에 사로잡혀 있는 이는 천지가 살아있는 것이라고 주장하지만 그렇게 되면 한쪽 면만 알고 있는

---

14   선을 뜻한다.

것에 지나지 않으며 삶과 죽음의 양면을 겸비한 유일한 도리를 알지 못한다. 따라서 대단한 해를 미치는 것이다. 그렇기에 공자는 성인의 도와 다른 학문을 하는 이는 백해무익하다고 말한 것이다.

천지를 사람에게 빗대어 보면 사람의 마음은 끝도 없는 공허이며 하늘에 해당한다. 사람의 몸은 닫혀 있는 실재이며 땅에 해당한다. 호흡은 음양. 그것을 이어주는 것은 선. 작용을 맡고 있는 주체는 본성. 이렇게 생각해 본다면 사람의 몸이 하나의 작은 천지인 것을 알 수 있을 것이다. 자신이 하나의 천지라는 것을 알게 된다면 이 이외에 무엇이 더 필요하겠는가? 고자는 그것을 알지 못하였다.

고자는 자신의 생각이 탄생과 사멸에 관여하고 있다고 생각하여 그것이 자신의 본성이라고 생각하였던 것이다. 그러나 생각하는 것 그 자체가 본성이 될 수는 없다. 왜냐하면 천리는 사고를 초월하여 존재하고 있기 때문이다. 맹자의 혼연한 유일의 도리를 관통하는 본성에 도달한다는 설명과는 다르다.

묻기를 │ 하늘과 사람은 하나라고 설명하더라도 나 자신이 천지와 일치한다는 것은 납득할 수 없다. 그대는 이 도리를 정말로 알고 있는 것인가? 자기도 모르는 것을 말하고 있지는 않을 터. 어떤가?

답하기를 │ 『시경(태서편)』에 "하늘은 백성이 보듯이
         │ 보고, 백성이 듣듯이 듣는다"고 나와 있
         │ 으며 『맹자(만장상편)』에도 인용되어 있
다. 즉 하늘의 마음은 사람의 마음, 사람의 마음은 하늘의 마음인
것이다. 이것은 고금을 통틀어 공통된 하나의 진리이다. 그것은
그렇다 하고 그대가 지금 이야기를 하고 있는 상대는 누구인가?

묻기를 │ 서로 마주 보고서 문답을 나누고 있는 것
        │ 은 그대이다.

답하기를 │ 나는 만물의 하나에 지나지 않는다. 만
         │ 물은 하늘로부터 태어난 아이이다. 만물
         │ 을 마주 보지 않고서야 어찌 마음을 만들
어 갈 수 있겠는가? 만물에는 마음이 머물고 있다. 추워지면 몸
을 움츠러트리고 더워지면 몸을 편다. 춥고 더움은 그대로 마음
과 이어져 있는 것이다. 이것을 잘 생각해 보아야만 할 것이다.

묻기를 │ 지금까지의 설명으로 하늘과 사람이 일
        │ 치한다는 것과 성선에 대한 것은 이야기
로서는 이해가 가지만 납득이 가지 않고 재미있다고도 느껴지지
않는다. 그것은 왜일까?

▥ 성(性)과 리(理)란 무엇인가?

답하기를 | 좋은 질문이다. 『도연초(제38단)』의 한 구절에는 전달해서 듣고 배워서 안 것은 진정한 앎이 아니라고 나와 있다. 그대도 지금 나의 이야기를 듣고서 마치 알게 된 것처럼 느낄지 모르지만 진실까지는 아직 달하지 못하고 있다. 그렇기에 재미없게 느껴지는 것이다.

사람의 본성을 알고 싶어 수행하는 이는 그 답을 좀처럼 얻지 못함에 괴로워하며 이건 도대체 무엇인가? 이건 어찌 되는 것인가? 하면서 밤낮으로 생각하고 고민하고 아침에도 저녁에도 고뇌하다 보면 홀연히 그 대답이 번뜩하고 떠오른다. 그때의 기쁨을 비유한다면 돌아가신 부모가 살아서 돌아온 기쁨에 견주더라도 모자라지 않을 것이다.

그 옛날 무거운 짐을 등에 지고 있던 나무꾼이 한숨 돌리기 위해 장작을 내려놓고 쉬고 있는 모습을 그린 그림이 '안락의 극치'로서 지금에 전해지고 있다. 그 그림을 그린 화가는 갑자기 무언가에 눈을 뜨고 지금까지의 마음의 망설임과 의문이 한순간에 맑아진 즐거움에 달한 것임이 틀림없다. 만약 나에게 최고의 즐거움을 그려달라고 청하는 이가 있다면 나는 망설임 없이 즐거움이 어느 순간 갑자기 열리어 너무도 즐거운 나머지 나도 모르게 덩실거리게 되는 모습을 그릴 것이다. 이것은 『대학(전오장)』에서 말하고 있는 "갑자기 깨달음이 열리어 만물의 겉도 속도, 대강도 세밀함도 모두 내다볼 수 있다"라는 것과 같다.

183

대체로 자신이 마음을 다하면 다할수록 느끼는 즐거움도 다르게 다가온다. 몇 년에 걸쳐서 도대체 무엇일까? 어떻게 된 것일까? 계속 고민하다 보면 돌연 의문이 풀리게 되는 경우가 있다. 간혹 한두 달 정도 의문을 가졌던 것이 보일 듯 말 듯이 답이 떠오르는 경우도 있지만 그때의 즐거움은 크지 않다. 즐거움이 적으면 용기도 나지 않는다. 한편 확고한 신념을 가지고 배움의 길에 들어섰다면 가령 가난하여 거리에서 빌어먹게 되더라도 그러한 깨달음을 얻었을 때의 감동을 세상 사람들에게 전하여 남기고자 하는 용기가 나게 된다.

나 역시도 문학의 역량도 없는 주제에 그것을 부끄러워하지 않고 이렇듯 지껄이고 있으니 천학淺學의 시골뜨기라고 해야겠지만, 그럼에도 이렇게 이야기하는 것은 나의 뜻을 말하고 싶다는 것 그뿐이다.

묻기를 그건 그렇다고 하고, 성리에 대해서 말인데 유학의 가르침에 있어서 성리는 가장 중요한 화두라고 생각한다. 그러나 이해하기에는 어렵다. 맹자와는 생각이 천양지차인 고자가 틀렸다고 생각하면 맹자가 옳다는 것을 알게 되는 건가?

답하기를 맹자의 성선설이 이해되면 대낮에 희고 검은 것을 구별하는 것과 같다. 성선을

성(性)과 리(理)란 무엇인가?

알면 자를 사용하여 구부러진 것을 바로 펴는 것과 같은 것. 맹자가 설파하는 성선이란 "마음을 다하여 사람으로서의 본성을 알고, 본성을 알게 될 때 하늘을 알게 되고, 하늘을 아는 것을 학문의 시작으로 한다"라는 것이다. 하늘을 알면 만물의 도리는 자연스럽게 명백해진다. 그 모습은 개인적인 관점이 아닌 누구라도 말할 수 있는 일반적인 관점이고 말하자면 태양이나 달이 두루 비추고 있는 것과 같은 느낌이다.

고자가 말한 것은 태어날 때부터 가지고 있는 본성을 놓치고 개인적인 지식의 범위 안에서 생각한 것인데 그것은 대낮의 태양의 빛을 이용하지 않고 일부러 창을 닫고 어두운 실내에서 등롱을 밝혀 두고 있는 것과 같은 것. 맹자와 고자는 비추는 빛의 범위에 그만큼 차이가 있다. 어찌 생각해도 현저한 천양지차라고 말할 수밖에 없다.

천지의 힘은 명명백백하다. 뭐하러 다른 힘에 기댈 필요가 있겠는가. 다른 힘을 쓸 것 없이 도가 자연히 행하여지기에 그 도는 안락하고 더구나 도리도 명백히 말할 수 있게 된다. 그렇기에 인간은 『시경(태서편)』에도 있듯이 천지가 낳은 만물의 영장이 될 수 있음이다. 그러나 고자는 그것을 알지 못하였다. 단지 도리를 잘 모르고서 개인적인 지식과 경험을 통하여 알고 있는 것을 기준으로 괴로워하고 고민한 결과가 고자의 언설이다.

그에 반하여 맹자는 성리에 정통하고 있었기에 의를 지속해서 쌓으며 대지에 넘치는 만물의 생명력과 활력의 근원이 되는 호연지기를 키워 더할 나위 없이 크고 강한 '지대지강至大至剛'이라고 불리는 덕을 터득하는 경지에 도달한 것이다.

그러나 고자는 이 도리를 모른 채 자신이 체험한 지식만을 근거로 하여 아마도 이럴 것이라고 안이하게 생각하여 맹자에게 물었다. 그러나 돌아온 대답에 납득하지 못하여 이 수단 저 수단을 다 써서 계속하여 물은 결과 자신의 주장이 몇 번이고 바뀌고 만 것이다.

자신의 신념으로 "바로 이것이다" 하고 정했다면 말을 이랬다저랬다 하지 않아야 한다. 그러나 고자는 "말에서 납득이 되지 않는 것을 마음에서 구하지 말라"[15]고 하였다고 『맹자』는 쓰고 있다. 주자는 "말로 표현할 수 없는 것이 있다면, 그 말은 사용해서는 안 된다"고 『맹자집주』에서 말하고 있다. "그 도리를 마음속에서 구하는 것은 좋지 않다"고 주자는 말하였지만 마음속에서 답을 구하는 것을 계속하여 피한다면 언제 깨달을 수 있겠는가? 오늘 일어난 어떤 한 가지 일조차도 우리는 이리저리 정신을 쏟으며 이해하려고 하지 않은가? 맹자의 성선은 『맹자(고자상편)』의 서두의 '성'을 '여울물'에 빗대는 이야기[16]에서 명확하게 전달되었

---

15   고자가 말한 "말에서 납득이 되지 아니하면 마음에서 구하려고 하지 말며, 마음에서 납득이 되지 아니하면 몸에서 구하지 말라'를 인용하고 있다. 말을 통해 안다는 것은 귀로 들어서 아는 것이고, 마음으로 납득한다는 것은 마음으로 이해하는 것을 말한다. 말은 사람의 마음을 제대로 다 표현할 수 없을 것이고, 마음으로 이해가 되지 않으면 시간을 들여 몸으로 체득하여야 할 것이다. 고자는 기본적으로 인간의 본성이 동일하지 않다고 보았다. 그렇기에 사람마다 마음은 각기 다르고 이로부터 나오는 말을 이해한다는 것은 불가능하다고 생각하였던 것이다.

16   고자와 맹자가 성에 대해서 토론하며 물에 빗대어 논박을 하는데 내용은 이러하다. 먼저

을 터이다.

그에 반해 고자는 마음으로부터 여러 가지 생각이 생겨나지만 그 본성은 여울물의 흐름과 같기에 연못에서 물이 회오리를 치는 것과 같은 것이라 생각하였다. 하지만 그리 생각한 것은 하늘이 추위와 더위, 구름과 안개, 바람과 비 등을 낳고 날이 새기 전의 맑고 밝은 기운으로부터 덕의 마음인 인의예지를 낳는다는 것을 몰랐기 때문이었다. 이것저것 복잡하고 깊게 파고들어 생각해 버리니 정말 종이 한 장의 차이밖에 없었음에도 하늘과 땅만큼의 큰 어긋남이 생겨버리고 만 것이다.

알기 쉽게 빗대어 보면 개가 자신의 꼬리를 물기 위하여 빙글빙글 돌면 꼬리도 함께 돌기에 이를 무는 것은 불가능하다. 고자도 이와 같아 여러 가지의 너무 많은 사색을 하였기에 성선에 도달하지 못하였던 것이다. 안타깝기도 하고 한심하기도 하다.

한편 맹자는 지력知力에 의지하지 않고 도의에 철저하였기에 평단청명平旦淸明의 기氣[17]를 기를 수 있었던 것이다.

고자가 "성은 마치 여울물과 같아서 동쪽으로 길을 내면 동으로 흐르고 서쪽으로 길을 내면 서로 흐른다. 사람의 본성이 선도 불선도 아닌 것은 마치 물이 동서를 구별하지 않는 것과 같다"고 말한다. 이에 맹자가 "물은 동서를 구별하지 않는다. 그러나 상하의 구분도 없는가? 성이란 물이 아래로 흐르는 것과 같다. 지금 물을 때리면 물방울이 튀고 물을 솟구치게 하여 산으로 물을 보낼 수도 있지만 그것이 어찌 물의 본성이겠는가? 그에 가해진 힘이 그리하였을 뿐이다. 사람도 불선을 행하도록 할 수 있는 것이다. 그 본성은 결국 물이 아래로 흐르듯 선으로 흐름이다"고 답한다.

17 동트기 전의 맑고 깨끗한 기라는 뜻이다. 앞서 이시다 바이간이 고자의 사색에 대하여 "하늘이 (…) 날이 새기 전의 맑고 밝은 기운으로부터 덕의 마음인 인의예지를 낳는다는 것을 몰랐기 때문"이라고 지적하고 있는 부분에 대비한 구절이다. 원전에는 정확히 나오지 않지만 맹자의 고자상편의 "양심이 밤낮으로 많이 늘어 축적되고 이른 새벽의 평온하고 청명한 기운 덕분

그러나 호연지기나 평단청명의 기는 각자가 스스로 터득하는 것이지 말로서 형용하는 것은 어렵다고 맹자는 말하고 있다. 정자程子는 이 한 마디로 맹자가 기를 터득하였다는 것을 알 수 있다고 말하고 있다. 정자의 이 말에서 정자 자신도 호연지기를 기르고 있었다는 것은 명백하다. 이해력이 있는 사람이라면 이것을 분명히 알 수 있을 것이다. 성선을 습득하면 기가 맑고 밝아져 '인의의 양심(덕)'이 만들어진다. 언제나 인의의 양심을 가지고 있다면 사람과의 관계에서 그 이상 마음에 드는 것은 없을 것이다.

묻기를 | 성선을 알 수만 있다면 최고라고 생각하지만 우리들 같은 사람은 아무리 이야기를 들어도 그 본질을 이해할 수 있다고는 생각지 않는다. 맹자와 같은 재능이 있다면 좋으련만… 후세의 이들은 어차피 그에 미치기 어렵다. 세상의 수억 만 명 중에서 20, 30명이 있을까 말까. 아니 혹여 90명 100명이 있다고 하여도 결국은 아주 소수이다. 그저 알기 쉽게 설명하며 살아가는 것이 낫지 않은가? 가르침을 받는 자가 승려라면 죽어서 극락왕생할 것이라 말하여 즐겁게 하여 주고, 유학자가 상대라면 죽은 자의 혼이 하늘로 승천하거나 땅으로 강림한다고 말한다면 훌륭한 설

에"라는 부분을 인용한 것으로 보인다.

명이라고 감탄을 자아낸다. 설령 깨달음을 얻었다고 하더라도 똑같은 천지를 함께 보며 살아가고 있으니 괴로워한들 얻을 수 있는 것 따위 아무것도 없는 것이 아닌가?

답하기를 | 그대도 무엇인가 얻는 것이 있다고 생각하기에 괴로워하고 있는 것 아닌가? 배우지 않으면 교양 없는 시골뜨기라고 멸시받고 말 것이다. 그렇게 보이는 것이 부끄럽고 싫기에 배우는 것이다. 학문에 있어서 가장 중요한 것은 성현을 목표로 하는 '의지'이다. 성선을 아는 것이 성현에 달하는 문이다. 그 문이 존재하지 않는다면 어찌 성인의 길로 들어가라고 할 수 있겠는가? 요순이 목표로 하였던 도는 효제 孝悌 그 자체라고 『맹자(고자하편)』는 쓰고 있다. 아무리 괴로워도 효제의 도를 마음에 새겨둔다면 도움이 될 것이다. 효제를 하찮게 여긴다면 금수와 같다. 마음이 금수와 같이 되어 불효하고 우애가 나빠져 부모 자식간, 형제간이 멀어져 버리는 슬픈 일이 이 세상에 있어서 좋을 리가 없다.

그렇기에 『효경(효평장제칠)』도 위로는 천자 아래로는 서민에 이르기까지 효행하지 않는 자에게는 재앙이 닥친다고 하고 있고, 오형이라 불리는 형벌의 종류는 3천 종이나 되고 그중 가장 무거운 죄는 불효라고까지 쓰고 있다.

이렇듯 무거운 형벌의 죄인이 되어 인륜을 져버려도 아무렇지도 않게 두려워하는 것 없이 효제 따위 지키면 손해라고 생각한다 하더라도 어차피 죽으면 군자든 서민이든 그 몸은 천지에 흩뿌려져 버린다. 그대는 이것을 대등하게 취급해야 한다고 생각하는가?

묻기를 | 인류의 도를 어찌 버리겠는가. 그리고 죽고 나서 재가 되어 천지에 뿌려질 것이라고 정해진 것도 아니다. 그렇다고 하여 지옥이나 극락에 갈 것이라고 생각하지도 않는다. 불교의 전세, 현세, 내세도 확실히 없을 것이라고 생각한다. 그렇게 생각하는 것은 나뿐만이 아니다. 생각을 정하지 못한 사람은 세간에 수없이 많다.

이런 이야기가 있다. 어떤 곳에 유학만을 파고드는 한 유학자가 있었는데 언제나 불교의 악담을 늘어놓는 이로 친구에게 이끌려 신사나 불각에 가더라도 결코 참배하는 일이 없었다. 그러나 어느 날 중병에 걸려 생사의 기로에 서자 일가친척이자 평소 얼굴 정도 알고 지내던 승려에게 바닥에 엎드려 합장을 하고 눈물을 흘리며 사후의 일을 몇 번이고 부탁하였다고 한다. 누구라도 최후의 순간을 마주하면 어쩔 수 없이 불안해지고 말하는 것도 건강하고 혈기 왕성하던 때와 완전히 달라져 버리게 되는 것이지 않겠는가? 그에 대해서는 나 역시도 정확히 모르지만 승려에게 물어보기에도 탐탁지 않고, 제대로 깨달았다고 할만한 승려도 내 주위에 보이지 않는다.

▌ 성(性)과 리(理)란 무엇인가?

그러던 어느 날 시골의 선승과 딱 마주쳐 마침 잘된 일이라 여겨 "불교에서는 생사에 관련된 중대사에 대하여 설명한다고 들었는데, 어떠한 것입니까? 오늘 저녁 차분하게 이야기를 부탁드릴 수 있겠습니까"라고 말하였다. 그러자 그 선승은 갑자기 불구佛具의 하나인 불자拂子를 고쳐 들고 위엄을 세우고자 하였는데 그것이 무엇을 의미하는지 나는 전연 알 수가 없었다. 그래서 잠시 다른 이야기를 하다가 나중에 다시 "앞서 부탁하였던 생사에 관한 것을 다음에 알기 쉽게 가르침을 받고 싶다"고 이야기하자 "진한 차를 마셨으니 오늘 밤은 잠들기 어렵겠구나"라며 엉뚱한 말을 하였다. 혹시 제대로 들리지 않았는가 하여 "앞서 부탁하였던 생사에 관한 이야기인데 가르쳐 주실 수 없습니까"라고 반복하여 이야기하니 그 선승은 "딱따기[18]가 네 번 울렸다. 해亥시이다"라고 큰 소리로 말하더니 "그대는 배운 것이 있는 듯하지만 불쌍하게도 귀가 들리지 않는 듯하다"라고 말하였다.

그런 식으로 이야기가 오고 갔기에 질문을 했음에도 의미를 알 수가 없었고 물어보질 못하니 더욱 알 수가 없다. 어찌하여야 나의 의문이 풀리고 죽음에 임해서도 울지 않을 수 있게 되겠는가?

답하기를 | 그 선승이 처음에 불자를 세워 보였던 것의 의미는 "눈이 보이지 않는다"라고 말

18　밤에 야경 순찰을 돌 때 서로 마주쳐 딱딱 하고 소리를 내는 두 짝의 나무토막을 말한다.

하는 것이나 그대가 본래의 의미를 몰랐기에 다시금 "귀가 들리지 않는다"고 바꿔 말한 것이다. 그것은 그대에 대한 사랑으로부터 나온 가르침이다.

『논어(술이편)』에 있는 공자의 가르침이 참고가 될 것이다. 공자는 제자들에게 단 한마디 "내가 숨기고 있는 것이 있다고 생각하는가? 너희들에게 감추지 않으면 안 되는 것 따위 아무것도 없다"고 말하였을 뿐이다. 또한 공자는 제자 계로季路로부터 죽음에 대하여 질문을 받자 "살아있는 것에 대해서도 아직 잘 모르는 내가 죽음에 대해서 알고 있을 리가 없다"라고 답하였다.

지금 현재의 자기 자신을 알게 되면 죽음의 도는 자연스럽게 눈앞에 보이게 되는 것이다. 어째서 그 답을 다른 곳에서 구하려고 하는가? 지금 말하였듯이 생사에 대해서는 『논어』에 명확하게 쓰여 있다. 그러한 것을 남김없이 가르치는 것이 진정한 유학자이다. 그러하니 그대도 제자에게 숨기는 것 없이 무엇이든 가르쳐주는 스승이란 어떠한 것인지 배워서 생사에 대한 의문을 하루라도 빨리 풀어야 할 것이다.

그대는 가까이 있는 것을 알지 못하고 성현의 가르침에 등을 져버렸다. 그로 인해 괴로워하면서도 그리하는 편이 살아가는 데 편하다고 생각하며 자신의 마음을 속이고 "자신이야말로 공자의 제자이며 진정한 유학자다"고 자부하고 있는 것 같으니 도대체 어떤 생각인가?

성(性)과 리(理)란 무엇인가?

묻기를 ┃ 고가古歌에 있는 "마음을 묻는다면 어떻게 대답하겠는가"라는 노래처럼 자신의 마음에 대하여 묻는 것은 쉬운 일이 아니다.

나 역시도 사람들로부터 삶에 대하여 질문을 받으면 "유학자는 봉록이나 처세 따위를 생각지 않는다. 원래 하늘에서 와서 하늘로 돌아가는 것이다"라든지 그럴싸한 말로 넘어갈 수 있지만 본심은 그다지 결백하다고 할 수 없다. 실제로 냄새가 나는 것에 뚜껑을 덮어두는 정도의 상태이니 언제나 불안에 들볶이고 있다. 허나 아무것도 할 수 없는 것이 현재 상황이다.

이러한 사정은 그저 유학자들뿐만이 아니라 승려도 전에 말하였듯이 세간 사람 일반일 것이라 생각한다. 무엇보다도 승려의 수가 아주 많은 것에 비하여 유학자의 수는 적으니 점점 거거익심去去益甚 깨닫는 이의 수가 제한되는 것 아니겠는가?

답하기를 ┃ 아니다. 나는 그렇게 생각지 않는다. 승려는 적지만 유학자는 그 수가 분명 많을 것이다. 내가 말하는 유학자는 학자를 이르는 것인데 유儒는 유濡로서 '몸을 적신다'[19]라는 의미로, 스

19　앞서 학문에 대하여 묻는 단에서도 이 '유(濡)'라는 표현, 즉 적시다는 표현이 등장하고 있다. 예기의 구절을 설명하면서 이시다 바이간은 덕으로 몸을 씻는 것이 곧 '유'이며 이것이 학문이라고 말한다. 적신다는 은유는 도를 따르는 자기 수양과 정진에 대한 것이며 이시다 바이간은 이를 지속하는 이를 유학자라고 보고 있다. 그렇기에 도리에 맞게 삶을 이어가는 누구라도 유학자로서 불릴 수 있다고도 할 수 있다.

스로가 만족하고 있다면 유학자라고 말해도 좋다. 『맹자(고자상편)』에는 사람은 누구나 자신의 마음속에 귀한 것을 가지고 있다고 나와 있다. 그러한 마음만으로도 만족하고 몸을 적시어 가는 것이 유학자이다. 아무리 출가하는 이가 많다고 하여도 속인의 십 분의 일에도 달하지 않는 적은 수이기에 깨달음의 길에 도달하는 사람도 드물다. 오히려 속인은 수만 명이 넘기에 자신을 적시어 가는 사람도 분명 많을 것이다.

묻기를 │ 그렇다면 수행의 공덕을 쌓아 마음을 다하여서 올바른 도라고 확신을 얻었다면 얼마나 훌륭한 것이 기다리고 있는 것인가?

답하기를 │ 맹자가 말하기를 "나는 사십을 넘어서는 미혹되지 않게 되었다" 하였다. 천하 국가의 일들에 관여하여 무서워하거나 걱정을 품는 일 없이 자신의 몸을 다스리는 것을 '훌륭하다'[20]라고 말한다.

그러나 세상에는 도리를 가르치기 위하여 제자를 받으면서도 가르치는 법도 모르고 오히려 제자로부터 배우고 있는 뒤바뀐 자들도 있는 형편이다. 이것이야말로 아내를 부양하지 못하

───────────────

20   이시다 바이간은 勝(이길 승)이라는 한자로 표현하고 있다.

고 오히려 부인에게 부양받고 있는 꼴이다. 마음을 모르는 채 가르치고자 하면 이렇듯 뒤바뀐 상태에 빠지게 된다. 『대학』에 쓰여 있듯이 어른 된 자의 학문은 사람이 하늘로부터 얻은 덕을 명확히 하는 것이 뿌리이고 백성들에게 이를 즐기게 하는 것은 가지이며 잎이다.

학자라는 자가 최우선과제로 하여야만 하는 것은 마음을 아는 것이다. 마음을 알면 몸을 삼가게 된다. 타인을 배려하고 자신을 삼가는 행동거지는 '예'에 적합하다. 따라서 마음도 온화해진다. 마음이 온화해지는 것이 '인'이다. 인이라 함은 하늘의 원기 중 하나이다. 하늘의 원기는 만물을 낳고 기른다. 그 마음을 이해하는 것이 학문의 시작이며 또 학문의 끝이다.

사람이 호흡을 하면서 살아가는 한, 마음을 다하여 본성을 길러내는 것을 자신의 책무로 하여야 한다. 조금씩이라도 인애를 행하고 정의에 반하지 않고 살아간다면 마음은 안락해진다. 자기 자신이 안락해지는 것 이외에 가르침의 길은 없다. 사실은 납득하지 못했는데도 납득한 듯한 표정을 지어본들 마음속 어딘가에는 이건 가짜라며 받아들이지 못하는 마음이 있기에 인간은 괴로워하는 것이다.

그 마음의 괴로움은 그대가 좀 전에 말한 고가의 가사 중 다음 구절의 심경과도 통한다. "거짓말을 다른 이에게 책망당하면 어떻게든 변명을 할 수 있지만, 마음을 책망당하면 어찌 답을 하리오. 사람의 마음은 속일 수 있어도 자신의 마음은 속일 수 없음이다"

『논어(안연편)』에도 "공자는 말하였다. 되돌아보았을 때 양심에 부끄러운 것이 없다면 그 무엇도 걱정할 것도 없고 두려워할 것도 없다"고 나와 있다. 내가 말하고 싶은 것은 이 이외에 없다. 매일 걱정할 것도 두려워할 것도 없고, 스스로 반성하였을 때 조금도 꺼림칙한 것이 없고, 마음이 평온하고 안락하다면 그보다 나은 것이 무엇이 있겠는가?

> 묻기를 ┃ 성인은 누가 누구인지 태어나면서부터 알고 있다. 그러나 그것을 성인이 아닌 그대가 살펴보고 안다는 것은 무리이다.

그런데도 '성인의 지식聖知'이니 '범인의 지식私知'이니[21] 하며 판단하는 것은 어떠한 근거에서인가?

> 답하기를 ┃ 그대도 역시 세상사의 흑백은 간단히 알 수 있을 것이다. 성인의 지식과 범인의 지식의 차이도 그것과 다르지 않다. 예

를 들어 우임금[22]은 치수사업을 행할 때 엄청난 거리를 답파한

---

21 이시다 바이간은 앞서 맹자와 고자의 본성에 대한 내용을 설명하면서 맹자에 비하여 고자의 언설을 '사지(私知)'라고 평가하였다. 즉 맹자의 지식은 성인의 지식이고 고자의 지식은 범인의 지식이 된다.

22 치수사업에 크게 성공하고 순임금에 이어 왕위에 올라 하나라를 연 인물.

성(性)과 리(理)란 무엇인가?

실제 경험으로부터 얻은 객관적인 시점에서 '저곳은 높고 이곳은 낮다'라는 그 정도를 정확히 알아낼 수 있었다. 그것은 그만큼 지리를 통달하였을 뿐인 이야기로 무엇도 특별한 것이 아니다. 한편 범인의 지식에는 개개인의 주관적인 생각이 더해져 있기에 자연의 지식이라고 말할 수 없으니 그 점이 성인의 지식과 다르다.

성인의 지식에 대하여 더욱 가까이 있는 예로서 알고 싶다면, 주자의 『논어집주(공야장편)』에 인용되어 있는 정자의 다음의 설명이 좋을 것이다.

"정자가 말하기를 지금은 말을 재갈과 고삐로 다루고 있지만 소는 그리하지 않는다. 말이 있기에 재갈과 고삐가 만들어진 것이다. 재갈과 고삐를 사람이 만들고 있음은 누구라도 알고 있지만 말이 있기에 재갈과 고삐가 만들어졌다는 사실은 의외로 알지 못한다. 성인이 사람을 감화시키는 것도 이와 같다."

즉 성인은 말을 보고 나서야 재갈을 만들어 말에게 물려 썼지만 그것을 어머니의 뱃속에서부터 알고 태어난 것은 아니다. 성인은 보는 대상을 마음으로 본다. 그것이 성인의 지식의 뛰어난 점이다. 대상을 왜곡하여 보거나 뒤틀어 보지 않기에 그 마음은 명경지수明鏡止水와 같다.

사람이라는 것은 원래 누구든 마음에는 차이가 없을 터이지만 그 속에 머물고 있는 '칠정七情'[23]이라 불리는 일곱 가지의

---

23   희노애락애오욕(喜怒哀樂愛惡欲).

감정에 좌우되기에 성인의 지식을 다른 것으로 대체할 수 있을 것이라고 착각하고 판단력이 둔화되어 다양한 의문이 피어나는 것이다.

애당초 형태가 있는 것은 형태 그 자체가 마음이라고 보아야만 한다. 가령 사람은 자고 있을 때에 몸을 뒤척여 자신이 모르는 사이에 잠자는 모양새를 바꾼다. 이것은 형태에 마음이 나타난 것이다. 다른 비유를 들어보자면 모기의 유충인 장구벌레는 물속에서는 사람을 무는 법이 없지만 모기로 성장하면 금세 사람을 문다. 이것도 형태에 마음이 나타난 것이다.

조류나 가축에게도 마음이 있다고 생각하고 보면 좋다. 개구리는 자연히 뱀을 무서워한다. 어미 개구리가 자식에게 "뱀은 너를 잡아먹으려 하니 무서운 놈이다"라고 가르쳐 그 새끼가 그것을 배워 익혀가며 다시 다음 세대에게 그것을 전해온 것이겠는가? 개구리의 형태로 태어난다면 뱀을 무서워하는 것은 형태가 그대로 마음을 비추고 있기 때문이다.

더욱 가까운 예가 알고 싶다면 벼룩이 좋을 것이다. 벼룩은 여름이 되면 으레 사람의 몸에 들러붙는다. 이 경우에도 벼룩의 어미가 "사람의 피를 빨아 먹으며 살아라"고 가르친 것이겠는가? 사람이 벼룩을 잡으려 손을 내밀면 재빨리 튀어 올라 도망가 버린다. "도망가지 않으면 죽는다"고 부모가 가르쳤겠는가? 튀어서 도망가는 것은 배운 것이 아니고 모두 그 형태가 그리되도록 하고 있는 것이다.

성(性)과 리(理)란 무엇인가?

맹자는 이렇게 말하고 있다. "생김새는 하늘로부터 받은 것이다. 단지 성인의 경우는 그에 갖춰져 있는 본래의 능력을 발휘하여 사람으로서의 도를 다하는 것이 가능하다." 형태를 실천하는 것은 오륜의 도를 바르게 실천하는 것을 말한다. 형태를 실천하지 못하는 것은 소인이다. 가축이나 조류에게는 '사심私心'이 없기에 도리어 자연히 형태를 실천하게 된다. 이것이 자연의 도리라고 하는 것이다. 성인만이 이것을 알고 있다.

『일본서기』에 이러한 기술을 볼 수 있다.

"오오나무치노미코토大己貴命[24]는 스쿠나히코나노미코토少名彦名命[25]와 힘을 합하여 마음을 하나로 하여 정치를 행하였다. 훌륭한 백성과 동물들을 위하여 병의 치료법을 정하였다. 또한 금수나 곤충에 의한 피해를 막기 위하여 주술에 의한 방법들을 정하였다. 사람들은 오늘에 이르기까지 그 은혜를 받고 있다."

어느 나라라도 도는 같다. 중국에서도 "복희는 희생양으로서 신에게 바친 동물을 잘 길들였다"라고 『사기(삼황본기)』에 쓰여 있다. 우선 사람과 짐승은 종이 다르기에 짐승들은 사람을 두려워하고 가까이 오려고 하지 않지만 성스러운 신들에게는 사심이 없기에, 짐승이 사람을 무서워하는 모습을 보고는 그 마음에

24　일본 신화 속 신으로 천손강림(天孫降臨, 하늘의 신이 지상으로 내려온 일) 이전부터 일본에 있었다고 전해지는 지상의 신(国津神)으로 나카츠쿠니(中津国)라는 나라를 세운 것으로 전해진다.

25　일본 신화 속 신으로 하늘에서 내려온 신(天津神)이다. 지상의 오오나무치노미코토와 의형제가 되어 나카츠쿠니를 세운 것으로 전해진다.

가까이 다가갔다. 그리하여 마주 대하는 동물들도 자신의 마음과 다르지 않다고 보고 "소는 이것을 좋아하고, 양은 저것을 좋아하고, 돼지는 이것을 좋아한다. 이것은 강하고 저것은 약하다. 이것은 사납고 저것은 온순하다"라며 동물들이 가진 기질로서의 본성을 잘 이해하고서는 사람에게 사육될 수 있도록 이끌고 훈육하여 따르도록 한 것이다.

그리고 그 후 죽은 자의 영혼이나 천지의 신령에게 그 고기를 바치거나 노인의 몸을 보양하도록 하는 것을 가르쳤다. 즉 이 천지에 생명을 받은 생물에게 말할 수 있는 것은, 약한 것이 강한 것에게 자연스레 따르는 구도는 모두 하늘이 정한 도라는 것이다.

사람은 고대의 성스러운 신들이 남긴 덕에 따라서 무익한 살생을 하지 않고 도리를 다하며 제례라든가 손님에 대한 접대라든가 노인의 양생 등에 제공되는 것처럼 부득이한 경우에 한하여 짐승을 죽여 식용으로 삼았고, 그 이외에는 벌레 한 마리도 죽이지 않았었다.

또한 성스러운 신들은 수많은 식물 중에서 오곡이 식용에 가장 알맞다는 것을 간파하였다. 보리는 여름에도 거둘 수 있으니 언제 심으면 가장 알이 들어차는지, 벼는 언제 모내기를 하면 좋은지 등의 지식을 가르쳤고 콩, 팥, 광저기는 언제가 좋은지, 각각의 기후를 생각하여 오곡을 심도록 지도하였다. 그리고 수많은 초목에 대해서도 사람이 먹어서 영양을 얻을 수 있는 것을 널리 가르쳤다. 게다가 토양의 차이를 구별하여 이 흙에는 이것,

이 흙에는 저것이 적합하다고 전답에 심어야 할 것들도 가르쳤기에 백성이 굶을 일이 없는 세상이 되었던 것이다.

그것들은 모두 일본에서는 오오아나무치노미고토, 스쿠나히코나노미코토의 공이고 중국에서는 복희, 신농, 황제의 인덕 덕분이다. 하늘은 만물을 낳고 낳은 것을 스스로 길러냈다. 『일본서기』는 "우케모치노가미保食神[26]가 목을 돌려 나라를 향하자 지느러미가 넓은 물고기와 좁은 물고기가 입에서부터 태어났다. 또 산 쪽을 바라보니 털이 거친 짐승과 털이 부드러운 짐승이 입에서부터 태어났다"고 기록하고 있다.

우케모치노가미의 입이란 어떠한 입인지 생각해 봐야 할 것이다. 천신지기天神地祇[27]란 이렇듯 자유자재이다. 자유자재인 입으로부터 태어났기에 태어난 것들도 자유자재인 것이다. 가령 매미는 입에서 울음소리를 내는 것이 아니라 겨드랑이 아래 부분에서 울음소리를 낸다고 한다. 입도 있을 터이지만 어디에 붙어 있는지 구별하기 어렵다. 또한 봄이나 여름에 날아다니는 작은 벌레들을 보면 무엇을 먹고사는지 짐작이 가지 않지만 굶는 일 없이 하늘에서 살고 하늘에서 죽는 것 같다. 어디에서 태어나는지 알 수 없는 것들이 많다. 우케모치노가미의 입에 대해서는 그로부터 미루어 살피면 좋을 것이다.

---

26 일본 신화 속 음식의 신. 이시다 바이간이 인용하고 있는 물고기와 동물 이외에도 땅을 향하여 쌀을 토해냈다고 되어 있어 식물기원신화의 신으로도 알려져 있다.

27 하늘의 신과 땅의 신.

그러한 것으로부터 지금의 사람들이 살아가는 데에는 규칙이 필요하다는 것을 알 수 있다. 그러나 많은 사람들은 그러한 것에 무관심하다. 그렇기에 성스러운 신들은 만물의 행적으로부터 판단하여 가르친 것이다. 그 가르침은 하늘과 이어져 있기에 옛날에도 지금에도 변함이 없다. 하늘은 만물을 이 세상에 낳아 주고, 그 마음을 성스러운 신들을 통하여 백성에게 알린 것이었다.

한편 성인은 하늘과 같이 만물을 만들어 내는 것은 할 수 없다. 하지만 하늘의 힘이 미치지 않는 곳에서 가르쳐 세상을 구하는 성인이 없으면 하늘의 덕은 드러나지 않는다. 하늘의 덕이 없고는 성인도 공을 쌓을 도리가 없다. 가령 야마토타케루노미코토日本武尊[28]의 무용이 없었다면 아메노무라쿠모노츠루기天叢雲劍[29]가 쿠사나키노츠루기草薙劍[30]라는 다른 이름으로 불릴 일도 없었을 터이다. 보물이 가지는 덕이라는 것도 그것을 가진 사람 나름이다. 성인이 없어도 하늘의 도가 없어지지는 않지만 하

---

28 일본의 고대사 설화에 등장하는 일본의 황족이자 영웅으로 제12대 게이코우 천황의 아들이자 제14대 츄아이천황의 아버지.

29 일본 황실에 고전 신대로부터 전해져 내려오는 세 가지의 신기(神器) 중 하나. 보경(寶鏡) 야타노카가미(八咫鏡, 거울), 신새(神璽) 야사카니노마가타마(八尺瓊曲玉, 곡옥), 보검(寶劍) 아메노무라쿠모노츠루기(天叢雲劍, 검) 이 세 가지이다. 소위 '3종 신기'라고 불리는 일본 왕권의 상징이다. 이중 보검은 뱀 괴물인 야마타노오로치(八岐大蛇)의 꼬리에서 찾았다고 전해지고 있다.

30 야마토타케루노미코토가 아즈마노쿠니(東国) 토벌을 나설 때, 야마토히메노미코토(倭姫命)로부터 신검인 아메노무라쿠모노츠루기를 하사받았다. 정벌에서 적들이 풀밭에 불을 질러 공격하자 이 검으로 그 풀들을 모두 베어 버리고 난을 평정하였다고 한다. 그래서 '풀(草)을 옆으로 후려쳐 쓰러뜨리는(薙) 검(劍)'이라는 별칭을 가지게 되었다.

성(性)과 리(理)란 무엇인가?

늘의 덕이 세상에 드러나 행해지지는 못할 것이다. 그러니 세간의 사람들은 덕이라는 것이 무엇인지 잘 알기 위하여 눈을 크게 뜰 필요가 있다. 하늘의 도를 알고 그것을 세상에 널리 알리는 것을 성인의 지식이라고 말하고 있다.

> **묻기를** | 유학자가 불법을 이단시하고 꺼리고 싫어하는 것은 어떠한 사상적인 차이에 기반하고 있는 것인가?

> **답하기를** | 이단이라 함은 '끝端을 달리異한다'라는 뜻이다. 유교에서는 인의예지신의 오상과 군신, 친자, 부부, 형제, 붕우의 오륜

을 하늘의 도로 여기고 이것을 천인일치天人一致라고 말하고 있다. 한편 불교는 오상오륜의 도를 내세우지 않는다. 이 점에서 유교와는 교의가 다르다. 그렇기에 이단이라고 말하는 것이다. 가령 유학자로서 유교의 경전을 해석하였다 하더라도 스스로의 마음을 모르면 성인의 마음과 통할 수 없다. 독선적인 생각으로 가르치면 그 사심이야말로 이단 그 자체다. 그러나 보기에는 성인의 제자처럼 비추어지기에 일부러 이단이라고 말하지 않는다. 단 이단이라고 말하지는 않을 뿐 이단에 가까운 존재이다. 하지만 언젠가 마음을 알게 될 때가 온다면 우리들 유학자와 같아지게 된다.

유교와 불교. 이 두 가지의 도를 하찮은 부분까지 논하고 자 하면 많은 것이 여러 갈래로 나뉘어 점점 더 이해하기 어려워 진다. 어느 쪽도 근본적 요체는 '성리'를 터득하는 것으로 이는 서로 통하고 있다.

먼저 불교에 대해서 말하자면 천태종은 '지관止観'을 성리 라 하고 있다. 진언종은 '아자본불생阿字本不生'. 선종은 '본래면 목本来面目'. 염불종은 '입아아입기법일체入我我入機法一体'. 일련 종은 '묘법妙法'이라고 말하고 있다.

이렇듯 전부 이름은 달라도 어느 종파도 수행에 힘써 목 표로 하고 있는 것은 하나이다. 일례로 수량무변경寿量無辺経의 "부처가 문수文殊에게 말했다. 무심하며 무념한 부처의 본성은 불가사의한 것으로 생성도 없고, 삼신三身[31]의 성도 아니고, 십계 의 성도 아니다"라는 구절을 들 수 있다. 그러나 이것은 유有에 대한 무無를 말하는 것이 아니다. 이것을 '법성法性'이라고 부른 다. 즉 그 법성을 깨닫는 이외에 도는 없다. 깨달음을 얻으면 생 사에 대한 미혹으로부터 벗어날 수 있다. 생사에 대한 미혹에서 벗어나지 못하면 종파의 법등法燈[32]의 지도자가 될 수 없다.

애초에 성리도 극치에 달하면 "천상은 소리도 없고 냄새도 없는 곳이다"라고 『중용』은 쓰고 있다.

---

31   부처가 변신하여 세상에 나타난 세 가지 모습. 법신(法身), 보신(報身), 응신(應身).

32   부처의 가르침.

이것은 『역경(설괘전)』이 "도리를 구명하고 본성을 다하여 천명에 도달한다"라고 설명하고 있는 부분으로 그것이 곧 성인의 마음이다. 그러나 그러한 것은 막연하게만 보이며 보통의 사람들에게는 주체가 없는 것인 것처럼 비친다. 다만 성인은 진리를 구명하기에 '의'의 마음을 갖추고 존재하고 있음이다. 이것을 빗대어 말하자면 눈 속에서 매실의 향을 맡는 것과 같은 것. 모습은 보이지 않지만 확실한 것이다.

그러한 이유로 성인의 마음은 하늘의 도에 도달하고 천지가 사라지지 않는 한 거기에 머물러 있다. 성인이 죽더라도 마음만이 남는 것은 왜인가 하며 의문을 가질지도 모르겠지만 그것은 성인이 살아서 세상에 있을 때부터 마음은 이미 하늘의 도에 있었기 때문이다. 『시경(대아문왕편)』에 문왕은 높이 있어 그 존재는 하늘에서 빛을 내고 있다는 표현이 있다. 그 마음이 이해된다면 덕행이라고 할 것에까지는 달하지 못하였다 하더라도 유학자라고 불러 무리는 없을 것이다. 하지만 그 마음도 모르는 자는 성인의 제자라고 부를 수 없다.

크게 보아 유교와 불교는 도리에 관해서는 생각하는 방식이 유사하고 구별하기 어렵다. 허나 실제로 행하는 것에 있어서는 보는 바대로 현격한 차이가 있다. 출가하여 승려가 된 자는 오계을 지키고 속인은 오륜의 도를 마음에 새긴다. 이것은 틀림없는 사실이다. 단 속인이 승려의 흉내를 내는 것은 쓸데없는 짓. 주자는 『맹자집주(이루장구상편)』의 서두에 맹자가 말한 인심인문

仁心仁聞 구절의 주석으로 중국의 남북조시대의 양梁의 초대황제 무제의 예를 다음과 같이 기술하고 있다.

"양의 무제는 하루 한 번은 채식을 하고, 선조를 모시는 종묘에는 면麵류를 바치고 동물은 바치지 않았다. 사형이 집행되면 그 자를 위하여 눈물을 흘렸다. 그 이야기를 들은 사람들은 무제의 인애의 마음을 알았다. 그러나 무제의 치세 말기에는 강남의 땅에 큰 난이 일어났다."

부처의 마음을 깨닫지 못한 채 부처의 법에만 집착하면 난처해지게 될 것이다. 그 해로움을 빗대어 이야기하면 굶주린 사람에게 음식이 아닌 금덩이를 주는 것과 같은 것. 금덩이를 받은 순간에는 천하제일의 보물을 받았다며 기뻐하겠지만 결국 황금을 껴안은 채 죽어갈 것이다. 이에 반하여 성인의 가르침은 굶주린 사람에게 밥 한 그릇을 주는 것과 같은 효과가 있다. 밥 한 그릇은 황금을 얻은 기쁨보다 못하지만 그 밥 한 그릇이 구한 사람의 목숨보다 더 나은 것은 없다. 무제와 같이 죽을죄를 지은 자를 보고 우는 군주가 있으면 백성은 그 자애로운 마음을 알고 황금을 얻은 것처럼 기뻐하지만, 그 다스림이 머지않아 올바르게 행해질 수 없게 되어서 강남에서 반란이 일어난 것은 황금을 안은 채 아사餓死하는 것과 같은 것이다. 그러한 식으로 다스리는 것은 해로운 것이다.

성인이 천하를 다스리는 경우는, 우선 '경敬'의 덕을 중심으로 하여 효제충신孝悌忠信의 네 가지의 덕을 행하고, 그렇게 하는 것의 중요함을 가르치고자 하기에 얼핏 보기에는 그저 밥 한 그릇을 주는 것처럼 생각될 것이다. 하지만 천하의 백성 모두가 효제의 도를 실천하도록 하기에 그 영향이 미치는 범위가 광대하고 얻을 수 있는 것도 아주 크다. 사례를 들어 보면 불문에 몸을 담은 이는 죄가 있다고 하더라도 사형에 처하거나 하지는 않는다. 과오가 있는 자라고 하더라도 제자로 하겠으니 받아들이고 싶다고 높은 사람에게 부탁하는 것이 승려라는 이들이다.[33] 자애의 마음만이 있고 성인으로서의 법이 없는 상태에서 다스리고자 하면 오히려 세상은 혼란해질 것이다. 무제와 같은 군주가 있다면 이단이라고 비난받는 것도 당연하다 할 것이다.

묻기를 | 나는 유교를 수학하겠다는 뜻을 세우고 있는 몸으로 나 자신을 위해서 그대에게 의문점들을 묻고 있는 것이 아니다. 그러나 세상을 보고 있노라면 신분이 높은 자부터 낮은 자까지 엄청난 숫자의 사람들이 불교를 믿고 있다. 만약 불교와 유교가 공존하여 지장이 있다면 높은 곳에 있는 이들이 이용하지 않을 터이다. 어찌 된 것인가?

답하기를 | 그대와 같이 오해하는 이들이 있다면 해

---

33 죄를 지은 이를 승려로 삼아 형벌로부터 구해주고자 하는 것.

가 발생하겠지만, 올바르게 이해하는 이에게는 어떠한 해도 생기지 않는다.

묻기를 | 불교와 유교를 병용하면 해롭다고 그대가 말하기에 물어본 것이다.

답하기를 | 내가 말하고자 하는 것은 그런 의미가 아니다. 불교의 사용법을 잘못하면, 즉 가르침의 정도正道에서 벗어나면 해롭다는 것이다.

묻기를 | 불교의 사용 방법에는 '알다'와 '모른다', '헤아리다'와 '헤아리지 못하다'의 두 종류가 있다고 하는데 어찌 된 것인가?

답하기를 | 불교의 교양 등에 관하여 일반적인 것들을 얼추 듣고도 깨닫지 못한다면 그것은 형벌이 부과된 자의 구명을 무제에게 부탁하는 것과 같은 것. 즉 무제는 도와주는 것은 알고 있었으나 그 사람을 바로잡는 것까지는 알지 못하였다. 그렇게 하여 과연 바른 정치를 할 수 있겠는가?

묻기를 | 그렇다면 곧 해로움이 미치고 만다. 그

성(性)과 리(理)란 무엇인가?

리고 설령 깨달음의 도에 도달하였다고 하더라도 불교의 가르침을 따르면 살생은 허락되지 않는다. 살생하지 말라고 하며 죽일 수밖에 없는 중죄를 범한 자를 구명한다면 해가 생기는 것은 명확하다.

답하기를 ┃ 불법은 사람을 구하는 법이며 약도 병으로부터 사람을 구하기 위한 것이다. 그러나 법을 널리 퍼트리고 약을 사용하여 사람을 구하는 방법은 사람에 따라 다르다. 세상에 의사라고 불리는 이들은 많지만 부자附子나 웅담熊膽의 처방법을 기억하여 치료하는 의사가 있는가 하면, 아주 귀한 고급 약재인 인삼을 제일로 사용하여 치료하는 의사도 있다. 그런가 하면 열병환자에게 참외나 물을 사용한 요법으로 병을 치료한 의사도 있다.

그러나 많은 의사들이 차가운 생물은 몸에 독이라고 말하며 치료에는 쓰지 않는다. 가령 인삼과 같은 좋은 약만을 사용하였다 하더라도 병이 낫지 않는다면 아무런 소용이 없다. 그러한 부분을 잘 생각해 볼 필요가 있는 것이다. 인삼은 좋다고 할 수 있는가? 혹은 부자나 웅담은 약재로서 그다지 좋지 않은 것인가?

명의라고 불리는 의사는 어떠한 병에 대해서도 그 병을 낫게 할 수 있는 약을 먼저 사용한다. 다양한 약재의 사용법에 정통하여 치료를 행하기에 높은 평가를 받는 것이다.

예로부터 약으로 사용되어 왔던 것을 시대에 뒤처진다며

버릴 필요는 전혀 없다. 어떤 병에 대해서도 오래된 약재 하나도 버리는 것 없이, 그리고 하나의 약재에 집착함도 없이 여러 약을 정교히 자유자재로 쓰는 의사야말로 명의이다. 특정한 약에만 집착하여 시대의 변화에 관심을 두지 않으려는 의사도 명의라고 불러서는 안 된다.

천하 국가를 다스리는 '도' 또한 이와 같다. 예로부터의 법을 어느 것 하나 버리지 않고 게다가 하나의 법에 집착하지도 않는 방식은 명의가 다양한 약을 버리지 않고 병의 치료에 활용하는 것과 같은 것이다. 천하 국가를 다스리는 데 유교가 도움이 된다고 하더라도 소견이 좁고 한쪽으로 치우쳐져 집착한다면 반드시 해가 미치게 될 것이다. 이것은 돌팔이 의사가 인삼으로 환자를 죽이고 마는 것과 같은 것이다. 인삼에 섞는 금가루가 눈에 들어가면 금세 시야가 희미해진다는 예도 있다.

불교를 믿는 것은 마음의 깨달음을 얻기 위해서이다. 불교를 통해서 얻는 마음과 유교를 통해서 얻는 마음이 제각각 있어 그 두 가지의 마음에 차이가 있을 리 없다. 어떤 길에서든 깨달음을 얻어서 그 마음으로 '인'에 기반한 정치를 행하며 천하 국가를 다스린다면 해가 미칠 여지 따위는 없지 않겠는가? 『서경(태갑편)』에 다음과 같은 말이 있다.

"하늘이 내리는 재앙은 아직 피할 수 있겠지만, 자신이 불러들인 재앙은 피할 수 없다."

성인이 행하는 정치는 하늘과 같은 것이다. 특별한 것을 하지 않더라도 자연스럽게 다스려지기 때문이다. 『화한랑영집 和漢郎詠集』[34]에 실려 있는 후지와라 고쿠후 藤原國風 의 한시 「무위이치 無爲而治」에 중국 후한의 고사를 인용한 "형편포후 刑鞭蒲朽 하여 반딧불 허무하게 사라지니, 간고태 諫鼓苔 심하여 새도 깨지 않는다"라는 구절이 나온다. 이러한 의미다.

"형벌에 쓰는 창포로 만든 채찍은 범죄가 없으니 쓰이지 못하고, 어느새인가 썩어 버려 그곳에서 반딧불이 태어나 날아간다. 천하태평의 세상이 되니 재판이 있음을 알리던 북에도 어느덧 이끼가 생겨, 툇마루 새를 깨우는 일도 없어졌다"

묻기를 │ 그대 말대로라면 마음의 깨달음을 얻는 데에는 유교와 불교를 함께 이용하는 것이 당연한 듯이 들린다. 그러나 불교는 나의 업이 아니기에 어느 쪽이든 같다고 한다면 나는 유교 쪽의 마음의 깨달음을 알고 싶다. 불교를 떼어 두고 깨달음을 얻는 것은 어려운 것인가?

답하기를 │ "타인을 불쌍히 여기는 마음이 없는 이는 사람이라고 할 수 없다. 악을 부끄러이 여기고 미워하는 마음이 없는 이는 사

---

34   일본 헤이안시대 중기 시인이자 관리였던 후지와라노긴토(藤原公任)가 한시, 한문, 일본시 등을 모아 일본의 가곡의 한 형태인 '로우에이(郎詠)'의 가사로서 쓰기 위하여 쓴 시문집.

람이라고 할 수 없다"고 『맹자(공손추상편)』에 나와 있다. 그대는 아까부터 깨달음에 달하지 못한 것에 괴로워하고, 얼굴을 붉히고, 선하지 못한 것을 부끄러워하고 있지만, 그것은 악을 부끄러워하는 마음羞惡이 드러나는 것과 다름없다. 그 악을 부끄러워하는 마음을 끝까지 파고들면 인의라는 덕에 달하게 될 것이다. 어찌 불교에 의존할 필요가 있으랴. 자신의 본심을 안다면 이미 유교도 불교도 관계없지 않은가?

그러면 지금 여기에 거울에 윤을 내는 장인이 있다고 하여 보자. 장인이 실력이 있는 자라면 거울을 부탁하고 싶을 것이다. 그때 그 장인이 어떠한 도구로 거울을 닦는지 묻지 않는다. 유교나 불교가 각각 나름의 법을 내세워 가르침을 설파하는 것도 그것과 같다. 유교나 불교는 자신의 마음을 닦는 도구에 지나지 않는다. 마음을 닦은 후에 도구를 배우고자 하는 것은 이상한 이야기이다. 유교를 배우고도 얻은 것이 없다면 소용이 없고 불교를 배워 자신의 마음을 올바르게 알았다면 도움이 되는 것이다. 마음을 알고자 한다는 것에 있어서는 유교도 불교도 차이가 없다.

"불교를 배우면 마음이 전혀 달라진다"라고 생각하고 있다면 그것이야말로 딱한 소리이다. 불교의 승려들도 처음은 유교에서 시작해서 출가하는 이들도 많이 있다. "유교의 서적이 방해가 되어 부처의 깨달음의 세계를 알 수 없다" 따위의 이야기는 여태까지 들어본 적이 없다.

같은 연유로 유학자 또한 불법을 마음을 닦는 수단으로써

성(性)과 리(理)란 무엇인가?

익히어 마음을 터득하는 것이, 유학자의 수학에 있어 지장이 될 것은 아무것도 없다. 이미 불교의 승려들은 유학자가 말한 것들이라도 좋다고 생각되는 것이 있으면 불교에 받아들이고 있다.

또한 경론經論[35]에 의하면 "부처는 깨달음이고, 깨달음은 일절중생一切衆生[36]을 미혹으로부터 해방시킨다"라고 한다. 미혹이 없어지면 본성으로 되돌아갈 수 있다. 그 상태를 '삼계유일심三界唯一心'이라고 한다. 미혹이 해결된 부처의 본성을 불성이라고 부른다. 불성은 천지인三才의 본성이다. 불법의 궁극은 본성을 아는 것에 달하게 된다. 부처로부터 헤아려 28세에 해당하는[37] 달마대사는 '견성성불見性成佛'이라고 설파하였다.

한편, 유교에서는 『한서(동중서전)』에도 있듯이 "도의 근본은 하늘에 있다"라고 하고 있다. 따라서 하늘의 생명을 '성'이라고 하고, 성에 충실히 하는 것이 사람의 '도'라고 말하고 있다. 성 또한 천지인의 본성이다. 신도, 유교, 불교 어느 것이나 깨닫는 마음은 같다. 따라서 어떠한 방법으로 깨닫는다고 하더라도 자신의 진정한 마음을 얻는 것이다.

또한 선종의 승려는 "천지가 콩알과 같이 작은데 그보다도 더욱 작고 보잘것없는 스스로의 존재에 집착할 수 있겠는가"라

---

35 불교의 가르침을 기록한 경전인 '경'과 그에 주석을 단 해설집인 '론'을 함께 지칭하는 용어.

36 같은 한자 표기로 일체중생으로 읽기도 한다. 살아있는 모든 것을 의미한다.

37 계(戒)를 전수하여 대대로 내려온 계통이라는 의미의 불교용어인 계맥(戒脈)에 대한 이야기로 붓다로부터 법이 전승되어 달마가 28세에 해당한다. 즉 28대 제자라는 뜻이다.

고 말한다. '법성불사선불사악法性不思善不思惡'[38]의 영역에 도달하면 천지라는 개념을 초월하게 되기에 이러한 일시적인 개념에 집착할 필요가 없다고 말하고 있다. 그러나 그것은 천지의 외부로 사라진다는 것은 아니다.

한편 '성리'를 잘 모르는 유학자들은 그와 같은 선종의 내용을 듣고 놀라고 그것은 선종에 한정된 특수한 이야기라며 논외로 취급하였다. 그렇게 무시하는 것은 말하자면 맹자가 좋지 않다고 지적하였던 고자의 발언 "말에서 납득이 되지 않는 것을 마음에서 구하지 말라"와 같은 태도이다. 그것은 유학자라고 할 수 없다. 특수한 이야기라고 치부하고 넘어가 버리면 고자와 아무것도 다를 게 없지 않은가?

『중용(제6장)』에 "공자가 말하기를 성제聖帝 순은 아주 현명한 사람大知이었다. 정치에서는 사람의 의견을 듣는 것을 좋아하였고, 생활에 필요한 것을 관찰하여 나쁜 의견은 자신의 마음에 담아 놓고, 좋은 의견만을 백성에게 알려 선악의 중간을 가늠하는 정치를 행하였다. 그 결과 후세에 성제 중 한 명으로서 불리게 된 것이다"라고 나와 있다.

순은 세상의 선도 악도 모두 받아들였으나 악은 제거하고 선만을 채택하였다. 지금의 세상을 살아가는 사람들은 자신의

---

38   불교의 『육조단경(六祖壇經)』에 등장하는 말로 선한 일이든 악한 일이든 생각을 끊은 것을 말한다. 복잡하게 생각하거나 사념망상 따위에 휘둘리지 않기 위하여 악은 물론 선도 생각지 말라는 의미이다.

마음에 납득이 되지 않는 것이 있다면 선악을 판단치 않고 피하여 버린다. 공자가 순을 "아주 현명하다"라고 말한 것은 순이 어떠한 것이라도 사람에게 묻는 것을 좋아하였고 설령 일상의 말들이라고 하더라도 차분히 관찰하여 나쁜 의견은 자신의 가슴 속에 담아 놓고 좋은 의견만을 채택하여 선악의 중간을 백성들에게 시행하였기 때문이다. 그 점이 '대지성인大知聖人'이라고 공자는 말하고 있다.

진정한 학문이란 조금이라도 사심이 없는 경지에 도달하는 것이다. 『논어』는 공자 정도의 덕이 있다 하여도 "듣기 좋은 말과 꾸민 얼굴빛과 지나친 공손함은 좌구명左丘明이 부끄러워하던 것이고 나 또한 부끄럽게 여기는 것이다"라고 공야장편에 기록하였고, 학이편에는 "나는 새로이 짓지 않는다. 그저 옛것을 믿고 좋아하기 때문이다. 가만히 나 자신을 노팽老彭에 비교해 본다"고 나와 있다. 이 점을 알았으면 한다.

공자의 덕은 고금의 성인들보다 뛰어나지만, 현인에게도 어떤 하나의 덕은 갖추어져 있기에 사람들이 존경하였던 것이다.[39] 이러한 무아無我의 경지를 모범으로 하지 않으면 안 된다.[40] 더욱이 마음을 터득하길 원한다면 사심을 버리지 않는 한

---

39 이시다 바이간은 여러 문답에서 덕이 가장 높은 이를 성인, 그다음을 현인, 그리고 소인의 순으로 설명한다. 공자는 고금의 성인들보다도 덕이 있다 평하면서, 즉 모든 부분에서 덕이 있다 보며 그보다는 부족하지만 현인 정도만 된다 하더라도 적어도 한 가지 사항에 대한 덕은 갖추고 있다고 말하고 있다. 그렇기에 현인도 충분히 존경받을 수 있다고 말하고 있다.

40 여기서 무아의 경지라고 함은 조금이라도 사심이 없는 경지. 즉 자신 중심의 생각에서 벗

무리이다. 게다가 성가시게도 그것을 실천한다고 하여 반드시 터득할 수 있다는 보장 또한 어디에도 없다.

『논어(자한편)』에 "공자는 강변에서 제자들에게 이렇게 가르쳤다. 도의 본체를 이해하는 데에 강의 흐름만큼 알기 쉬운 것도 없다"라고 나와 있다.

『맹자(이루상편)』에도 강에 얽힌 공자의 일화가 나온다.

"공자는 어린아이들이 창랑滄浪의 물이 깨끗하면 갓끈을 씻고 탁해 흐리면 발을 씻는다고 노래하고 있는 것을 듣고서 제자들에게 이렇게 말하였다. 자네들 저 노래를 들어보게. 물이 맑을 때에는 갓끈을 씻지만 흐리면 발을 씻게 되는 것이다. 물 스스로 그렇게 만든 것이다."

자신의 마음에 선하지 않은 것. 즉 불선이 자리 잡고 있으면 타인들로부터 업신여겨지게 된다. 그것을 공자는 그렇게 비유하였던 것이다. 성인은 이렇듯 보거나 들은 것도 자신의 마음의 문제로 바꾸어 보는 것이 가능하다. 도에 대한 믿음이야말로 성인의 학문이다.

그런데 나는 일찍이 '일물일태극一物一太極'[41]을 의심하였던 적이 있었는데 어떤 책을 보니 "천지를 그득 채우는 신국神國이

어나는 경지를 말하고 있다. 성인도 현자도 자신이 갖춘 덕에 있어서 이러한 무아의 경지에 이르러 있다.

41   만물은 하나의 태극으로부터 나온다는 설명에 대하여, 하나의 물상은 각자 하나의 태극으로부터 나온다고 설명하는 언설.

라고 하면 넓다고 생각하기 일쑤지만 사실은 좁다. 넓으면서 좁은 것이다. 반대로 미진微塵 속의 신국이라고 하면 좁다고 생각하기 일쑤지만 사실은 넓다. 좁으면서 넓은 것이다"라는 되어 있어 이를 보고 일물일태극에 대한 의문이 얼음처럼 녹아내렸다.

지금 하고 있는 것과 전혀 다른 분야의 서적을 읽는다고 해도 조금도 유교에 지장을 주지 않는다고 나는 말하고 싶다. 유교를 수학하는 도중에 혹여 신의 계시를 들었다고 하여도 조금도 의문스럽게 생각할 일이 아니다. 덧붙이자면 불교의 가르침이든 노자나 장자의 가르침이든 말하자면 그것들은 자신의 마음을 닦기 위한 수단이기에 배제해야 하는 대상이 아니다.

일단 마음을 닦았다면 불교에서 노장사상, 제자백가, 일반의 기예까지 온갖 범주의 사상을 모두 모아 보더라도 그것에 대한 마음은 거울과 같이 청명하다. 거울 앞에 무언가가 나타나면 금세 비춰주고, 사라지면 아무것도 비치치 않게 된다. 그러한 마음을 이해하고 나서 성인의 가르침을 접한다면 흡사 조금의 티도 없는 맑은 거울에 비친 자신을 바라보는 경지로 나아간다. 그런 식으로 하나의 도리를 철저히 닦음으로써 천지 만물의 모습을 보아도 마치 자신의 손바닥을 보고 있는 듯한 심경으로 바라볼 수 있게 되는 것이다. 즉 눈에 비치는 모든 대상이 자신과 일체화하는 것이다.

『일본서기(신대권)』는 말하고 있다.

"우선 아마테라스오미가미天照大神[42]는 가지고 있던 보경寶鏡 야타노카가미八咫鏡를 손자인 아메노오시호미미노미코토天忍穗耳尊에게 내리고 축복하며, 나의 천자여 그대가 이 보경을 볼 때에는 마치 나를 보듯이 보도록 하거라. 그리고 이 보경은 그대가 사는 집의 거실에 안치하여 재경齋鑑으로 삼거라. 이렇게 명하였다"

아마테라스오미가미는 신새神璽, 보경寶鏡, 보검寶劍이라는 '3종의 신기'의 덕을 상징하는 신이다.

『중용』에 "성誠을 다하여 명확히 보이는 것을 성性이라고 한다"라고 나와 있듯이 성誠은 하늘의 도이다. 아메노오시호미미노미코토는 그 구절에 이어지는 "성性을 명확히 하여 성誠에 도달하고자 하는 것을 가르침이라고 한다"라는 말 그 자체이고, 아마테라스오미가미의 가르침에 의하여 신새의 덕에 닿은 것이다. 신새의 덕의 경지에 도달하면 보경이나 보검의 덕에도 닿을 수 있게 된다. 신새의 덕의 영역에까지 달하면 보경과 보검의 덕도 그 속에 포함되기 때문이다. 아마테라스오미가미가 이 거울을 자신을 보듯이 보라고 명한 것은 보경을 아마테라스오미가미라고 생각하여 직접 배례하라는 의미이다.

사는 집의 거실에 안치하라는 명은 보경의 덕을 근처에 두고 멀리하지 않는다면 대대로 황제가 천하를 평온 무사히 다스릴

수 있을 것이라는 의미의 신탁이라고 미루어 살펴야 할 것이다.

이러한 도리를 모르고서 군주가 정치를 행하면 그 나라는 멸망을 향해 가게 되고, 가신은 집안을 혼란스럽게 만든다. 다스리는 방식이 올바른 궤도에서 벗어나 무익한 살생을 하고 욕망에 따라서 도의에 반하는 것을 아무렇지도 않게 행하면서 오륜오상의 도를 등지고, 승려는 오계를 깨고 부처의 도를 등진다. 그렇게 되었을 때 세상을 바로잡기 위한 방법은 성인의 도 이외는 없을 것이다.

그렇기에 유교, 불교, 노자, 장자 등 온갖 사상들은 나라에 일조하기 위한 방법을 생각하여야만 한다. 그런 의미에서도 일본의 신사의 종묘인 아마테라스오미가미진구[43]를 본사로서 모시고 그 신탁을 받아들여 여러 가지 번잡한 것에는 상관하지 않도록 하고, '유일한 마음으로서 정한 법'을 잘 이해하여 아마테라스오미가미의 명에 합당하게 따르는 것만을 유일한 근거로 하여야 한다. 그 법을 보완하기 위해 유법이나 불법을 활용하여야만 하는 것이다.

그러한 연유로 어느 법이든 버리는 것 없이 또한 역으로 어느 법 하나에 집착하지도 말고 천지의 도에 거역하지 않는 것. 그렇게 하는 것이 요긴하다 할 것이다.

---

43 이세진구(伊勢神宮)를 가리킨다.

**다른 학자가 | ** 지금까지의 질문에 대한 답은 충분하다
**또 묻기를 | ** 고 할 수 없지 않은가? 그대의 대답을 들
어보면 "학문의 도라는 것은 다름 아닌
잃은 본심(양심)을 되찾는 것뿐이다"라고 말하는가 하면 "성인의
마음은 무심이다"라고도 말한다. [44] 무심이라면 마음을 추구할 필
요 따위 없지 않은가? 진지하게 마음을 구하고자 하면 무심이라
고 설명하는 것은 잘못되었다. 어느 것이 맞고 어느 것이 틀렸는
지 검토하여 어느 하나로 결정하지 아니하고서 이러한 헷갈리는
이야기를 하는 것은 어떠한 이유인가?

**답하기를 | ** 학문의 길이라는 것은 하나의 정해진 사
고를 고집하며 바꾸려고 하지 않는 것이
아니고, 하나의 언설만을 받아들여 그 이
외의 많은 이야기들을 버리는 것이 아니다.

알기 쉬운 비유를 들어 말하자면 한 그루의 통나무만으로
만든 뗏목에 타는 것과 같은 것. 평소에 그 뗏목을 타는 것에 익
숙해져 있는 이는 어떤 위치에 타더라도 세밀히 균형을 맞추며
어렵지 않게 타지만 익숙하지 않은 이는 통나무가 크게 흔들리기
에 균형을 잡는 법을 몰라 타는 것이 어렵다. 학문의 길도 그러한

---

44   이시다 바이간이 맹자와 고자의 성선에 관한 논박에서는 본디 도와 하나인 '선'을 깨닫는
것을 중요하다 하였고, 『역경』에 대한 설명과 불교의 가르침에 대한 이야기를 하면서는 도는 본
디 '무심'하다고 한 것에 대하여 질문자는 이시다 바이간이 오락가락하고 있다고 말하고 있다.

것이다. 몸의 중심에 있는 마음을 모르기에 아무리 강의를 듣더라도 알 수 없다. 그에 반하여 마음을 아는 이는 축이 되는 다리가 도리로 인해 지탱되고 있기에 어떠한 것도 자신의 마음에 딱 들어맞도록 할 수 있는 것이다.

그렇기에 "잃은 양심을 되찾는 것"이라는 설명이 있는가 하면 "성인의 마음은 무심이다"라는 주장도 있는 것이다. 하지만 그것들은 완전히 별개의 것들이 아니다. 각각의 근저에 있는 생각은 합치하고 있음이다.

천지의 마음은 만물을 낳는다. 태어난 것들은 거듭 새로운 것들을 낳음으로써 마음을 얻으며 그렇게 하는 것을 각각의 마음으로서 지닌다. 그러나 사람은 욕망에 삼켜져 버리면 그 마음을 잃어버린다. 그렇기에 "사람이 천지의 마음으로 돌아갈 때는 무심이다"라고 나는 말하는 것이다. 말할 것도 없이 하늘도 땅도 무심이지만 매해 사계절은 돌고 돌며 만물이 생성하고 있다. 성인은 천지의 마음과 동화하기에 사심이 없고 무심의 상태와 같이 되지만 인의예지의 네 가지 도덕(양심)은 정확히 행해지는 것이다. 일단 깨달음의 경지에 달하면 일시에 시야가 열리고 미혹이나 의문이 깨끗이 사라진다. 성인의 학문을 논하는 것은 그러한 마음을 알고 난 다음의 단계라고 생각하였으면 한다.

제4권

학자는 어떤 마음가짐을 가져야 하는가?
學者行狀心得難き問の段

묻기를 | 어느 곳에 유년기부터 학문을 하여 '사서오경四書五經'[1]은 말할 필요도 없고 어떠한 서적이라도 읽어내는 우수하고 덕을 갖춘 학자가 있다. 그 정도 되는 인물인데도 납득이 가지 않는 부분이 많다. 일례를 들어 보자면 금전을 빌리거나 할 때 칠칠치 못한 부분이 너무도 많다. 스스로가 검약을 하면서 돈을 구하지 못하여 이러지도 저리지도 못해 빌리는 것이라면 이야기가 달라지겠지만 그렇지도 않다. 사리 분간이 없어 다른 이에게도 민폐를 끼치고 있는 듯하고 더군다나 부모를 섬기는 부분에서도 어딘지 모르게 부족한 부분이 있어 부모의 마음에도 탐탁지 않기에 우선 불효자라고 말해야 할까?

애당초 그 학자의 품행을 보면 아는 체를 하여 태도는 오만하고 말솜씨는 교묘하게 좋으나 귀에 익지 않은 말을 마구 사용하기에 좌우간 알아듣기가 어렵다. 게다가 어딘지 모르게 가까

1　사서는 『대학』, 『중용』, 『논어』, 『맹자』를 가리키며, 오경은 『시경』, 『서경』, 『예기』, 『역경』, 『춘추』를 가리킨다.

이하기 어려운 분위기가 있기에 열 명이 있으면 아홉 명이 싫어한다. 그러한 상황이기에 부모가 탐탁지 않게 여기는 것도 당연하다 생각하는 이들이 많다. 박학의 덕이라 부를만한 것을 가지고 있으면서도 이와 같이 어리석은 행동을 거듭하는 것은 어째서인가?

답하기를 | 그러한 질문을 던지는 것을 보니 그대는 '덕'이라는 것의 의미를 전혀 모르는 것 같다. 그 학자가 목표로 하고 있는 것은 덕을 구하는 본래의 학문이 아니다. 그러한 인물은 학문으로 놀고 있다는 조롱을 더하여 '분가쿠게이샤文學芸者'[2]라고 부른다.

묻기를 | 그렇다는 것은 서적을 읽는 것 말고 학문이 있다는 것인가?

답하기를 | 서적을 읽는 것은 확실히 학문이다. 그러나 서적을 읽어도 그 글의 배후에 있는, 성인들이 전하고자 하는 '마음'까지 이해하지 않으면 진정한 학문이라고 말할 수 없다. 성인의 책에는 자연스럽게 마음이 자리 잡고 있다. 그 마음을 아는 것을 학문이라

---

2   당대의 학문을 가리키는 말인 분가쿠(文學)와 예기(芸妓) 또는 예능인을 나타내는 게이샤(芸者)를 이어 붙인 조어로 '글 쓰는 재주꾼' 정도의 의미이다.

고 한다. 그럼에도 문자만을 눈으로 따라가 읽고는 마치 그걸로 이해한 것과 같은 기분이 되는 것은 단순한 한 가지의 놀이에 지나지 않는다. 그러니 나는 분가쿠게이샤라고 부르는 것이다.

묻기를 | 같은 독서라고 하더라도 지금 그대가 두 가지로 나눈 것은 어떠한 근거에 기반한 것인가?

답하기를 | 공자가 제자 자공에게 한 말 중에 "너는 그릇이다"라는 말이 있다. 자공은 두뇌가 명석하고 기억력이 좋았기에 『논어』에도 여러 번 등장하지만 그때에는 아직 덕을 깨닫지 못했었다. 그리하여 공자는 "뜻이 있어도 인에 달할 때까지는 그릇이다"라고 말하였다. 그릇은 하나의 물건으로서 역할을 다하지만 모든 용도에 다 걸맞은 것은 아니다. 자공은 뜻이 있었기에 최종적으로는 본성과 천도에 대하여 깨달음을 얻고 이윽고 군자의 덕에까지 도달하게 된다.

그러나 그대가 말하는 학자는 부모에게 불효하고 다른 이들에게는 거짓말을 하고 있다. 어느 것이나 불인不仁이라 할 것이다. 글을 한다는 기예에만 부지런을 떨고 있으니 분가쿠게이샤라고 부를 수밖에 없지 않은가?

덕이란 마음으로 터득하여 그것을 실천하는 것을 말한다.

학자는 어떤 마음가짐을 가져야 하는가?

스스로가 충분히 이해하고 행한다면 자연스레 부모에게 효행하고 타인에게는 거짓말을 하지 않는다. 거짓말을 하지 않으면 금전을 다루는 데 있어서도 부정이 없어진다. 돌려줄 마음도 없는 돈을 빌리거나도 하지 않는다. 설령 굶어 죽게 된다 하더라도 의에 반하는 물품을 받거나 하지도 않는다. 그것이야말로 『논어(위령공편)』에 쓰여 있는 "평생 지켜야 하는 덕은 무엇인가"라고 묻는 자공에게 공자가 답한 "자신이 싫은 것을 타인에게도 하지 않는 것"이라는 말이다.

자신의 재능을 자랑하지 않고, 타인에게 좋은 점을 배우고자 하며 타인의 나쁜 점을 발견하였다면 자신에게도 그러한 점은 없는지 염려하여 반성하는 등 평상시에도 멈추지 않고 인의에 대한 뜻을 가지는 것을 성인의 학문이라고 한다.

『논어(옹야편)』에 제자 중에서 누가 가장 학문을 좋아하는지 애공哀公[3]이 공자에게 묻자 공자는 이렇게 이야기하였다고 쓰여있다.

"안회顏回라는 자가 있었는데 학문을 좋아하고 화를 얼굴에 드러내지 않으며 같은 실수를 두 번 하지 않습니다. 그러나 불행하게도 단명하여 죽어 버렸습니다. 그가 죽은 후 지금까지 학문을 좋아한다는 이를 들어본 적이 없습니다."

안회의 마음은 거울에 사물을 비추는 것과 같은 것이었다.

---

3   노나라의 왕.

이쪽에서의 화를 저쪽으로 옮기는 것도 하지 않았다. 한 번 범한 잘못을 이후 반복하는 일도 없었다고 한다. 이렇듯 마음을 터득하고 더하여 실천하는 것을 덕에 달하였다고 말한다. 따라서 공자는 문학에 능하였던 제자인 자하子夏나 자유子游를 두고는 학문을 좋아한다고 말하지 않은 것이다. 시서詩書[4], 육예六芸[5]를 배워 그것에 통달해 있는 공자의 제자는 70명이나 있었다.

그러나 문학을 통달하였다 하여도 문학은 덕의 작용에 불과하지 덕의 본성은 아니다.

그대가 말하는 학자는 오랜 세월에 걸쳐 각종 서적을 가득 메우고 있는 수많은 글들을 계속 접하여 왔을지는 몰라도 안광지배철眼光紙背徹[6]의 수준에 달하지 않았기에 정작 중요한 서적 속의 마음을 습득하지 못하였다. 그리하여 부모에게는 불효하고 사람들과 사귐에서도 곱지 못한 등 '의'에 반하는 몸가짐이 수없이 보이는 것이다. 그럼에도 불구하고 당사자는 문학만 읽으며 덕이 갖춰진다고 착각하고 있다. 맘 편하게 잘못 알고 있어서는 안 된다.

---

4   시경(詩經)과 서경(書經).

5   중국 주나라 왕실의 관직 제도와 전국시대 각 나라의 제도를 기록한 유교의 경전인 『주례(周禮)』에서 나오는 선비들이 교양으로서 이수한 여섯 가지의 기예를 일컫는다. 예(禮, 예법), 악(樂, 음악), 사(射, 궁술), 서(書, 서예), 어(御, 승마 또는 마술), 수(數, 수학)를 말한다.

6   눈빛이 종이의 뒷면을 뚫는다는 뜻의 고사성어. 독서에 있어서 날카롭고 깊음이 있음을 의미.

학자는 어떤 마음가짐을 가져야 하는가?

죄와 구제는 무엇이며 왜 염불을 외우는가?
淨土宗之僧念佛을 勸之段

자주 얼굴을 비치는 정토종의 어느 선승이 어느 날 방문하여 이렇게 물었다.

> **묻기를** | 그대는 유학자이니 불교를 권하지는 않겠다. 허나 『도연초(제91단)』에도 있듯이 무상변역無常変易[1]이 세상사이기에 일상

이 지루하고 허무할 때에는 염불을 백 편씩이고 이백 편씩이고 암송하면 결국은 가게 될 내세에 있어서 얼마간의 도움이 될 것이다. 게다가 유교에서는 여태까지 한 번도 들을 수 없었던 중요한 것들도 불교에는 있으니 이렇게 이야기하는 것이다.

> **답하기를** | 마음을 다하여 이번에 이렇게 물어 와주니 분에 넘치는 영광이다. 바로 듣고 싶은데 그 유교에는 없는 중요한 것이란 어

---

1   항상한 것은 없고 모든 것은 변한다.

떠한 것인가?

묻기를 | 유교도 불교도 '권선징악'의 가르침이라
는 것은 잘 알려져 있고 양자에 다름은
없다. 그러나 불교에는 유교가 어찌하더라도 못 미치는 가르침
이 있다.

답하기를 | 그 미칠 수 없는 가르침이란 것은 공자가
말하는 '하우下愚의 불도자不徒者'[2]를 말
하는 것인가?

묻기를 | 설령 하우라 하더라도 눈이 보이고 귀가
들리고 입으로 말을 할 수 있는 이라면
가르침이 통할 때도 있다. 하우라고 하
더라도 불전이나 신전에서 이것은 이러한 신이고 이것은 이러한
부처라고 설명을 하면 그 이름 정도는 안다. 즉 그 정도의 가르침
은 전해진다는 것이다. 내가 말하고 싶은 것은 그러한 것이 아니
라 어찌하여도 가르침이 전해지지 않는 이에게도 가르침을 줄 수
있는 비전祕伝이 있다는 것이다.

그 비전이라는 것은 말도 할 수 없고 귀도 들리지 않으며

---

2 『논어(양화편)』에 나오는 가장 지혜로운 사람(上知)과 가장 어리석은 사람(下愚)은 바뀌지
않는다는 말에서 인용한 표현. 즉 아무리 배워도 바뀌지 않는 선천적인 어리석은 자.

눈마저도 보이지 않는 삼중고를 지고 있는 이에 대해서이다. 귀
가 들리지 않으니 설법을 하여도 들을 수 없고 눈이 부자유하니
경전을 볼 수도 없으며 말을 할 수 없으니 자신의 생각을 말할 수
도 없다. 그러한 삼중고라 하더라도 구제하여 극락왕생할 수 있
다는 비전을 불교는 전수하고 있음이다. 그러한 부분이 유교에
는 부족하다. 단 불교에서 가르치는 것은 현세에 한정되어 있고
내세에서의 구원은 할 수 없다.

답하기를 | 부처가 구제하는 죄는 어떠한 원인으로
생기는가?

묻기를 | 그 죄라는 것은 물건을 보면 사념이 생기
고 말을 들으면 희로喜怒의 감정이 드러
나며 말을 하면 타인을 비방하여 화나게
하는 것 따위를 말한다. 그 이외에도 여러 가지 종류의 죄를 짓고
있음이다. 그러한 죄로부터 구제받도록 돕는 것이다.

답하기를 | 그러하다면 이러한 경우는 어떠한가? 지
금 여기에 주군을 죽이고 자신의 부모를
죽인 자가 있다고 가정해 보자. 그자는
죄를 면하기가 어렵다. 그러한 자도 도와야만 하는가? 만약 도울
수 있다면 가르침이 닿았다 할 수 있을 것이다. 반대로 도울 수

없다고 한다면 삼중고의 사람도 도울 수 없다는 것을 증명하는 것이다. 단 삼중고의 사람은 보는 것도 듣는 것도 말하는 것도 할 수 없기에 죄는 없다. 죄 없는 이에게 구원은 무용한 것이다. 불교에서는 그 이외에 도울 수 있는 것이 있는가?

묻기를 | 아니다. 그러한 것이 아니다. 아직 중요한 것이 남아있다. 삼중고를 짊어지게 된 것은 과거의 인과이다. 그러나 그것을 구제하는 비전이 있다는 것이다. 삼세三世[3]의 어느 세계에 있어서도 유교에서는 '구제'라는 것은 없지 않은가?

답하기를 | 확실히 그러한 가르침은 전해지지 않는다. 천지 사이에서 생성하는 것은 하늘을 아버지로 하고 땅을 어머니로 하여 자연에 태어난다. 주자는 『대학』의 주석서인 『대학장구』의 서두에 하늘이 만민을 탄생시킬 때 인의예지라는 덕을 동등하게 부여하였지만 각각의 기질은 동등하지 않다고 쓰고 있다.

사람으로서 지금의 세상에 태어난 이는 오륜오상의 가르침을 받고 있다. 군신유의, 부자유친, 부부유별, 장유유서, 붕우유신의 오륜을 힘써 행하고, 인의예지신의 오상으로 나타나는 덕

---

3   전세(前世), 현세(現世), 내세(來世).

을 성실히 행하는 것으로 천명에 따르라는 가르침이다. 한편 풀이나 나무는 천명에 따르지 않으니 가르침은 불필요하다. 사람에게는 희로애락의 정情이 있기에 천명을 등져버리기도 한다. 그렇기에 가르침을 통하여 사람의 길로 이끌어야 할 필요가 있는 것이다.

그러나 말을 할 수 없으면 이야기하지 않고, 귀가 들리지 않으면 듣지 않고, 눈이 부자유하면 보지 않는다. 보고 듣지 않고 말도 하지 않는다면 죄는 없다. 죄가 없는 이는 갓난아기와도 같다. 갓난아기는 가르침이 없더라도 '무지의 성인'이다. 애당초 성인이라는 사람은 무언가를 보더라도 사심이 없고 무언가를 듣더라도 사심이 없으며 무언가를 말함에도 사심이 없기에 맹자도 "갓난아기의 마음을 잊지 않는 이는 성인이다"라고 말한 것이다. 이는 다시 삼중고의 사람과 닮아 있다. 성인의 가르침은 잘못이 있는 자를 바로잡는 것이다. 그러나 죄가 없는 이들까지 바로잡을 필요가 있겠는가?

그리고 그대에게 묻고 싶다. 코우신즈카庚申塚[4]라는 비석이 여기저기 있는데 거기에 새겨져 있는 것은 보지 않고 듣지 않고 말하지 않는 원숭이다. 세 마리를 하나로 하면 삼중고인데 이것을 부처이자 보살로서 사람들에게 보여주고 있다. 삼중고의 사람에게 부처와 보살에 가까운 것을 전수하지 않으면 구제하기

---

4   삼원상(三猿像, 보지 않고, 듣지 않고, 말하지 않음을 나타낸 세 마리의 원숭이 상)이나 얼굴이 푸른 청면금강상 따위를 새긴 탑이나 조각.

어렵다는 것이 되는데 이를 어떻게 생각하면 좋겠는가?[5]

또한 엔코대사圓光大師[6]의 일매기청문一枚起請文에는 "이것[7] 이외에 염불의 깊이를 알면서 숨기고 있는 것이라면 아미타불과 부처님의 자비를 등지는 것이 되고 나를 구제한다는 본원으로부터 멀어지게 될 것이다"라고 쓰여 있다고 하지 않는가?

그저 한 장의 기청문起請文이니 깊이 있는 내용이 아니면서도 한편으로는 비전으로서 소중하게 전해져 왔다고도 한다. 그런데 그것은 엔코대사의 본래의 가르침과도 다르지 않은가? 적어도 유교에서는 상자에 고이 보관하여 둔 비전을 전수하는 것과 같은 일은 불필요하다.

묻기를│ 그렇다면 묻겠는데 지금까지 전해져온 소중한 것을 그대가 모두 허구라고 중상비방中傷誹謗하는 것은 무슨 연유인가?

답하기를│ 아무런 이유도 없으며 다른 종교를 중상

---

5   삼중고인 세 마리의 원숭이 상이 부처이자 보살을 의미하는데, 그 이치를 삼중고인 사람에게 가르치지 않으면 구제받지 못한다는 말이 어폐가 있다고 지적하고 있는 것이다.

6   헤이안 시대 말기부터 가마쿠라 시대 초기까지 활동한 일본의 승려로 질문을 하고 있는 승려의 종파인 정토종의 개조(開祖)이다.

7   극락왕생한다고 믿고 그저 나무아미타불을 외는 것.

죄와 구제는 무엇이며 왜 염불을 외우는가?

비방하고 있음도 아니다. 염불종念佛宗[8]이 말하고 있는 것은 '서방극락정토西方極樂淨土의 피안에 가서, 석가여래의 설법을 듣고 성불한다'라는 가르침이다. 그대처럼 도사導師[9]의 위치에 있는 이는 이 부분을 충분히 고민하여 잘 설명하여야 한다. 불교로 말하면 "헤맴이 있기에 삼계가 있다. 깨달았기에 십방공세계라고 하지만, 애당초 동서가 없으면 남북도 없는 것이다"라고 설파한다.

이렇듯 피안이 마음속의 정토라고 하는 것은 명백하다. 정토란 자기 자신의 마음을 가리키는 것이다. 엔코대사의 『수원왕생경隨願往生經』에는 이렇게 쓰여있다.

"보광보살普廣菩薩이 부처에게 십방불토十方佛土란 어디라도 장엄하고 청정하다. 그러나 어찌하여 여러 경 속에서 서방의 나무타불의 나라만을 찬탄讚嘆하고 왕생을 권하는 것인가라고 말하였다. 그러자 부처는 모든 중생을 두루 바라보면 마음이 탁하고 문란한 이가 많고 수행에 매진하는 이들은 적다. 그래서 중생을 불도에 마음을 다하도록 하기 위하여 서방의 나무타불의 나라만을 본보기로서 특별히 찬탄하며 보여준 것이다. 혹시 원을 다하여 수행한다면 반드시 얻는 것이 있을 것이라고 하였다."

그 내용으로부터도 살필 수 있듯이 모든 중생 중에는 마음이 탁하고 문란한 이가 많고 사념을 버리고 한마음으로 수행하는

---

8 나무아비타불이라는 염불에 의한 정토왕생을 설명하는 종파들의 총칭이다. 엔코대사의 정토종, 켄신대사(見真大師)의 진종(眞宗), 엔쇼대사의 시종(時宗)을 일컫는다.

9 부처의 가르침을 설파하고 사람들을 불도로 이끄는 역할을 하는 승려.

이는 적다. 그래서 중생의 마음을 곧장 올바른 방향으로 향하게 하기 위하여 이렇게 서방을 극락이라고 가르치고 있음은 명백하다. 그렇다고 하면 극락은 서방에 있다는 가르침은 어리석은 이 下愚를 위한 설법이고, 머리가 좋은 이 上知를 위한 가르침은 십방불토인 것도 명백하다. 지도자인 사람은 이 점을 머리에 넣어 둘 필요가 있다.

어리석은 이는 우선 자신이 가야 하는 길을 모른다. 스스로의 왕생을 모르면서 타인을 이끄는 것 따위 당치도 않다. 애당초 석가여래의 설법은 나무아미타불 그 자체라는 것을 알아야만 한다.

입으로 부르는 나무아미타불을 귀로 듣게 되면 한 번의 염불로 하나의 나쁜 마음이 사라지고, 두 번의 염불로 두 가지의 나쁜 마음이 사라진다. 그렇게 계속 반복하면 나쁜 마음은 사멸하고 선한 마음이 생겨난다. 이것이 즉 왕생往生이다. 왕생에는 세 가지 의미가 있는데 그중 하나를 설명하자면 왕往은 이此에 가깝다. 즉 왕생은 이생此生으로 '여기에 태어나다'는 의미이다. 자신의 마음에 생겨나기에 "가려고 하지 않아도 (자연히) 달하게 된다不往往"를 왕생이라 이름 붙인 것이다.[10]

염불을 행하는 이는 처음은 이 세상의 번뇌로부터 벗어나

---

10   이시다 바이간은 염불을 계속 외우면 자연스레 악한 마음이 모두 사라지고 선한 마음이 생겨나며 그것이 곧 왕생이라 말하고 있다. 굳이 선한 마음을 얻고자 하거나 극락왕생을 원하여서가 아니라 그저 염불을 하면 착한 마음이 지금 이생의 내 마음속에서 자연히 생겨나는데, 그것이 '가고자 하지 않아도 자연히 달하게 되는' 왕생이라 설명하고 있다.

고 싶고 그 괴로움으로부터 멀어지고 싶다고 생각하여 극락왕생하는 것을 빌며 나무아미타불을 염한다. 그렇게 하여 세월이 흐르면 '나무아미타불, 나무아미타불' 염불을 하는 것이 습관이 되고 염불 이외의 사념은 머릿속에서 사라져 마침내 나무아미타불의 세계에 완전히 빠져들게 된다. 그리고 거기에 자신이라는 존재는 찾을 수 없게 되는 것이다.

자아가 사라지면 그곳은 허공과도 같다. 그 허공에 나무아미타불을 부르는 염불의 목소리만이 울리고 있을 뿐이다. 염불을 외우면 그 즉시 아미타불이 되는 것이다. 아미타불 스스로가 그 이름을 부르는 것이 설법이 아니겠는가?

이와 같은 설법의 공덕에 의하여 아미타불을 염원하는 이와 염원받는 이가 하나가 되어 고苦와 락樂으로부터 이탈하고 그리하여 끝나는 것이다. 이탈하여 끝내게 된 상태가 무심무념無心無念 혹은 능소불이能所不二 또는 기법일체機法一体라고 말하는 것 아니겠는가?

엔코대사의 『대원문답(상권)』에 이러한 말이 있다.

"수행이라는 눈에 보이는 형태에서 깨달음을 얻고 곧바로 눈에는 보이지 않는 '진리'라는 본성의 평온의 경지에 든다. 왕생한다는 의식을 억누름으로써 삶도 죽음도 없다는 도리를 터득시킨다."

그대는 이를 어떤 식으로 납득하고 있는가?

『아미타경』에는 이렇게 쓰여 있다.

"여기에서 서방으로 향하여 만억불토万億佛土를 지난 곳에 세계가 있다. 그곳을 이름하여 극락이라고 한다. 그 토지에 부처가 있다. 아미타불이라고 일컫는다. 지금도 그곳에 계시고 설법을 하고 계신다."

지금이라고 함은 목전目前이라는 의미이다. 마음속에 있는 정토淨土이며 자신의 마음에 있는 아미타불이기에 이 현세야말로 부처의 세계인 것이다. 따라서 현재의 설법은 『열반경』에서 말하는 "초목이나 국토와 같이 마음이 없는 것에도 불성이 있어 성불한다"는 것과 같으며, 삼라만상森羅萬象 하나하나가 모두 부처이기에 버들은 푸르고 꽃은 붉게 서로 다른 모습을 하고 있지만 생을 살아갈 수 있는 모든 것이 법을 말하고 있음이 되는 것이다.

사람은 일심불란一心不乱으로 몰두하여 수행을 쌓음으로써 그와 같은 것을 이해할 수 있는 경지에 도달하고 구품정토九品淨土[11]를 목전에 두고 배례하여야 하는 것이다. 이것이 즉 제법실상諸法実相이다.

『관무량수경観無量寿経』에는 이러한 경문도 보인다.

"광명편조, 십방세계, 염불중생, 섭취불사. 公明遍照, 十方世界, 念仏衆生, 摂取不舍"

타 종파는 수행의 공덕을 쌓아 관념적 수행이나 좌선 등을 통하여 그 도리를 깨닫는다. 그러나 염불종은 난행難行이나 고행

---

11 아홉 등급으로 나누어져 있는 극락정토.

죄와 구제는 무엇이며 왜 염불을 외우는가?

을 하지 않고 깨달음이 열리기에 다른 여러 종파보다 훌륭하다는 항간의 이야기를 듣고서 그대도 그저 따라 말하는 것이 아닌가?

석존이 설법한 법성을 깨달아서 일불성도一仏成道하는 것과 염불을 외움으로써 본성에 도달하여 자연오도自然悟道하는 것. 이 둘의 어디가 다른 것인가? 법성에 두 가지가 있을 리 없기에 나무아미타불을 부르는 것만으로 정토종은 분명 충분할 것이다. 그러나 비전을 전수하지 않으면 완전하지 않다고 한다면 엔코대사의 일매기청문은 거짓이라 보고 찢어 버리겠는가?

어떻게 신사참배를 하여야 하는가?
或人神詣を問の段

묻기를 | 나는 최근 부모의 기제사로 고향에 다녀왔는데 우부가미産神[1]님에게 참배를 하지 않았다. 이번에는 성묘를 하는 것을 제일로 생각하여 우선하여 성묘를 하였기에 몸이 부정해졌다는 생각이 들어 우부가미님에게 참배하는 것을 삼간 것이다. 그렇다고 하여 우부가미님에게 먼저 참배를 해서는 부모를 소홀히 취급하는 것이라 생각하였다. 이에 대하여 어찌 생각하는가?

답하기를 | 부모의 마음에 따르도록 하여야만 한다.

묻기를 | 나의 부모는 돌아가셨기에 여쭈어볼 수도 없는데 어떻게 부모의 마음을 알 수 있다는 것인가?

1　우부스나가미(産土神)라고도 불리며 일본 신도사상에서 그 사람이 태어난 땅의 수호신을 가리킨다. 태어나기 전부터 사후까지도 지켜주는 수호신으로서 고향을 떠나 다른 지역으로 이주하더라도 평생을 따라다니며 지켜준다고 믿는다. 출산을 담당하는 신으로서도 불린다.

답하기를 주자가 『논어집주(위정편)』에서 "어떤 부모의 마음도 자기 자식이 잘되기를 바란다. 부모의 자식을 사랑하는 마음이 달하지 않는 곳은 없다"고 말하였다. 실로 그 말 그대로이고 그렇기에 심신이 부정해지기 전에 우부가미님에게 참배해야 하는 것이다. 그대의 부모가 살아 계셨을 때 그대가 고향에 돌아온다면 아마도 우선 우부가미님에게 참배하라고 말씀하시지 않았겠는가? 그렇다 한다면 무엇보다도 우선 참배하여 신을 경애하는 것이 부모의 마음을 따르는 것이 된다. 부모의 마음에 따르는 것만큼 기쁜 일은 없지 않겠는가?

또한 주자는 『논어집주(이인편)』에 "부모가 이렇게 생각하지 않겠는가 하는 마음으로 행하는 것이 효행"이라고 범자范子의 주석을 인용하고 있다. 『중용(제19장)』은 "죽은 후에도 생전처럼 대하여야만 한다"고 말하고 있다. 그대는 지금은 부모가 돌아가시고 계시지 않지만 이 의미를 잘 이해하여 삶에 적용한다면, 그것이 부모에게 효행하는 것이 될 것이다.

의사다움이란 무엇인가?
醫の志を問の段

묻기를 | 나는 내 아들놈 중 하나를 의사를 만들고 싶다고 생각하고 있다. 세상을 살아가는 데에 어떠한 마음가짐을 가지면 좋겠는가?

답하기를 | 나는 의사의 도는 배우지 않고 있기에 자세한 것은 말할 수 없으니 어떠한 마음가짐이 필요한지에 대하여 이야기해 보고자 한다. 우선 의학에 마음을 다하여야만 한다. 의학서에 쓰여 있는 의미를 이해하지 못하고서 인명을 다룬다는 것은 실로 무서운 일이다. 자기 자신의 목숨을 아깝게 여기는 마음으로 의사를 찾는 이들의 마음을 헤아리는 것이 중요하다. 환자를 다룰 때는 단 한 순간도 긴장을 늦추지 않아야 한다. 자신의 머리가 아프거나 배가 아프거나 하면 조금도 참기가 어려운 법이다. 그 점을 이해할 수 있는 이라면 사람의 병을 자신의 병처럼 생각한다. 마음을 다하여 치료에 전념하면 환자에 대한 걱정으로 밤에도 편히 잠들 수 없는 심경이 될 것이다.

사람의 목숨을 소중히 여겨 약을 처방하고 그렇게 하는 것을 자신의 사명이라고 생각하여 그 환자의 병이 쾌유하는 것을 즐거움으로 삼으며 사례謝禮 등을 생각지 말고 치료에 힘쓰면 되는 것이다. 사례를 생각지 말라고 하였지만 환자 쪽에서 보면 자신의 목숨을 맡기는 것이기에 자신의 살림에 맞추어 상응하는 사례를 분명히 할 것이다.

일전에 어떤 이가 나에게 세상살이를 생각하면 의사를 해서는 안 된다 말한 적이 있다. 약을 처방하는 입장에서 본다면 그렇게 생각할 수도 있음이다. 그저 생업으로서 의사를 하고자 한다면 사례가 적은 어려운 형편의 집에는 왕진을 가기 싫은 마음이 들 것이다. 그렇다 하더라도 "조금 있다가 왕진을 가자"라며 차일피일하는 사이에 그 환자가 죽기라도 한다면 어찌하겠는가? 혹여 그것이 천명이라고 하더라도 의사 된 자의 올바른 마음에서 생각해 보면 자신의 사욕을 위하여 그러한 결과를 불러들인 것이니 천명이라는 한마디로 간단히 해결되지 않을 것이다.

맹자는 양나라 혜왕에게 사람을 죽이는 데 칼을 쓰는 것과 정치로써 죽음으로 모는 것에는 어떠한 차이가 있는가라는 질문을 받고 죽이는 것에는 차이가 없다고 답하였다. 사람을 죽이는 방법에는 차이가 있어도 죽인 그 죄에는 차이가 없다. 무서운 일이다.

의사로서 힘껏 마음을 다하고 사람의 목숨을 아깝게 여기는 인의 마음도 가지고서 약을 처방하였음에도 병이 낫지 않는다면 그것은 어쩔 수 없다고 할 수밖에 없다. 하지만 공자는 확고한 신념과 각오가 없으면 신을 섬길 수도 없으며 의사가 되어 사람을 치료할 수도 없다고 말하였다.

의사의 일은 사람의 목숨을 맡게 되는 일이다. 사람의 목숨을 소중히 여기는 마음을 자신의 마음으로 삼지 않으면 인의 도리에 반하는 잘못을 몇 번이고 범하게 될 것이다. 자신의 목숨을 아깝게 여기는 마음으로 환자를 사랑한다면 잘못은 분명 적어질 것이다. 마음속 깊은 곳에서부터 이러한 마음가짐을 가지는 이가 인애로 가득한 진정한 의사가 되는 것이다. 인애를 잃지 않는 것. 그것이 의사에게 요구되는 항상심恒常心이다.

앞서 이야기한 공자의 말을 가슴에 깊이 새기고 고치기 어려운 병에 걸린 환자를 만나면 의서를 이리저리 뒤지고 닥치는 대로 읽으며 그 치료법을 고민하여야 할 것이다. 그렇게 하는 것은 박식하게 되기 위함이 아니라 마음속부터 환자를 생각하고 불쌍히 여기는 마음으로 대하기 위해서이며 그렇게 계속하여 나아간다면 언젠가 반드시 '박학의 명의'로 불리게 될 것이다. 박학이란 시를 쓰는 데 힘쓰고 문장이 교묘한 것이 아니다.

이상이 의사로서의 가져야 할 마음가짐의 대략이다.

묻기를 | 그렇다면 박학의 명의란 의학에 대해서만 정통해 있으면 되는 것인가? 그러나 의학 이외의 학식이 없으면 인사를 할 때

도 지나가는 길에 잠깐 들르는 때나 쓰는 평범한 사람들의 표현 밖에 쓰지 못하여 분명 아주 값싸고 천격스럽게 보일 것이다. 학문이 없어 보인다고 생각되면 다른 이들로부터의 신뢰도 엷어질 것이고 신뢰받지 못하면 치료 등에도 지장이 생길 터. 훌륭한 인간이라는 생각이 들도록 하기 위해서는 시나 문장도 포함하여 박학하게 됨이 좋지 않겠는가?

답하기를 학식을 넓힌다는 점에는 나도 찬성한다. 문학을 버리라고 말하는 게 아니다. 학문을 하려 한다면 의학을 배워 능숙해지고 난 이후여야만 한다. '본말本末'이라는 관점에서 보면 의학은 '본'에 해당하는 것임을 알아야만 한다. 『논어(학이편)』에도 근본을 확립하고 나서야 도가 열린다고 나와 있다. 본말을 전도하는 것은 군자의 도가 아니다. 혹여 그대는 세간 사람들이 잘 들어보지 못한 것을 말하는 것이 '박학'한 것이라고 잘못 알고 있는 것 아닌가? 그런 것이라면 소홀히 생각한 것이다. 좋은 의사란 들어보지 못한 어려운 말을 늘어놓는 이가 아니다.

의서에는 '망, 문, 문, 절望, 聞, 問, 切'이라는 네 가지의 진단법이 나온다. 먼저 환자의 얼굴색이나 모습을 눈으로 보아 용체容體를 관찰하는 것을 망진望診이라고 한다. 이어서 어떤 상황인지 들어서 병을 알 수 있기에 이를 문진聞診이라 한다. 그리고 의심이 가는 것을 물어 병인을 찾는 것을 문진問診이라고 한다. 더하여 맥을 짚고 병을 특정하는 것을 절진切診이라고 한다.

즉, 먼저 환자를 보고 그 몸 상태를 관찰한 후에 환자가 말하는 증상을 듣고, 세세한 것을 환자에게 물어보며 맥을 짚어 환자의 증상이 자신이 익힌 병환과 합치하는가 어떤가를 종합적으로 판단하여 병을 특정하게 되면 그로부터 약을 처방하는 것이 순서이다. 그러한 흐름 속에서 일반인이 들어도 알지 못할 말들을 사용한들 상대는 알 수가 없기에 답변도 요령부득要領不得이다. 서로 간에 의사소통을 결여하고서는 모처럼의 망, 문, 문, 절도 그 의미를 실현할 수 없으니 '의사가 병의 근원을 찾아 치료한다'는 의료 본래의 의미가 행해지지 못하고 마는 것이다.

『논어(위령공편)』에 나오는 공자의 "말은 달할 뿐"이라는 말씀을 잘 새겨둬야 할 것이다. "말은 달할 뿐"이라는 의미는 '말은 통하는 것이 중요하다'는 것이다. 이쪽에서 말하는 것이 상대에게 올바르게 전달되었다면 그걸로 말의 목적은 달성된 것이나 전해지지 않았다면 올바르게 전해질 때까지 이야기할 필요가 있다는 의미이다. 말을 해도 도저히 알 수 없는 소리를 하는 것은 미친 사람이다. 어찌하여 미친 사람이 치료를 할 수 있다고 말하는가?

교토에 살고 있는 의사들 중에 의서와 『논어』를 읽지 않는 이는 전혀 없다고 말하여도 좋을 것이다. 의미도 알기 어려운 말을 늘어놓으며 즐거워하는 의사는 수도에서 멀리 떨어진 시골구

석에서 가나조시仮名草子[1] 따위를 읽으면서 의술을 행하는 자들로 아무것도 모르는 의사라고 세간으로부터 경시되는 것이 두려워 귀에 익지 않은 이런저런 것들을 이야기하고 싶어 하는 자들이다. 좋은 의사는 그러한 행위를 할 리가 없다.

---

1 에도시대 초기에 유행한 통속산문 또는 소설.

경영자란 어떠해야 하는가?
或人主人行狀の是非を問の段

어떤 이가 찾아와 이야기 중 이러한 것을 물었다.

> 묻기를ㅣ 나의 주인은 현재 유복한 생활을 하고 있
> 어 금전적으로는 아무런 부족함이 없는
> 듯 보인다. 그럼에도 주인은 금전을 모

으는 것 이외에는 이렇다 할 즐거움도 없는 듯하고, 그저 금고를
지키고 있을 뿐이기에 그야말로 가난뱅이와 같은 분위기이다.

한편 지금 주인의 부친, 즉 선대가 가게를 관리하던 시절에
는 그에 걸맞게 즐기기도 하고 다소의 사치도 하였기에 빚도 있
었지만 부모가 돌아가시고 가독을 상속받아 어느 정도 금액의 자
산을 손에 넣었고, 그 후에 빚을 갚으라 강요하는 이도 없었기에
말하자면 남겨진 득을 그대로 얻은 셈이라 할 수 있다. 선대의 주
인은 그러한 인생을 보내고 행운아로서 생을 마감한 것이다. 지
금의 주인과 선대의 주인. 어느 쪽의 삶이 맞는 것인가? 가르쳐
주었으면 한다.

답하기를 | 큰 부분만 우선 이야기하자면 사람을 섬기는 이는 신분의 고하를 막론하고 신하이다. 신하 되는 이는 만사의 선악이나

옳고 그름을 다소라도 분별할 필요가 있다. 천하의 정도政道는 사치나 화려함 따위를 좇는 것을 엄히 금하고 있다. 우선 그러한 마음가짐을 가져야 하는 것이다. '사치하는 자는 오래가지 못한다'[1]는 속담에도 전해지고 있듯이 실제로 과도한 사치에 빠져서 귀양을 가거나 추방을 당하는 이가 끊이지 않는다. 일찍이 권세를 뽐내던 명가명문이면서 나라를 망하게 한 자들의 이름을 들어보면, 다이라노 기요모리平清盛[2]를 필두로 사가미 뉴도相模入道[3] 등이 있고, 온갖 사치를 다하여 국가를 파멸시킨 자는 그 수를 세기도 어렵다. 중국에서도 진의 시황제가 사치의 극을 달려 천하를 잃었다.

그대의 선대 주인도 사치를 하였다면 나라가 정한 법을 어긴 것인데 더구나 가독을 이어받았다고 하였다. 그것이 사치의 시작이다. 상부의 명령에 따르는 것은 백성의 상식이다. 설령 어용상인이라는 신분이라 하여도 자기 마음대로 만사를 정하는 것은 허락되지 않는다. 하물며 어용상인보다도 낮은 '시정의 신하'

249

---

1   원어로는 '奢れる者は久しからず'라고 표기한다. 스스로 교만한 자는 오래가지 못한다는 의미도 있다.

2   헤이안시대 말기의 무사.

3   가마쿠라 막부 말기의 당주.

로 불릴 보통의 상인[4]으로서 태어나 주군의 명도 모른 채 자기 몫의 가독이 있다고 우쭐하여 있으면 상부를 업신여겼다 하여 죄인으로 취급될 것이다.

그대는 지금의 주인을 섬기면서 앞으로 몇 년 정도 봉공하면 노렌와케暖簾分け[5]를 허락받아 떳떳하게 나의 집안을 꾸릴 수 있을 것이라고 믿고 있었을 터. 그런데 예상하고 있던 시기가 와도 이쪽에서 먼저 "시간을 주셨으면 한다"라고 말을 꺼내지 않는 한 그렇게 될 것 같지 않고, "앞으로 언제까지나 섬기게 된다면 주인에게만 이득이다"라고 생각되어 그냥 있을 수 없게 되었다.

이렇듯 자신에게 비춰 보면 선대의 주인도 지금의 주인도 잘 알 수 있음이다. 즉 그대가 마땅히 이루어져야 하는 독립의 시기를 염두에 두고 있듯이 돈을 빌려준 이도 갚아야 할 시기가 다가오면 이자를 더하여 돌려받을 것을 기다리는 것이 보통이다. 그럼에도 돌려달라고 말하지 않았다는 이유로 돌려주지 않아도 된다는 법은 없다.

그대는 선대 주인이 빚을 갚지 않고 생을 마감한 것을 다행이라고 생각하고 있는가? 혹여 그렇다면 그것은 요행이라 불리는 행운이다. 요행이라는 이름의 행운은 다른 이의 물건을 훔쳐

---

4 원문 표기는 죠닌(町人)으로 도시에 사는 상인을 가리키는 말로 에도시대에는 상인계급이라는 하나의 사회계층을 지칭하는 말이 되었다.

5 상가 등에서 오랫동안 근무한 종업원에게 분점 등을 차려주는 것. 노렌은 점포의 입구 처마나 점두에 걸어두는 상호가 적힌 포렴(布簾)을 의미한다.

도, 사람을 죽여도 그 죄를 자각하지 않고 발뺌할 수 있는 이들의 행운이다. 이 행운은 본래 원해서는 안 되는 종류의 행운이다. 그런데도 행운아로서 생을 마감하였다고 평가하는 것은 어찌 된 것인가?

속여서 무엇을 취하면 그냥은 넘어갈 수 없음을 가르치는 역사적인 사례가 있다. 선악의 두 사례를 들어 설명하고 싶다. 먼저 고대 중국의 예이다. 요순은 천하를 안정시키고 인과 효의 본보기가 되었고, 대성인 공자는 최고의 덕을 갖춰 사람으로서의 도를 후세에 전했기에 중국은 말할 것도 없이 우리나라에도 큰 영향을 미쳤다. 한편 도척盜跖은 큰 도둑이다. 그 악명은 지금도 이어지고 있고 세상 사람들은 이 남자를 아주 밉살스럽게 생각하고 있다. 성인은 의에 반하는 물건은 쓰레기라 하더라도 받지 않는다. 그러나 도척은 아무렇지도 않은 듯 남의 것을 훔치어 도둑으로서 불후의 이름을 남겼다. 자, 그대는 이 양자를 같은 사람이라 간단히 말할 수 있겠는가?

빌린 것은 돌려주고 빌려준 것을 돌려받는 것은 사람의 도리다. 또한 효제충신의 네 가지 덕을 익혀서 가업을 소홀히 하지 않는 것. 그러한 것을 선사善事라고 말한다. 사람으로서 가야만 하는 올바른 길은 하늘과 땅 사이에 명확하다. 그럼에도 그대의 선대 주인은 사치를 하고 빌린 돈을 돌려달라고 다그치는 이가 없다 하여 돌려주지 않고 그 빚을 짊어진 채로 죽었다고 하는데 그것은 떼먹은 것에 다름 아니다. 빚을 떼먹는 식의 삶이 성인 공자에 가까운지 도척에 가까운지는 새삼스럽게 이야기할 필요도 없다.

그러한 불의한 사람을 아무 일도 없이 일생을 보낸 행운아라고 생각하는 그대는 도둑인 도척과 한 편인 셈이다. 한편 지금의 주인은 검약에 힘을 쏟고 부모가 남긴 빚을 떠맡아 아버지의 악명을 씻었다. 이것이야말로 사람의 도리다. 주자가 『논어집주(옹야편)』에 인용한 범자의 주석 "자식이 아버지의 악행을 지적하여 고쳐, 선행으로 이끈다. 이것이 효이다"라는 구절은 그야말로 적절하다.

묻기를┃ 애초에 지금의 주인은 앞서 이야기하였듯이 요즘의 날품팔이 인부에도 못 미치는 처사를 보이고 있다. 선대 주인은 옷도 화려한 것을 좋아하였지만 지금의 주인은 무명의 솜옷, 가타비라帷子[6], 고쿠라오비小倉帯[7], 다카미야바오리高宮羽織[8] 같은 검소한 복장을 좋아한다. 이 점은 어떠한가?

답하기를┃ 그 질문에 답하기에 앞서 먼저 지적해두

---

6 삼베로 만든 홑겹 기모노.

7 고쿠라 무명으로 만든 튼튼한 허리끈.

8 다카미야 지역의 종이로 만든 종이 겉옷.

고 싶은 것은 그대의 마음에는 커다란 허영이 자리 잡고 있다는 것이다. 같은 아래의 신분이면서도 자신은 날품팔이 인부와 다르다고 우쭐해하고 있다. 즉 날품팔이 인부들을 천하게 보면서 자신이 더 위라고 생각하는 허영이 있다. 농공상은 누구나 아래의 신분으로 같은 입장이다. 날품팔이 인부와 우리들 사이에 얼마나 차이가 있다고 말하는 것인가? 그럼에도 날품팔이 인부가 천하게 보이는 것은 자신의 마음이 좁기 때문이다. 지금의 주인은 지성이 있고 자신을 과시함 없이 윗사람을 경외하며 자신을 낮추는 세상에서도 보기 드문 인물로 보인다.

귀천의 구별을 판별하는 것은 예이다. 무릇 의복은 하부타에 羽二重[9]가 최상급이다. 그로부터 최하급인 무명이 이르기까지에 천의 종류가 어느 정도 있겠는가? 귀천의 계급은 천황에서부터 지하인 地下人[10]에 이르기까지 셀 수 없는 정도로 있지만 의복은 세세히 분류하더라도 고작 10단계 정도밖에 없다. 신분에 맞춰서 의류를 분류하면 낮은 신분의 이들은 거적때기를 걸쳐도 상관없게 되지만 실제로 그렇게 할 수 없기에 무명을 일반적으로 입는 것이며 살림이 조금 나은 이들은 축하할 일이 있거나 할 때 농공상 할 것 없이 비단이나 명주 정도까지는 입는 것이다.

그렇게 살아가는 것에 사람들은 감사하고 특별히 거부하

---

9 얇고 부드럽고 윤기가 나는 순백색의 비단.

10 최하위의 서민계급을 의미한다.

는 것 없이 관습으로서 지켜나가면서 자신의 수준을 잘 자각하고 구별하는 것을 보면 탄복할 정도이다.

그러할지니 그대의 주인이 무명을 입고 있다면 그대도 일상에서는 여러 번 빨아서 색이 바래고 기운 자국이 있는 무명옷을 입어야 할 것이다. 그러나 그대는 오히려 그것을 마치 괴이한 행색인 듯 말한다. 맹자는 이렇듯 예법에 적합한 복장을 대성인 大聖人인 요왕의 옷이라 하고 예법에 벗어난 분에 넘치는 대악무도한 복장을 걸왕의 옷이라 말하며 효제의 도를 설파하였다. 그대가 말하고 있는 것은 이러한 도와 다르지 않은가?

묻기를 | 그렇다면 주인이 가끔 다른 집의 토목 일을 돕거나 테다이의 일을 대신하여 하거나 하는 것은 어떠한가?

답하기를 | 질문의 내용으로부터 생각해 보건대 그대의 주인의 마음 씀씀이는 지극히 지당한 것이다. 그대는 일상에 대한 것은 잘 알고 있는 듯하나 이변異變에 대해서는 대비를 하지 못하는 듯하다. 격식이 정해진 무사 가문들을 참고해야 할 것이다. 천하태평의 세상이 이어지고 있지만 전쟁에 대하여 준비를 소홀히 하지 않는 것이 무사로서의 마음가짐이다. 중국에서는 사냥을 하며 무예 실력을 닦는다. 일본에서도 가업에 필요한 기술을 수행하

여 습득하는 것은 사람으로서 당연한 것이다. 상가의 경우 테다이가 몇 명이 있더라도 마냥 의지만 할 수는 없다. 혹시 테다이가 한 명도 없어서 가업을 정리해야 할 정도라면 이야기는 다르겠지만 말이다. 가업에 대하여 잘 이해하고 있지 않다면 상매매가 제대로 돌아갈 리가 없다.

『맹자(등문공상편)』에 우왕은 물을 다스리고 농사일을 가르치는 직무에 종사하면서 8년 동안 집 앞으로 지나간 적이 3번 있었지만 단 한 번도 집에 들르지 않았다고 나와 있다. 우왕은 그때 중국에서 발생한 홍수를 다스리고 있었다. 자신에게 주어진 직분에 힘쓰는 것은 이러한 것을 말함이다. 이 점에서 그대의 주인은 자신의 직분을 소홀히 하고 있지 않다고 할 것이다. 성인의 도를 잘 알고 있는 사람이다.

묻기를│ 주인은 손익계산에 세세한 사람으로 재물을 쌓기蓄財만을 좋아하고 돈을 쓰는 것散財을 싫어한다. 장식으로 잘 꾸민 아랫사람은 탐탁하게 여기지 않고 검약하여 보기 흉한 모습을 한 이는 환영한다. 그런데 그런 기준을 가지고서 마음에 들지 않는다며 급료를 내리는 경우가 있는가 하면 내리지 않는 경우도 있다. 이렇듯 사리에 맞지 않는 것은 어찌 생각하면 좋은가?

답하기를│ 그대의 주인은 세간의 본보기가 될 만한

사람이라고 정말 감탄하게 된다. 신분이 낮은 이들은 말할 것도 없고 군세 2만을 이끌 정도의 대장군이라 하더라도 전술이라고 할 수 있는 손익계산에 어두워서는 공격도 방어도 진을 펼치는 것도 모두 실패할 것이다. 애당초 상인 되는 이가 주판도 모른 채[11] 무슨 계산을 한다고 하겠는가? 아랫사람을 고용하여 들일 때도 이 테다이의 급료는 금 10냥, 이쪽은 금 5냥, 이 하인에게는 은 100몬메, 저 하인에게는 은 50몬메 이런 식으로 사람에 따라 지불하는 돈이 달라진다. 고용하고 나서부터는 일하는 것을 보아 일을 잘하는 이에게는 급료를 높여 주어야만 한다. 사람을 보는 눈이 있다면 고용한 이들 중에서 테다이가 될 이들을 몇 명이고 길러낼 것이다.

『중용(제10장)』에 충과 신信에 힘쓰는 가신에게 봉록을 높여 후하게 대우하면 기뻐하며 자신의 직분에 분명 더욱 정진하여 임할 것이라고 나와 있다. 이것이야말로 성의誠意 있는 군주가 가신을 길러내는 법이라 할 것이다. 이 가르침에서 벗어나서는 안 된다.

옛날 중국의 항우項羽가 사람을 쓸 때 공이 있는 가신을 영주로 봉해야 했음에도 불구하고 인색하여 봉록을 수여하지 않았다. 그 결과 머지않아 한나라 고조에게 멸망하였다. 가신들이 항우에게 원망과 앙심을 품고 마음이 돌아서 버려 고조의 가신이

---

11 일본어로 소로반칸죠우(算盤勘定)라고 하여 주판을 튕기는 행위를 손익계산이라고 한다.

되어 적대하게 된 것이다. 이것은 군주가 공과 봉록의 계산을 몰랐던 것에서 발단하고 있다. 물론 설령 항우에게 무례함이 있었다고 할지라도 고조에게로 돌아선 것은 신하의 도리라고 할 수 없다. 허나 충의를 등진 자에 대해서도 인에 따라 충신처럼 잘 다루는 것도 군주의 도리이다.

그러한 관점에서 그대의 주인에 대해서 보자면, 의리를 생각하여 지불해야만 하는 급료 등은 정확히 지불하고 있고 외상금도 잘 수금하고 있으며 지불하고 나서는 수금하고, 수금하고 나서는 지불하고 있다. 이 두 가지가 의에 적합한 형태로 올바르게 행해진다면 그것이 집안이 되었던 나라가 되었던 목적한 대로 다스리는 것이 결코 어렵지 않을 것이다.

일하는 아랫사람들도 검약을 마음에 새기어 급료가 점점 쌓여 간다면 주인의 은혜를 알게 될 것이다. 그러나 사치하는 자는 급료나 용돈만으로는 충분하지 않다. 그래서 부족한 부분을 슬쩍 후무리며 요령껏 쓰는 법을 익히고는 몇 년이나 일하여도 우리 주인에 대해서는 일하는 보람을 느낄 수 없다며 푸념을 늘어놓기도 한다.

그대의 주인은 사실 그러한 점을 이미 눈치채고 있다. 그런데도 급료를 깎거나 하지도 않고 보기 흉한 복장을 보더라도 오히려 기뻐하고 있다. 그렇듯 성실히 도를 다하며 사람을 쓴다면 충의로운 이를 구할 수 있는 기회도 많아질 것이다.

『논어(이인편)』에 검약하는 이는 잃을 것이 적다고 하였다.

바꿔 말하면 삼가는 이는 실패할 일이 적다는 것이다. 검약하고 삼가며 사는 이가 호감을 받게 되는 것은 지당한 것이다. 나라를 다스리는 것도 검약이 기본이지 않은가? 설령 나라에 재산이 있다 하여도 선인善人[12]을 얻을 수 없다면 어찌 나라를 다스리면 좋을지 전혀 알 수 없다.

묻기를 │ 작년의 대기근으로 많은 사람이 곤궁해지는 사태에 직면하였는데, 그때 주인은 친척은 물론이고 이미 독립하여 일가를 이루고 있는 전 테다이나 현직 테다이들에게까지 미곡을 조달할 수 있도록 자금을 빌려주고 갚는 것은 내년 이후라도 상관없다고 말하였다.

그때 빚을 진 이들 중에 그 후에 어찌어찌 사정이 좋아졌기에 금일부터 이자를 더하여 돈을 갚겠다고 말한 이도 있었는데, 주인은 이자를 받지 않고 원금만을 돌려받고는 그 돈을 집안에 그대로 쌓아두고서 그 곁에 금고지기처럼 앉아 언제나처럼 일을 하고 있다. 손해와 이득을 도외시하는 이러한 주인의 방식을 어찌 생각하면 좋은가?

답하기를 │ 실로 흥미로운 이야기이다. 친척들이나

---

12   여기서는 우수한 인재라는 의미로 쓰이고 있다.

테다이들은 선대 주인이 돈을 빌리고는 갚지 않고 사치를 하였던 것을 보고 배웠기에 만일의 경우를 위하여 모아두는 것을 몰랐다. 주인은 그 점을 깨우쳐 주고자 서둘러 빚을 내어준 것으로 생각된다. 부언하자면 빌려준 것을 돌려받는 권리는 옛날에도 지금에도 법적으로 인정되고 있다.

맹자는 이윤伊尹[13]을 예로 들며 이렇게 말한다.

"의에서 벗어나거나 도에서 벗어나고 있다고 생각된다면 풀 한 포기 사람에게 주지 않았고 받지도 않았다"

마음이 올바른 주인은 돈을 빌려주고 돌려받는 것에 아무런 의도도 없지 않은가? 타인이 불의의 길에 발을 들이려고 하는 것을 그대의 주인은 구제하고자 하는 것이 아닌가?

묻기를 | 그런 것이었나 하고 생각하여 보면 출입하는 상인이라든가 이렇다 할 인연도 연고도 없는 이에게도 주인은 미곡을 수없이 베풀고 있다. 그러나 그걸 받은 이는 누구 하나 감사의 예를 표하러 오지 않았다. 그런데도 주인은 아무렇지도 않은 모습이었다. "요컨대 손해이다"라고 고하는 이가 있어도 "아니다. 베푸는 것은 감사의 예를 기대하고서 하는 것이 아니다. 그런 생각으로 한 것이다"라고 주인은 답한다. 도통 알 수 없는 것은 그렇게

---

13   은나라의 탕왕을 섬긴 재상으로 알려진 전설의 인물로 하나라의 걸왕을 멸하였고 선정을 베푼 것으로 기록되어 있다. 이윤을 거론하고 있는 해당 구절은 『맹자(만장상편)』이다.

말하면서도 구두쇠라는 말도 아까울 정도로 아끼는 모습이 마치 이의 껍질도 천 겹으로 벗기리라 생각이 들 정도이다. 이를 어떻게 해석하면 좋은가?

답하기를 | 그거야말로 점점 더 감탄하게 될 뿐이다. 돈은 돌고 도는 것이다. 그 마음을 헤아려보자면 사람은 서로 도와야 할 필요가 있다고 그대의 주인은 생각하고 있는 것이 아니겠는가? 그렇기에 곤궁한 사람들에게 구원의 손길을 내미는 것이다. 도움을 받은 이들이 고맙다고 마음속으로부터 예를 표하든지 말든지 주인에게는 관계가 없는 것이다. 그대의 주인이 타인을 돌보는 마음은 성인이라도 그 정도까지 할 수 없지 않을까 싶을 정도이다.

맹자는 말하고 있다. 서민은 어느 정도의 수입이나 자산이 없으면 마음이 안정되지 않는다고.[14] 백성에게 지혜가 없는 것은 지극히 평범한 것이다. 그 어리석음을 알고서 자신의 자애로움이 상대에게 전해지지 않더라도 그것을 싫어하지 않고 타인들의 불안의 씨앗을 뽑아내는 것이 자신의 역할이라고 그대의 주인은 생각하고 있는 듯하다. 잘 모으고 또한 잘 베푸는 지금의 주인이 학문을 좋아하는지는 모르겠으나 설령 책 한 권 글자 한 자 배운 적이 없다고 하더라도 그 사람이야말로 진정한 학자라고 불러야

---

14 『맹자(양혜양상편)』에 나오는 "백성들은 일정한 재산이 없으면 일정한 마음(恒心)을 가질 수 없다"라는 구절을 인용하고 있다.

만 할 것이다.

사람에게 있어서 주요한 것은 천지가 만물을 낳았다는 진리를 우선 이해하고 그 도리를 자신의 마음으로 삼을 수 있다면 인격이 닦아지고 인간으로서 크게 될 수 있다.

『맹자(진심상편)』에 이러한 말이 있다.

"군자가 하늘로부터 받은 본성은 천하가 흥하여도 본래 있어야만 할 것에 비하여 늘어나는 것이 아니다. 또한 곤궁하더라도 줄어드는 것이 아니다. 본분이 처음부터 정해져 있기 때문이다."

이 관점에서 보면 사람은 귀천에 관계없이 하늘의 영靈이다. 곤궁한 사람이 한 명이라도 굶어 죽는 일이 있다면 그것은 하늘의 영을 죽인 것과 같은 것이다. 그렇기에 성인은 백성들을 길러내는 것을 근본으로 하는 것이다. 기아가 발생한 해에는 그러한 생각을 가지고 지도자들이 굶주린 사람들을 구제하기에 그대의 주인도 그러한 시책을 배워 그렇게 행한 것이다. 그 훌륭한 뜻은 누구라도 배우고 싶어 하는 것이다.

묻기를 | 다음은 친척에게 축하할 일이 있을 때 선물을 주고받는 것에 대하여 묻고 싶다.
주인은 선물을 종래의 3분의 1로 줄이고, 7일간 행하던 법사法事[15]는 3일로 줄였다. 그런 한편 지금까

---

15 부처님이나 선조에게 올리는 제사.

지 하루 동안 행하였던 모노이미物忌み[16]를 3일로 늘리고 승려에게 내는 식사도 종전의 50인분에서 20인분으로 줄였으며 쌀 1석이었던 절에 보내는 보시는 오히려 3석으로 늘렸다. 이것은 어찌 생각하면 좋은가?

답하기를 | 어느 정도가 격에 맞는지 잘 파악하고 하늘을 경애하는 그 뜻은 좀처럼 쉽게 갖출 수 있는 것이 아니다. 선물을 줄이고, 법사 기간을 줄이고, 참여하는 승려의 수를 줄인 것은 주인이 자신의 분수를 잘 알고 있다는 것에 다름 아니다. 법사를 할 때 목욕재계하여 몸을 깨끗이 하고 경건한 마음을 가지는 것은 예를 따르고 있음이다. 절에 보시하는 쌀의 양을 늘려 사람을 구하는 것은 '인仁의 보시'라 부르는 것이다. 늘리고 줄이는 것을 아는 것은 지智이다. 실로 주인이 지와 인의 마음을 다하고 있는 모습은 보통 사람이 아니라고 감탄할 수밖에 없다.

공자도 이렇게 말한다.[17]

"예의 본질은 길례吉礼에서는 사치를 부리지 말고 검약하라. 상례喪礼에서는 의식에 집착하지 말고 마음속 깊은 곳으로

---

16   어떤 기간 중 일상생활을 삼가며 불경, 불순한 것을 피하는 것을 의미. 주로 향이 강한 고기나 채소 등을 먹지 않고, 다른 사람과 불을 공유하지 않는 등 금기를 지키는 방식이 일반적이다. 스스로 삼가며 집으로 찾아오는 신에게 불경함을 옮기지 않게 한다는 의미가 있다.

17   『논어(팔일편)』에 나오는 말이다.

부터 애도의 뜻을 다하라."

    그런데 앞서 말한 50인분의 승려의 식사를 20인분까지 줄인 이야기인데 그것은 조금 과한 것이었는지도 모르겠다.

묻기를 │ 법사에 초대하는 승려는 한 명이라도 많은 것이 좋지 않은가? 줄이는 이유는 무엇인가?

답하기를 │ 이 화제에 딱 알맞은 예는 아니지만 그대가 이해하기 쉬운 단적인 예를 들어 설명하겠다. 그대도 태어났을 때는 갓난아기

라고 불렸었다. 이어서 이름이 지어지고 장남이니 차남이니 하며 불리게 된다. 그대의 지금의 이름은 성인이 되고 나서 붙여진 것이다. 나이를 먹으면 승려의 모습을 하여 법명이 붙여지게 된다. 그때그때의 이름을 부르면 답을 한다. 그렇다면 묻겠는데 그대의 이름은 실명인가 가명인가?

묻기를 │ 사람은 이름이 붙은 채로 태어나는 것이 아니다. 따라서 이름은 우선 일시적인 것이다.

답하기를 │ 그렇다면 뜬금없기는 하지만 그대를 '도

둑놈'이라고 이름하여 부른다면 어떤 생각이 드는가?

묻기를 | 도둑놈이라 불린다면 세상을 살아갈 수
가 없다. 그러니 화를 낼 것이다.

답하기를 | 선인善人이라 불린다면 어떠한가?

묻기를 | 나는 특별히 선한 일을 하고 있지 않으나
칭찬을 받아서 나쁜 기분은 들지 않는다.

답하기를 | 도둑놈이라고 하고 선인이라고 부르는
것. 어느 쪽도 일시적인 이름으로 외부
로부터 붙여진 이름이다. 그런데도 어찌하여 사람은 노하거나
기뻐한다고 생각하는가?

묻기를 | 어느 쪽도 일시적으로 불리는 가명일지
도 모르지만 이름이란 자신에게 깊이 관
계되어 있기에 실명과 같은 것이다. 도둑놈이라고 불리면 나도
모르게 화를 내고 만다.

답하기를 | 그럼 묻고 싶다. 그대가 손톱을 깎아서
버렸다고 할 때, 그 손톱 속에는 '손톱'이

라는 이름이 있는가? 또한 그대가 신체의 어딘가를 갈라서 그 속을 들여다본다면 그대의 이름은 그 속에 있는가?

묻기를 | 손톱을 자르거나 몸을 가르거나 하여도 그곳에 이름이 있을 리는 없다.

답하기를 | 말 그대로다. 손톱을 잘라도 몸을 갈라 보아도 그곳에 이름은 없다. 형태는 손톱이지만 이름은 곧 그대이다.[18] 신이라는 이름은 그대로 신으로 통하고 그 외에 다르게 불리는 이름은 없다. 따라서 인간의 선조는 부모이든 조부모이든 법명을 붙여서 부르면 그것이 즉 부모가 되고 조부모가 되는 것이다. 그런데 그대는 제사나 셋쿠節句[19]에 갈 때 주인 부부가 기분이 좋은 것을 원하는가 아니면 기분이 좋지 않아도 훌륭한 요리를 대접하는 것을 원하는가?

---

18 이 부분은 일본 내에서도 해석이 분분하다. 원문의 경우는 "형태는 흙이며, 이름은 즉 너이다(形は土なり名は則汝なり)"라고 되어 있다. 손톱의 일본어 발음인 츠메(つめ)를 흙을 말하는 일본어 츠치(つち)로 잘못 들어 한자를 오기하였다고 하는 설이 일반적이다. 또는 음양오행의 토를 의미하는 것이 아닌가 하는 설도 있지만, 그 경우에도 납득할 만한 유의한 해석은 아직 나온 것이 없다. 본 번역에서도 전자의 해석을 사용하였다.

19 일본의 다섯 명절 중 하나로 현재는 3월 3일과 5월 5일을 일컬음.

묻기를| 요리는 소홀하더라도 집주인의 기분이 좋은 쪽이 낫다.

답하기를| 선대 주인은 화려한 법요를 열었다고 들었다. 그것은 사실인가?

묻기를| 신심이 독실하였기에 불사는 크게 벌려서 하여 왔다.

답하기를| 법사를 할 때는 언제나 기분 좋게 즐거이 임하였는가?

묻기를| 많은 손님을 소홀히 다루지 않도록 마음을 써 아랫사람들의 손이 느리다고 주방에 있는 이들을 마구 꾸짖었다.

답하기를| 고용한 이들에게도 법사의 행하行下[20]를 주었는가?

묻기를| 어쨌든 많은 승려가 있었기에 보시만 하

---

20   고생한 이들에게 품삯 말고도 챙겨주는 돈이나 물품. 오늘날의 팁에 해당한다.

였고 그 외에 행하는 주지 않았다. 지금의 주인은 선대와는 달리 보시는 종래의 격식 이상으로 하여 세간 일반의 방식과도 선을 긋고, 출입하는 일손에게도 품삯 말고도 더하여 행하를 주는 등 무익하다고 생각되는 지출이 있었다.

답하기를 | 그런데 선대 주인은 마구 꾸짖었다고 하였는데 법사가 한창일 때 화가 나는 일이라도 있었던 것인가?

묻기를 | 아니 그런 것은 아니다. 승려만 하여도 오륙십 명은 초대하였기에 주방에도 일손이 부족하여 요리 등이 늦어져 주인도

조급하여 직접 꾸짖은 것이다. 그러한 장면이 있기는 했지만 법사는 정말 훌륭히 치러졌다.

답하기를 | 법사 중 불전에 올리는 공물은 주인이 직접 올렸는가?

묻기를 | 아니다. 주인은 그 이외의 일을 보살피는 데 분주하여 거기까지 손이 미치지 않았다.

답하기를 | 손님방에 내는 밥상이나 다과는 등은 직접 내었는가?

묻기를 | 꼼꼼하고 빈틈이 없는 성격이기에 중요한 손님에 대해서는 직접 내었다.

답하기를 | 맨 처음의 이야기로 돌아가네만 그대는 주인의 기분이 나쁠 때는 부름을 받더라도 가고 싶지 않다고 말하지 않았는가?

모든 것은 자신의 경우에 적용하여 유추하여만 한다. 법사에 있어 최고의 손님은 부모나 조부모이다.[21] 그러나 그쪽에는 얼굴도 내밀지 않고 상을 내는 것을 타인에게 맡겨둬 버리고는 부모나 조부모를 따라온 사람들에게 대접을 하였는데 그러한 방식은 예법에서 벗어나 있다. 그러한 취급을 하는 곳에 선조가 오더라도 차려진 음식을 기뻐하며 드실 수 있겠는가? 혹시 오더라도 유쾌하게 생각지 않을 터이다. 선조가 유쾌하지 않은 법사를 해 놓고 그것이 효행이라고 말할 수 있겠는가?

묻기를 | 선조는 이미 부처이니 그렇게 하더라도 상관없지 않은가?

---

21 즉 부모나 조부모의 혼령을 말하는 것.

답하기를 | 앞서 그대는 이름은 실체라고 말하였다. 불전에 계명戒名을 쓴 위패를 놓았다면 그것이 곧 선조님이다. 신불도 이름을 모시고 선조도 이름을 모신다. 이름名은 그대로 실체體를 나타낸다. 실체란 즉 마음이다. 공자도 그러한 생각에서 신을 모시는 것은 그곳에 신이 계시는 것처럼 하고 자신이 직접 관여하지 않는다면 모시지 않는 것과 똑같다고 말하고 있다. 즉 공물 등도 자신의 손으로 직접 올리고 누군가에게 대신 시키지 말라 하고 있다.

제사란 지금도 널리 행해지는 법요이다. 공자에게는 대성인의 덕이 갖추어져 있어 선조에게 제례를 행하기 전에는 반드시 머리를 감고 입욕하여 마음을 정돈하고 몸을 정갈히 하였다. 선조에의 제례에서는 이쪽이 성심을 다하면 영이 와서 올린 음식을 받으신다. 그러나 성심을 다하지 않으면 영은 오지 않는다. 성심을 다하지 않는 제례라면 할 의미도 없는 것이다.

그러한 연유로 오늘이라도 법사를 행할 때는 그저 효행하는 것을 주안으로 하여야만 할 것이다. 그러나 그대의 선대 주인은 많은 수의 승려를 초대함으로써 그들의 접대에 품과 시간을 뺏기고는 주방에는 사람이 부족하여 세세한 부분까지 챙기지 못하고, 불전에 행하여야만 하는 본래의 책무를 다른 사람에게 맡겼다. 그렇게 하여 공자의 가르침에 있는 "거기에 선조가 계시는 듯이 대접하는 것"이라 할 수 있겠는가? 자신의 분수에 맞게 사치를 부리지 않는다면 승려의 수를 많이 부르더라도 나쁘지 않다.

지금 시대의 법사 방식을 대강 살펴보면 형식이나 체면에 집착하여 사람들의 눈에 띄지 않는 주방 쪽의 일손들을 검약하고 있다. 법사를 주최하는 측의 사람 수는 적은데 손님은 많이 찾아오니 두루두루 손이 닿지 않는다. 그 결과 주인이 화를 내고 노하는 장면이 많아지고 마는 것이다. 노한 얼굴로 선조를 대한다면 법사라고 할 수 없다.

올바른 법사란 결코 마음을 어지럽게 하지 않고 평온한 표정으로 선조를 대하며 승려들 승복에 못 쓰게 된 부분이 있으면 큰마음 먹고 돈을 내어 고치게 하여 주고, 보시에도 마음을 쓰고, 출입하는 일손에게도 마음을 쓰는 것이다. 또한 법사에 관련된 이들은 누구라도 유쾌하고 감사의 마음을 품는 것. 그러한 법사야말로 진정한 법사라고 말할 수 있을 것이다. 그에 필요한 돈은 미리 새로이 예산을 정해두어야 할 것이다.

체면을 생각하여 승려를 모으니 보시를 줄일 수밖에 없게 되고 본래 하여야만 하는 것에 부족이 생기게 되는 것이다. 법사를 행함에 있어 사람을 화나게 하고 자신도 노하며, 아래 사람들은 손발이 닳도록 혹사시켜 괴롭게 하는 모습이라니 이 얼마나 슬픈 일인가.

장군의 가문에서 큰 규모의 법사를 행할 때이면 어느 번(藩)에서도 살생을 금하고 죄인은 석방한다. 이러한 진정한 법사를 본보기로 하여 자기 분수 맞게 배려하고 비용은 가능한 검약하고, 허나 필요한 곳에 써야 하는 돈은 줄이지 말고 찾아준 이들 모두가 유쾌하고 즐거워지도록 한다면 선조의 영을 공양하고 명복을 비는 진정한 법사가 될 것이다.

> 묻기를│하여간 지금의 주인이라는 사람은 가난
> 한 것을 좋아하는 건가 싶다가도, 어떨
> 때 보면 재물을 모아 쌓은 금은으로 의복

등을 주문하고, 맛있는 음식을 음미하는 것을 좋아하니 사치하는 것을 좋아하는 줄 알았더니, 또 평소에는 국 하나에 나물 하나, 절임만으로 끼니를 해결한다. 식단을 보면 1일, 15일, 28일은 가다랑어, 나마스膾[22]에 절임. 정월이나 셋쿠에는 가다랑어, 나마스, 구운 정어리, 무국에 절임. 제사를 지낼 때는 오이, 구운 만새기의 센바니船場煮[23], 가지국에 절임. 갑작스럽게 손님이 왔을 때는 오차즈케お茶漬け[24]에 절임. 대강 이런 식이다.

이러한 검소한 식단이기에 초대받아 온 친척들은 자신의 집에서 하는 격식과 큰 차이가 있음에 놀라 젓가락을 대기 어려워하고 셋쿠나 신에게 올리는 제사는 허전해지기 일쑤로 아귀餓鬼라느니 구두쇠라느니 뒤에서 험담을 당하는 것이 사람처럼 불릴 수 없는 형편이었다. 그러한 말을 들으면 불쌍한 마음이 든다.

271

---

22 잘게 자른 수육, 어육, 해산물, 채소류, 과일류 등을 넣어 식초로 버무린 초무침 요리.

23 생선과 무 등을 넣고 소금 간을 기본으로 하여 삶아서 만드는 요리. 오사카 지방 선착장에서 만들어진 것이 이름의 유래.

24 밥에 차를 부어 말아 먹는 요리. 입맛에 따라 다양한 재료를 올려 함께 말아 먹는다.

이 점은 어찌 생각하는가?

답하기를 │ 그대가 말하는 한 집안에 대한 중상비방
은 모범이 무엇인지 모르는 것에 기인한
다. 올바른 도를 지키며 모은 돈은 하늘
의 명에 부합하는 것이다. 그대의 주인은 하늘로부터 받은 재산
을 버리지 않고 하늘의 명을 거역하지 않으며 검약을 마음에 새
겨 예의 근본을 지키고 있다. 올바른 도를 행하고 있는 이가 타인
으로부터 비난을 받는 것은 세상에 흔히 있는 일이다. 『맹자(진심
상편)』에 다음과 같은 문장이 있다.

"맹자가 말하기를 선비 되는 자는 여하튼 미움을 사는 법.
『시경(패풍백주편)』에도 공자가 많은 소인들에게 미움을 받았다고
나와 있다."

이렇듯 성인의 언동은 소인의 그것과는 다르기에 공자도
일반 대중으로부터 비방을 받거나 하였다.

식단 이야기로 돌아가서 그대의 주인이 평소에는 미식을
찾지 않는 것은 자신의 분수를 아는 것이다. 세간에서는 국 두 개
와 반찬 다섯 가지라든가 국 두 개에 반찬 일곱 가지 등을 찾지
만 호사스러운 요리는 아래의 사람들에게는 걸맞지 않다. 천황
을 정점으로 하는 신분 계급에서 판단해 보면 그대의 주인이 평
소 먹는 요리는 조금 더 사치를 부렸어도 괜찮을 터이다. 그렇다
고 해서 친척들이 젓가락을 대려고도 하지 않았다는 것은 그들은

자신의 수준을 모르는 사치하는 이들이다.

작년 대기근 때 그대의 주인으로부터 살아가는 데 필요한 쌀을 조달받은 덕분에 그들은 굶주림을 겪지 않고 지냈으면서도 그때의 기억은 죄다 잊어버리고서 자신의 분수도 파악지 못하고 지금은 풍요로운 삶을 살고 있다고 하여 악담을 해대는 것은 논할 가치조차도 없는 소행이라 할 것이다. 그런 이들에 대해서도 사람으로서의 도를 알려 주고자 하는 그대의 주인은 『맹자(이루하편)』의 "중용의 덕이 있는 이는 덕이 없는 이를 가르치고, 재능이 있는 이는 재능이 없는 이를 가르친다"라는 구절을 상기시키는 중재中才[25]와 같다고 생각한다.

같은 집안의 사람들로부터의 험담을 들으면서도 넓은 마음으로 "이것을 본보기로 하라"며 열심히 보여주는 그 자세는 분명 훌륭하다고 하여야 할 것이다. 일가 사람들이 반드시 그리하리라고는 생각지 않더라도 열의를 가지고 지속하고 있음이다. 그 모습은 『논어(팔일편)』에 등장하는 노나라의 계씨[26]가 태산에서 신을 모시는 제를 행할 때의 이야기와 겹쳐진다. 공자는 제자 중 한 명이자 계씨의 가신이었던 염유冉有가 주군의 주제넘은 행위[27]를 바로잡기 어렵다는 걸 알면서도 "염유야, 너는 주군의 잘

---

25 중용의 덕을 갖추고 더하여 재능이 있는 이.

26 막강한 권력을 가지고 노나라의 정치를 전횡하던 삼환(三桓)의 대부 중 한 명인 계손씨.

27 태산(泰山)에서 임금만이 거행할 수 있는 여제(旅祭)라는 의식을 행하려고 하는 것.

못을 구제할 수 없겠느냐"라고 구태여 물으셨다는 고사이다.

묻기를 | 다음은 주인의 차남에 대한 이야기인데,
언젠가 주인은 차남이 몰래 와카和歌[28]
를 공부하고 있다는 것을 듣고는 기뻐하
며 무언가 선물을 해 주어야겠다고 하면서 커다란 주판을 3개 선
물한 적이 있다. 와카의 선물로 주판이라고 하는 것은 그야말로
나무에다가 대나무를 접을 붙인 것과 같다. 주인은 아무래도 뭔
가 방향을 잘못 잡은 것이다. 이 일에 대해서 듣고 싶다.

답하기를 | 선물하는 마음을 모르고서 웃는 그대야
말로 방향을 잘못 잡고 있다고 생각된다.
그 차남의 품행을 들은 한에서는 가업에
대한 것은 무엇 하나 노력하고 있지 않은 듯하다. 유곽에 드나드
는 주색놀음까지는 아직 손을 대지 않은 듯하지만, 요쿄쿠謠曲[29],
츠즈미鼓[30], 가학歌学에 관련되어 있다는 것. 그대의 주인은 그
일로 이전에는 기회가 있을 때마다 이야기하였을 터이다. 하지
만 그대들이 생각하는 것처럼 "차남은 유곽출입을 하는 것도 아

---

28   일본 고유 형식의 시.

29   일본 전통 연극 예능인 능악의 구절에 가락을 붙여 부르는 것.

30   장구, 북 등 가죽으로 싸서 만든 타악기류.

니고, 주변으로부터 도련님 도련님하고 불리는 몸인데도 바득바득 부모로부터 잔소리를 들어서는 오히려 반발하게 되니 사정이 나쁘지 않은가" 하고 많은 이들이 저마다 입을 모아 말하니 그대의 주인도 그 후로 입을 다물어 버린 것 아니겠는가?

군자는 근본에 힘을 다하여야 한다고 『논어(학이편)』는 강조하고 있다. 그러나 차남은 가업에 어둡다고 할 수 있는 인물이다. 이후 어디로 갈 곳이 있겠는가? 우선 불효이다. 불효의 죄는 천 개나 되는 형벌의 종류를 넘어설 정도로 무겁다고 『효경』에도 쓰여 있다. 차남은 가업에 어두우니 그대의 주인은 슬픔에 빠져 있을 것이며, 노래를 읊는다는 이유로 기뻐하신 것이 아니다. 그대의 주인이 가학歌学의 선물을 핑계 삼아 상업에 있어서 필히 지니고 있어야 하는 주판을 선물로 준 것은 차남에게 그 이유를 깨우치게 하고자 함이다.

그것을 그대들은 하나같이 모두 영리한 척하며 머리를 절레절레 저으면서 비웃고 있다. 자식을 생각하는 부모의 자애로움은 달하지 않는 곳이 없다는 『논어(위정편)』의 의미를 잘 곱씹어 보았으면 한다. 그대들의 '부시婦寺의 충'[31]은 무게 면에서 비할 바가 못 된다.

---

31 부(婦)는 궁녀를 뜻하고 시(寺)는 내관을 뜻한다. 충성은 하지만 가르치고 타이르는 것은 하지 않는 충의를 말한다. 북송시대의 시인이자 정치가인 소식(蘇軾)이 쓴 말로, 주자가 『논어집주』에서 인용하고 있는 표현이다.

묻기를 금전을 빌리러 찾아오는 친척이나 테다이가 있으면 주인은 돈을 빌려주고 말고를 말하기 전에 "지금 자산資産 상황을 보건대 가족의 생활을 유지할 수 없을 리가 없다"라고 말하며 거절하고 있다. 그러나 기질이 서로 통하는 상대에게는 갚지 않을 것임을 알면서도 빌려주니 이익이라는 것을 그야말로 무시하고 있는 듯한 방식이다. 이것의 옳고 그름을 알고 싶다.

답하기를 과연. 그 일에서는 그대의 주인의 사려 깊음을 느낄 수 있다. 그렇게 판단한 연유는 세간의 돈이 드나드는 모습을 볼 때, 가령 상대가 친척이나 테다이라 하더라도 돈을 빌려주기 전에 이 사람이 돈을 갚을 것인가 갚지 않을 것인가를 이리저리 재어보는 것이 보통이다. 그렇지만 그대의 주인은 빌려주지 않으면 살아갈 수 없을 것이라 생각되면 빌려주고, 빌려주지 않아도 어떻게든 살아갈 수 있으리라 생각되면 빌려주지 않는다. 그러한 생각은 부모가 자식을 생각하는 마음과 조금도 다를 게 없다.

그러나저러나 세상 사람 열 명 중 두세 명만이라도 이와 같은 사람이 있다면 의에서 멀어지는 사람은 줄어들 것이거늘. 돈을 자신의 것이라 생각지 않고 '자신은 이러한 일을 하는 역할을 맡은 사람'이라고 생각하는 주인의 뜻은 그야말로 세상에서도 아주 드문 것이라 할 것이다. 자신의 일족을 저렇듯 깊이 생각할 수 있으니 모두가 그대의 주인처럼 되고 싶다고 생각하여야 하지 않겠는가? 공자도 말하고 있다. "위급한 처지에 있는 이를 돕는 것이지 풍족한 이에게 보태주는 것이 아니다"라고. 위급한 처지에 있는 이를 돕는다는 것은 곤궁한 이를 돕는 것이다. 부유한 이에게 보태는 것이 아니라 함은 부유하여 여력이 있는 이에게는 도움이 필요 없다는 의미이다. 그대의 주인이 물욕을 버리고 돈을 내놓아 사람을 구제하는 것은 성인의 의지와 통하는 것이다.

다른 예를 들어 말해 보겠다. 어느 시골의 어떤 곳에 유복한 이가 살고 있었다. 그 사람은 친척에게 돈을 빌려줄 때 빌리고자 청하는 이들 모두에게 빌려주었는데 "돌려줄 마음이 있다면 빌려 가서 쓰라. 나는 돈을 빌려주는 것이 생업이 아니다. 이자는 받지 않는다"고 말하며 빌려주었다. 이렇듯 도량이 큰 사람은 좀처럼 찾을 수 없다.

그대의 주인은 어떠한가 하면 상대가 자금 부족에 빠져 있는 사정을 들어보고 충분히 납득이 된다면 언제 돌려줄 것인지는 생각지 않고 돈을 빌려준다. 이 방식은 '고료쿠킨恤力金'[32]이라고 불리는 '빌려준 돈을 되찾지 않는 방법'과 닮았고 세상의 굶주린 이들을 구제하는 것이다.

묻기를 | 주인은 신궁이나 절에 기증을 하거나 건

---

32   베푸는 돈이라는 뜻.

물을 짓는 것도 그리 좋아하지 않는다. 내세는 무엇으로 다시 태어나려고 저러는 것인지 지금까지 다음 세계에 대한 선사善事는 아무것도 하지 않고 있다. 좌우간 요즘 풍조와는 다르다.

답하기를 | 지금까지의 이야기로부터 추측해 보자면 그대의 주인이 가진 신심信心에 걸맞은 신주나 승려가 주변에 없기 때문이 아니겠는가? 신사의 건립을 싫어하는 사람으로는 생각되지 않는다. 옛날을 되돌아보아도 봉하장奉賀帳[33]을 한 손에 들고 우지코氏子[34]나 단카檀家[35]를 돌면서 싫다는 사람에게 억지로 봉하를 권하고, 그런 식으로 모은 돈으로 신사나 절을 세웠다는 창건 이야기는 들어본 적이 없다. 신사나 절의 창건자 정도 되는 이들은 모두 덕을 갖추고 있기에 신도나 불교의 지도자가 된다.

신의 마음을 헤아려 보면 우사하치만구宇佐八幡宮[36]의 신탁에 "매일 공물을 올리는 이가 오지 않아 돌이나 철붙이를 먹게 된다 하더라도, 마음이 탁하고 더러운 이가 헌상한 것은 받지 않겠

---

33 절이나 신사에 기증한 사람을 기록하는 명부.

34 일정 구역의 신사를 중심으로 같은 신을 모시는 한 고장에 태어난 사람들.

35 일정한 절에 속하여 시주를 하며 절의 재정을 돕는 가문이나 사람.

36 우사진구(宇佐神宮)라고도 불리는 전국 약 44,000곳의 하치만구의 총본산으로 오이타현(大分縣) 우사시(宇佐市)에 위치해 있다. '하치만구'라는 명칭은 야하타노카미(八幡神)라고 하는 무운(武運)의 신을 모시는 곳을 의미한다.

다"라고 되어 있지 않은가? 게다가 자애롭고 순수하며 올바른 마음을 가진 신이라 하더라도 마을 사람들의 마음이 담겨 있지 않은 돈을 공양받아서 기쁠 리가 없다.

이세진구伊勢神宮의 보칙宝勅[37]에도 이러한 내용이 쓰여 있다.

"나(아마테라스오미가미)의 백성이 거짓이나 모략을 부리고 그리하는 것이 착한 일이라고 믿고 행하였다 하더라도, 반드시 하늘의 신의 노여움을 받아 네노쿠니根の国[38]에 떨어지게 될 것이다. 올바른 마음으로 행한 것이 나쁜 결과로 이어졌다 하더라도 반드시 신의 은혜가 내려질 것이다."

신이 받아 주지 않는데 마을 사람들을 힘들게 하여 돈을 공출하는 것은 신의 마음에 반하는 것이 아닌가? 신주神主[39]되는 자는 신탁에 따른 신의 마음을 알아야만 한다. 무엇이든 신의 마음을 알려고 하는 덕이 있는가 없는가 하는 문제이다. 고대 중국 하나라의 우왕은 유묘有苗[40]를 복종시키려 보내었던 군사들을 물리고 자국에 덕이 있는 정치를 행하였더니, 그 모습을 본 유묘가 70일 후에 항복하였다는 고사도 있다.

---

37   신의 계시. 신탁, 탁선.

38   죽은 이들의 나라.

39   신사의 신관이나 또는 그들의 우두머리.

40   삼묘라고도 불리었던 이민족을 지칭하는 말. 묘족의 기원과도 연관되어 있다고 한다.

일이 잘 성취되지 않을 때는 자신을 되돌아보는 것이 좋다. 부끄러운 짓을 하였음을 깨닫게 되는 경우도 많을 것이다. 신을 섬기는 것은 마음을 명확히 하기 위해서이지만 마음을 잘 모르면 오히려 일찌감치 신벌을 받게 될 것이다.

한편 불교는 '오계'를 지키는 것으로써 부처의 제자가 되지 않던가? 그러함에도 절을 고치거나 할 때 풍족한 절이라 하여도 세상의 관습에 따라 각 집에 봉하장을 보내거나 하는 경우가 있다. 그때 강제로 권하거나 하면 단카가 성가셔하고, 사실 그다지 내고 싶지 않은 돈을 내놓게 하여 사람을 괴롭히고 상처를 입히는 것은 살생과 같다. 만약 하나의 계율이라도 어긴다면 그때부터 오계를 모두 어기는 것으로 이어진다. 그 증거를 들어 설명하고 싶다.

『아곤달마대곤파사론阿毘達磨大毘婆沙論』[41]에 어떤 사내 재가신자在家信者의 이야기가 나온다.

그 사내는 성격이 온화하고 머리도 좋아 오계를 언제나 지키고 있었다. 어느 날 가족에게 많은 수의 손님이 찾아왔기에 사내는 혼자서 식사를 하였는데 요리가 너무 짜서 목이 말랐다. 그때 저기에 술을 담은 그릇이 하나 놓여 있었는데 그것이 마치 물처럼 보였다. 사내는 갈증을 견디지 못하고 그것을 마셨다. 음주계를 어긴 것이다. 그때 이웃에서 키우던 닭이 집안으로 들어왔

---

41 불교 주석서의 한 종류로 불전 번역의 대가였던 중국 당나라 시대의 승려 현장(玄奘)의 역본을 주로 지칭한다.

다. 사내는 그 닭을 죽여서 잡아먹었다. 살생계와 투도계를 어긴 것이다. 거기에 이웃의 딸이 닭을 찾으러 왔다. 사내는 그 여인을 겁박하여 범하였다. 사음계를 어긴 것이다. 이웃은 크게 노하여 관리에게 고하였다. 그러나 사내는 저항하고 싸움을 벌여 망언계를 어겼다.

이렇듯 하나의 계율을 어긴 것이 발단이 되어 오계를 모조리 줄줄이 어기고 부처의 죄인이 되는 것이다. 그러나 불심을 깨달으면 설령 봉하를 권하는 일이 있더라도 권하는 방식을 어찌할 것인가가 그대로 가르침이 된다.

옛날에는 올바른 도를 알아 덕을 쌓은 사람들과 만남으로써 깊이 감동하고 감명을 받은 이들이 간절히 원하여서 신사나 절을 건립해준 것으로 생각된다. 그 점을 생각해 보면 오늘날에도 도를 깨우친 덕 있는 신주나 승려가 사람들을 가르치고 이끌어 상가의 부자나 권세깨나 있는 이들도 그러한 이들로부터 가르침을 받아 마음이 안락해지고 생사에 관한 의심도 사라지게 된다면, 신주나 승려가 봉하장을 내지 않더라도 어떤 신사나 전당이든 지을 수 있을 것이다. 그 옛날도 지금도 사람의 마음은 하늘의 명에 따르고 있다. 아무리 시대가 바뀌었다 한들 그 점은 조금도 바뀌지 않았다.

신사나 절에 봉하는 사람에게 설령 머리카락 한 올만큼이라도 사심이나 사욕이 있다면 그 사람은 불의를 범하고 있는 것이라 봐야 한다. 그대의 주인에게 올바른 마음이 갖추어져 있다면 그와 같은 불의에는 가담치 않을 터이다. 봉하를 하는가 하지 않는가 하는 문제가 아닌, 그저 불의에 편들지 않을 뿐이다. 사후에 자신이 무엇인가로 다시 태어나고 싶다는 마음도 있을 리 없다. 그대의 주인은 그날그날에 의를 다하고 내일의 일은 천명에 맡기고자 하고 있다고 생각한다.

맹자는 "단명하거나 장수하는 것을 둘로 보지 않고 다만 자신을 닦으며 하늘의 명을 기다릴 뿐이다"[42]라고 말하고 있다. 그것이 지금도 통용될 터이거늘 많은 이들이 올바른 틀에서 벗어나 성인의 가르침과 다르게 살고 있다. 그러한 풍조 속에서 그대의 지금 주인은 성인의 가르침을 잘 지키고 있는 이라 할 것이다.

묻기를 | 『중용(제14장)』에 군자는 오랑캐의 땅에 있다면 오랑캐처럼 행한다고 나와 있다. 『논어(팔일편)』에는 군자는 다툴 일이 없다고 나와 있다. 그런데 주인은 친척과 하나하나 부딪치고 맞서고 있다. 이것은 어떠한가?

답하기를 | 그대는 경서들을 자주 읽고 있는 모양이지만 조금도 도리를 이해하고 있지 못한 듯하다. 정자는 열일곱 열여덟 살쯤에

---

42   『맹자(진심상편)』에 나오는 요수불이(夭壽不貳)라는 구절을 인용하고 있다.

『논어』를 읽었고 당시 이미 그 문장들의 뜻을 이해하였다고 주자가 『논어집주』에 쓰기도 하였지만 책을 읽는 것은 쓰인 것을 자신의 피와 살로 바꾸기 위함이다.

군자가 오랑캐의 땅에 있다면 오랑캐처럼 행한다고 한 것은 오랑캐의 법에 반하지 않고 더불어 도에 맞도록 행하여야만 한다는 의미이다. 또한 군자는 다툴 일이 없다고 한 것은 의에 반하여 사람과 다투지 말아야 한다는 의미이며 의를 통하여 다른 불의를 바로잡는 다툼은 마땅히 있어야 한다. 탕왕은 의에 따라 악한 군주인 하나라의 걸왕을 이윤에게 명해 토벌하였고 남동으로 추방하였다. 이 일도 자신의 의에 따라 싸운다는 역사 속의 증거라 할 것이다.

지금 그대의 주인은 천하의 법을 지키며 의에 따라 행하고 있으니 그것은 법을 어기고 호사스러운 생활을 하는 불의한 이들과 대립하는 것이고 싸우고 있는 것이라 할 것이다. 허나 친척은 말할 것도 없고 말단의 테다이에 이르기까지 누구 하나 주인의 편이 되어 주고자 하는 모습은 보이지 않는다. 그러한 처지임에도 그대의 주인은 총령가惣領家[43]라는 자리의 무거움을 알고 있다. 만사의 근본을 바로잡고자 하여 사치를 피하고 검약하는 것으로서 예의의 근본이 무엇인가를 알려주고 싶다는 마음을 가지고 말단의 테다이 한 명도 내버려 두지 않고 돌보고 있는 것이다.

43　분할 상속이 행해질 때 주요 소득원과 가산을 계승하는 이로, 가독을 물려받고 집안 내의 다른 남자(서자)를 비롯하여 여성들을 통솔하였다.

그야말로 탄복할 일이다. 그렇듯 올바른 도를 따르고 있는 이가 본가에 있으니 일가 일족의 보물이라고 불러야 할 터이다.

　이러한 것의 의의를 모르는 것은 모처럼 보물이 가득 묻힌 산속에 들어가서는 빈손으로 돌아오는 것과 같다. 그만큼 덕이 있는 그대의 주인이 세간에 널리 알려지지 못한 것은 도대체 어찌 된 일인가? 친척이나 집안사람들은 그것을 알지 못하고 있을 뿐만 아니라 불의를 통하여 의를 저버리고자 하니 그것은 잘못된 것이다.

　그대도 현명하고 덕이 있는 주인의 인애의 마음을 전혀 알지 못하고서 엉뚱한 험담이나 하는 이들에게 동조하며 주인을 비방하고 또 비난하고 있다. 하지만 그것은 그대의 어리석음에서 비롯된 것이기에 주인은 관용의 마음으로 계속 용서하여 온 것이다. 그대도 그와 같은 넓은 마음으로부터 배워 이후에는 지금까지의 잘못을 뉘우치고 주인에게 충의를 다하는 것이 좋을 것이다. 그렇다 치더라도 그 많은 사람들 중에 그리 덕이 있는 주인의 우군이 되어 힘을 보탤 이가 없다는 것은 참으로 애석하고 슬퍼해야만 할 일이다.

　앞선 손님이 나가고 나서 함께 앉아 있던 다른 손님이 입을 열었다.

경영자란 어떠해야 하는가?

묻기를 ┃ 맨 처음부터 문답을 쭉 들으면서 생각해 보았는데 그대가 말하는 것은 이치에 맞고 올바른 도에 반하는 것도 아니었다. 그러나 지금의 세상을 모른다는 생각도 든다. 시대착오에 빠져 있다면 세상과 의사소통을 하는 데 지장에 생긴다. 세상과 교류가 결여되고서야 사람의 도라고 말할 수 없을 것이다. 대성인 공자도 "금수와 함께 살아갈 수는 없다. 사람과 함께 살아가지 않고 누구와 살아갈 수 있다고 하는가"라고 말하며 사람과의 교류가 끊기는 것을 슬퍼하였다고 하지 않는가?

좀 전의 손님은 선대의 주인이 다른 사람에게 돈을 빌리고 갚지 않고서 죽어 버린 것을 두고 행운아로서 생을 마감하였다고 평하고 있었는데 그것은 분명 크게 잘못된 것이다. 하지만 지금 주인의 방식처럼 설령 작금의 나라 법에 저촉되는 것이 없더라도 여염의 사람들과 달리 행하며 세간과 접하는 부분을 끊고 사는 것은 말하자면 한쪽은 너무 과하고, 한쪽은 너무 삼가니 양쪽 모두 표준이라고 말할 수 없다. 그 둘의 중간이 되는 행동을 한다면 잘되지 않겠는가?

앞선 문답에서도 나온 기모노에 대한 것을 말해 보자면 무명 솜옷에 삼베 가타비라, 다카미야하오리는 세간의 표준에 미치지 못한다. 그리 생각해 보면 즉각 세간과 잘 어울리는 것은 기대하기 어렵다. 그렇게 세상 수준이라고 말할 수 없는 상황을 그대는 높게 평가하고 있는데 어떤 이유인가?

답하기를 | 그대의 말처럼 사람의 도를 끊는 것은 큰
죄이다. 지금 내가 말하는 것은 인륜이
라는 도에 관해서만이다. 공자는 그대가
말하였듯이 금수와 무리를 함께 할 수 없다고 하였다. 지금의 세
상은 도가 쇠퇴하여 버렸지만 대성인이 말하고자 하였던 것의 의
미는 사람과 교류하여 흐트러진 윤리를 바로잡고 오래전의 '도'
로 되돌려 놓고자 하는 것이다. 그러나 그대는 무도無道한 이들
을 바로잡지 않고 그저 사람과 함께하는 것이 가능하면 그걸로
충분하다고 생각한다는 것인데 그것은 잘못된 것이다. 예를 충
분히 알고 나서야 사람이다. 단, 예 하나만 마음에 새겨 둔다고
해서 그것 또한 인륜이라고는 할 수 없다.

『맹자(진심상편)』에 이러한 말이 나온다.

"먹을 것을 주더라도 사랑하는 마음이 없다면 그것은 돼지
를 대하는 것과 같다. 사랑하더라도 상대에 대한 존경이 없으면
그것은 가축으로서 사육하는 것과 같다."

즉, 이 말이야말로 예가 결여되어서는 사람과 함께하였다
고 할 수 없음을 보여주는 증거일 것이다. 겨울의 무명 솜옷이나
여름의 삼베의 홑겹 가타비라는 신분의 높고 낮음에 따라 정해
진 것이 있어 법을 어긴 것도 아니며 모두가 예에 적합하다. 일례
를 들어 설명하겠다. 여기에 적에게 주군을 잃은 가신들이 가득
있다고 해 보자. 그렇다면 모두가 마음을 하나로 모아 복수를 도
모하는 것이 무사도武士道이다. 그러나 각자의 마음이 다를 때에

"많은 이들이 복수하자고 말하니 일단은 그 의견에 따를 수밖에 없지 않겠는가"라고 하면서 주군의 원수를 못 본 척하고 무사도를 버릴 수 있겠는가? 설령 많은 이들이 복수를 반대하더라도 이를 따르지 않고 원수를 치는 것. 그것이 무사이다. 지금의 세상과의 교류도 이와 같다. 설령 비웃는 이가 있다고 하더라도 어찌 상하의 예를 뒤흔드는 짓을 하겠는가.

알기 쉽게 말하자면 카가지방의 비단 加賀絹은 하부타에 羽二重와 닮았고, 명주는 무명과 닮았기에 성인의 가르침을 알고 있는 이라면 천황을 황공해하여 명주를 입음으로써 신분의 상하에 대한 예를 존중할 것이다. 이에 반하여 성인의 가르침을 모르는 이는 카가지방의 비단을 입고 신분을 넘어 버려 법이 정한 존비귀천 尊卑貴賤의 예를 어지럽히며 생각지도 못하였던 죄인이 되어 버리는 경우가 있다. 이런 것들은 성인의 가르침에 무지하였기에 야기된 악재라고밖에 말할 수 없다.

성인의 가르침을 이해하면 세간과의 사귐도 끊기지 않으며, 호사스러운 삶에 빠지는 일도 없이 항상 삼가는 태도로 사람과 접하게 되기에 사람들에게 미움을 살 일 없이 소탈히 사귈 수 있다. 한편 가르침을 모르는 이가 많은 재산을 가지고 있으면 자신의 분수를 모르고 거만해지고 고압적인 행동거지를 하기에 세간 사람들은 증오를 품게 되고 밖으로는 평범하게 대하지만 마음은 언제나 떠나 있게 된다.

『논어(자로편)』는 이렇게 빗대고 있다.

"군자는 마음이 넓고 묵직하여 으스대지 않지만 별 볼 일 없는 인간은 마음이 좁고 으스대며 차분함이 없다"

여기서 말할 수 있는 것은 사치를 부리던 이가 몰락하여 빈 궁해지면 수치를 모르게 되어 도둑질에까지 손을 대는 자가 나온다. 그러나 분수를 알고 검약하고 있었다면 예법에도 합치하기에 안심할 수 있다.

공자는 이렇게도 말하고 있다.

"삼베의 얇은 실로 짠 관을 쓰는 것이 예법에 맞지만 지금은 명주로 만든 것을 쓴다. 이것이 검약이므로 나도 여러 사람들이 하는 바를 따르리라. 임금께 마루 아래에서 절을 하는 것이 예법이나 지금은 마루 위에서 절을 한다. 이는 교만한 것이니 비록 여러 사람들과 다르더라도 나는 마루 아래에서 절을 할 것이다."

공자가 말하는 것은 세상을 대할 때 예법에 반하는 것이라도 의에서 벗어나지 않는다면 세간에서 넓게 행하여지는 것을 받아들여도 상관없지만, 의에서 벗어난다면 받아들일 수 없다는 것이다. 사치만큼 해가 큰 것도 없음이다.

계절이 겨울이 되어 초목이 말라버리는 것은 봄이 되어 다시 자라나려고 하는 전조이다. 성인이 검약을 근본으로 하여 사치를 피하는 것은 평소에 돈을 비축하여 두고 흉작과 같이 형편이 좋지 않아지는 때에 베풀고자 하는 생각에서 비롯하는 것이다. 검약하는 것은 백성을 위한 것임을 알아야만 한다. 신분이 낮더라도 한 가문의 수장 정도 되는 이라면 그러한 것을 본보기로 삼아 어느 친척이라도 자신의 가족처럼 여기어야 한다. 그들이 어려운 처지가 되었을 때 도움의 손길을 내미는 것이 자신의 사명이라고 생각한다면 평소에도 검약 이외에 다른 것에는 마음이 가지 않을 것이다.

검약을 인색한 것이라고 오해하여서는 안 된다. 성인이 말하는 검약이란 사치를 피하여 예법에 따르는 것이다. 앞선 손님이 말하였던 지금의 주인의 행동은 모든 것이 예법을 따르고 있다. 일반적으로 성인의 행동에 합치한다면 그 행동은 '중용'이라고 할 수 있다.

그러나 그대는 선악을 찬찬히 생각해 보지 않고 '중간'을 취해야 한다고 주장하고 있다. 선악을 검토하지 않고 양자의 정중앙을 취하는 것은 맹자의 말을 빌리자면 한 가지 것에 집착하여 그 이외의 많은 중요한 것을 소홀히 해버리고 마는 것이다.

그것은 그때그때의 행동을 때에 맞게 행하는 것에 지장을 주는 것으로 '시중時中'을 해하는 것이다.[44] 맹자는 "하나의 생각만을 고집하여 융통성이 발휘되지 않으면 올바른 중용의 도를 해친다"고 하며 양주楊朱[45]나 묵적墨翟[46]을 비판하였다. 『맹자(진심

---

44 주자는 『논어집주』에서 "가운데만을 취하는 것은 때에 맞게 하는 것을 해치는 것"이라고 해석하고 있다. 여기서 가운데만을 취하는 것이 집중(執中)이며 때에 맞게 행하는 것이 시중(時中)이다.

45 위아설(爲我說), 개인주의를 주창하였던 양자.

46 겸애설(兼愛說), 박애주의를 주창하였던 묵자.

상편)』에서 "자막子莫은 중中을 잡는다"[47]라고 말하는 것도 바로 그 의미이다.

　앞선 손님이 말한 지금의 주인의 행동을 유심히 관찰하여야 할 것이다. 그 행동에는 무엇 하나 단지 자기 마음대로인 것이 없다. 친척에서부터 테다이에 이르기까지 자식을 생각하는 마음으로 대하고 있다. 그 옛날 성인은 백성을 자신의 아이처럼 생각하며 정치를 하였으니 그에 빗대어 보면 그 품어야 하는 것의 범위가 큰지 작은지 차이만 있을 뿐 그 뜻은 같은 것이다.

　그러한 것도 모르고 단순히 주인을 세간의 사람들과 다르다고 생각하는 것은 큰 잘못이다. 세상의 부유한 이들이 형편이 곤란한 자신의 친척들을 받아들이고 돌보게 된다면 굶주리는 처지까지 몰리는 이들은 없어질 터이거늘 오히려 그런 도를 갖춘 이를 비판하며 비웃는 것은 참으로 슬픈 일이 아닌가?

47　자막은 양자의 위아설과 묵자의 겸애설의 중간을 취하고자 하였는데, 중간을 잡는 것은 좋지만 저울질 없이 단순히 중간을 취하는 것은 중간을 고집하는 것밖에 되지 않는다고 맹자는 비판한다.

천지개벽이 말이 되는가?
或人天地開闢の說を護の段

묻기를 │ 『일본서기』의 신대권에 이러한 말이 있다.

"아주 먼 옛날, 천지가 아직 갈라지지 않았을 때, 음양의 구별도 없고 깨어나기 전의 달걀처럼 혼돈한 상태 속에 어렴풋하게 싹이 들어 있었다. 그 깨끗하고 밝은 것이 하늘이 되었고 무겁고 탁한 것은 땅이 되었으며 그 사이에서 신이 태어났다. 그때 하늘과 땅 사이에서 무엇인가 하나가 또 태어났다. 그것은 마치 갈대의 싹과 같은 모습을 하고 있었다. 그것이 곧 신이 되고 구니노토코타치노미코토 国常立尊[1]라고 스스로를 불렀다."[2]

이것은 상당히 괴상한 이야기이다. 천지가 아직 열리기 전의 이 세상에 누군가 사람이 태어나서 수백억 년이나 장수하여

---

1 구니노토코타치노미코토는 일본 신화에 등장하는 신으로 『일본서기』에서는 최초의 신으로 기술되고 있다. 일본 신화의 근원신으로 불린다.

2 이 문객이 인용하고 있는 『일본서기』의 내용은 중략된 부분이 많다. 세상이 탄생하는 모습을 묘사하는 부분들을 생략한 채 인용하고 있다.

자신이 본 것을 후세에게 전하다니 그것이 어찌 가능한가?[3] 만약 후세에 전하지 않았다면 애당초 그런 이야기의 자취조차 남지 않을 것이니 실로 괴상한 이야기라고밖에 할 수 없지 않은가? 그대는 어떻게 이해하고 있는가?

답하기를 | 그대가 지적하듯이 세상의 많은 사람들은 그 이야기에 의문을 가지고 있다. 그러나 그 부분은 '성리'에 대하여 모르는 이가 슬쩍 보아서 이해할 수 있는 그런 단순한 내용이 아니다. 그대가 그 이야기를 기괴하다고 치부하는 것은, 설마하니 그렇지는 않으리라 생각하지만, 그대가 쇼토쿠 태자聖德太子[4]나 도네리 친왕舍人親王[5]보다도 그릇이 크다고 생각하고 있는 것 아닌가?

답하기를 | 당치도 않다. 나 따위가 감히 그런 위대한 이들에 미칠 리가 없다. 단지 그것과 별개로 천지개벽의 이야기는 기괴한 이야기이다.

---

3 가정형으로 묻고 있어서 한눈에 이해하기 어려울 수 있는데, 결국 질문하고 있는 바는 "사람이 아직 생겨나기 전인 '무의 상태였던 세상'과 '신'에 대한 이야기가 어떻게 기록되어 지금 전해질 수 있는가?"이다.

4 6세기 말 일본 용명천황의 아들로 태어나 일본의 불교를 중흥시키고 관료제를 정착시킨 인물로 알려져 있다.

5 일본 아스카시대의 왕족으로, 『일본서기』의 편찬 책임자로 알려져 있다.

천지개벽이 말이 되는가?

답하기를 | 쇼토쿠 태자나 도네리 친왕에게는 성스러운 덕이 있다. 세간에서 현자라고 칭송받았던 이들의 이야기가 이 나라의 역사기록으로서 후세에 전해지고 있는 것은 무엇 때문이겠는가? 그것을 우선 생각해 보아야 할 것이다. 이 두 분[6]은 천지가 아직 열리지 않아 혼돈스러웠던 때에 과연 사람이 이미 존재하고 있었다고 생각하였겠는가? 그 정도는 지금 시대의 학식이 없는 이들이라도 아는 것이다. 그러한 점에 주의를 기울이지 않는 것은 너무 어리석은 것이다.

역으로 묻고 싶다. 신성神聖 속에서 태어났다고 하는 신은 지금도 존재하는가 그렇지 않은가? 존재하지 않는다면 지금의 일본은 신국神國이라고 부를 수 없게 된다. 만약 그 신이 존재한다고 하면 어디에 있다고 생각하는가? 혹은 옛날에는 있었는데 지금은 어딘가에 숨어 있는 것이겠는가? 그런 것을 계속 묵상默想한다면 아마 밤이 새어버리지 않겠는가?

그대는 자신의 마음이 편협한 것은 알지 못하면서 마음이 넓은 도네리 친왕이 쓴 것을 버리려고 생각하였다면 그것은 칠흑같이 어두운 밤에 등롱 하나를 매고서는 하늘을 올려다보는 것과 같다. 이렇게 말하는 나 역시도 이전에는 '천지가 아직도 열리지 않았다는 언설'은 있을 수 없는 말이라고 주장하여 사람들을 혼

---

6   쇼토쿠 태자와 도네리 친왕.

란케 한 적도 있었지만[7], 지금 생각해 보면 천박한 소견으로 지난 날의 사람들을 비방하였구나 하고 후회하고 있다.

그러나 얕은꾀나 부리는 무리가 열 명 모인다면 그중에서 아홉은 찬성하는 이야기이며 그대와 같이 주장하는 사람을 오히려 학식이 있는 이라고 생각하게 되는 것이다. 다소라도 학문을 한 이에게 그대의 생각을 들려준다면 이 무슨 독창적인 생각인가 하고 감탄하며 그대를 지식인이라고 생각할 것이다. 그러나 지식인이라고 불리는 그대의 어리석음은 그대를 지식인이라고 부르는 이들의 어리석음을 뛰어넘는다는 걸 알아야만 한다. 내가 지금 지적한 점에 주의를 기울이면 천지개벽설에 대한 의심이 풀리는 시기도 올 것이다.

그것은 그렇다 하고, 역易에 대해서인데 『역경』의 「계사하전繫辭下伝」에도 쓰여 있듯이 복희가 팔괘八卦를 처음 만들었다고 전해진다. 괘사卦辭는 주왕조의 창시자 문왕이 시작하였고 효사爻辭는 문왕의 아들인 주공단이 시작하였으며 64괘로 발전시켰다. '십익十翼'이라고 불리는 해설인 '전伝'은 공자가 완성하였기에 세 명의 성인을 걸쳐서 명확히 된 것이다.

역은 변화하지만 고금을 통틀어 불변하는 것은 '리'[8]이다.

---

7   『고서기』 등에 기록된 일본 신화에서 국토창성(國土創成)을 설명할 때 하늘과 땅이 아직 갈라지지(分 또는 開) 않았을 때부터 이야기가 시작되는데 이시다 바이간 자신도 이러한 내용이 말이 안 된다고 생각한 적이 있었다며 고백하고 있는 것이다.

8   도리(道理), 성리(性理), 원리(原理).

그 리라는 것은 천인일치天人一致하여 오늘에 달하고 있다. 사람도 짐승도 각각 세대를 더하여 가면서 면면히 이어져 온 것이 리인 것이다. 그렇게 계승되어 온 것을 안다면 의심은 금세 깨끗이 사라질 것이다. 앞서 말한 천지가 아직 열리지 않았다는 이야기 혹은 "하늘은 자子시에 열리고, 땅은 축丑시에 열리고, 사람은 인寅시에 열린다" 따위의 말들이 괴상하다고 느껴질 테지만 실은 어느 것도 납득할 수 있는 점이 있다. 단 이들 언설도 말에만 집착하여 보면 그 본질을 볼 수 없게 되기에 주의하여야 한다.

역의 괘를 달에 빗대어 음양의 관계로서 설명해 보겠다. 음력 10월에는 음이 극에 달하여 순음純陰이 된다. 11월의 동짓날에는 양이 처음으로 태어나 '일양래복一陽來復'이라고 불리지만 천지 사이 어디를 보더라도 다시 양이 돌아왔구나 하고 할 만한 것을 눈으로는 확인할 수가 없다. 그 초양初陽은 고요히 숨어 있기에 보이지 않는 것이다. 정월에는 삼양三陽이 태어나 꽃이 피고 새가 운다고 하지만 실제로는 그렇게 되지 않는다. 한편 건乾은 용이라 하고 곤坤은 암말이라 하여 음양을 용과 말에 빗대고 있다. 이것도 쓰인 문자에 집착하게 되면 음양은 곧 용과 말이 되어야만 하는 것이지 않은가.

그런데 그대는 주공단이 비유한 표현들에는 의심을 품지 않으면서 도네리 친왕이 설명한 갈대 싹의 비유를 의심하는 것은 어째서인가? 만물은 상象을 빌려 본질을 나타내고 있다. 그 본체는 미묘한 리로서 나타내어지기에 눈으로 보아서 알 수 있는 것이 아니다. 그러나 보이지 않는다고 하여 그렇지 않다고 부정해 버리고 옛사람들의 서적을 찢어 버려서야 되겠는가? 천지가 아직 열리지 않았다는 이야기도, 하늘은 자시에 열린다는 이야기도, 천지는 자연의 순리라는 도리를 알기 쉽게 가르치기 위한 설명에 불과하다는 것을 알아야만 할 것이다.

자기 자신의 본성을 알고 난 후 다양한 이야기들을 새로이 고쳐 읽어 본다면, 지금까지 몰랐던 것이 손바닥을 들여다보는 것처럼 명명백백히 보이게 되기에 의심은 운산무소雲散霧消[9]할 것이다.

그리고 지금 초목이 새로이 자라나는 것을 관찰하면 시작은 종자가 흙 속에 섞여 들어가 있으니 구별이 어렵지만, 이후에 창끝과 같이 싹이 나오면 그것은 자연히 양의 형태가 되어 도네리 친왕이 쓴 갈대의 싹처럼 보인다.[10]

그 싹이 이윽고 두 겹의 잎을 열면 이것이 음이 형태이다. 날이 지나면 그 쌍잎의 틈으로부터 줄기가 자라나는데 이것이 음으로부터 태어난 양이다. 이렇듯 초목은 음, 양, 음, 양이라는 생성을 반복하면서 성장하여 간다. 『역경』의 「계사상전」에 '천일지이, 천삼지사, 천오지육, 천칠지팔, 천구지십天一地二, 天三地四, 天五地六, 天七地八, 天九地十'이라고 설명하고 있다.

9 　구름이나 안개가 흔적 없이 사라지듯 산산이 흩어져 사라짐.

10 　『일본서기』의 묘사에서는 갈대의 싹이 나오는 모습을 어금니에 비유하고 있다.

이러하여 음, 양, 음, 양이 끝없이 생성을 이어간다는 것을 알아야만 한다. 천은 1, 지는 2, 만물은 3이지만『역경(주역서괘전)』에 "천지가 있고 난 연후에 만물이 태어난다"고 써져 있듯이 천지가 먼저이고 만물은 그 뒤이다. 사람은 만물의 영장이고 만물의 상징으로서 십이지의 세 번째 인寅의 때에 탄생하였다는 이유로 "사람은 인시에 태어난다"라고 하는 것이다.

사람은 어머니의 태내胎內에 있을 맨 처음은 한 방울 물에 지나지 않는다. 그것이 이윽고 알과 같이 되고 그것이 싹을 품고 있는 것이다. 그 후에 맑은 양이 안이 비어있는 심장이 되는 것은 그야말로 하늘이 열리는 것과 통하고 있다. 그래서 무겁고 탁한 음이 형태를 가지는 것은 땅이 열리는 것과 통한다. 또한 사람의 머리마냥 높은 곳에 위치하는 것은 갈대의 싹이라고 볼 수 있다. 이런 식으로 해석하면 천지개벽으로 전개되는 '리'는 우리들 한 명 한 명의 몸에도 갖추어져 있음을 알게 된다.

이것을 잘 생각해 보면 천지개벽의 자초지종은 고금을 통틀어 불변이라는 것을 알게 된다. 그럼에도 그대처럼 지금 천지가 열리고 시작하는 것이 있다거나, 하늘은 자시에 열리고, 땅은 축시에 열리고, 사람은 인시에 태어난다는 말 그 자체를 쫓아 글한 자 한 자에 집착하여서는 서적들을 읽어도 의문스러운 것들만 가득 생겨나고 즐길 수 있는 여유 따위는 없어질 것이다. 불분명한 것이나 의문을 느껴서 벽에 부딪히고 인고의 시간을 보내는 것은 자신의 생각방식에 문제가 있다고 하여야 할 것이다.

『중용(제26장)』에 자사子思의 이러한 말이 실려 있다.

"이제 하늘은 이 소소昭昭함이 많이 모인 것인데 그 무궁無窮함에 미쳐서는 일월성신이 매여 있고 만물萬物이 덮여 있다."

이 의미를 곰곰이 음미하여야만 한다. 하늘은 광대하지만 물이 담긴 그릇 속에 비친 하늘을 보고 그 높음과 커다람을 가늠해 보아야 할 것이다. 성인이라도 천지의 밖을 돌아다니는 것이 아니다.

『논어(위정편)』은 이렇게 쓰고 있다.

"공자가 말하길 은나라는 하나라의 예를 따랐다. 무엇을 새로이 하고 무엇을 버릴지는 손익으로 알 수 있다."

이전의 시대로부터 오늘날 어찌해야 하는지를 생각하고 장래의 것은 지금의 상황으로부터 헤아려 생각해야 한다. 사람으로서 생명을 받은 이상, 인의지의 본성을 잘 알아야 할 필요가 있음은 지금도 옛날도 바뀐 것 없이 이어지고 있다. 이것을 『역경(주역상경편)』은 '건乾의 사덕四德'으로서 '원형이정元亨利貞'이라 하고 있다. 명칭은 달라도 만물의 도리는 하나이다. 물物 하나를 알게 된다면 그 속에 만물의 리가 포함되어 있다. 허나 그 미묘한 리는 그리 간단하게 알 수 있는 것이 아니다. 자신이 가지고 있는 의문을 푼 이후에 곰곰이 생각해 보아야만 할 것이다.

그렇지만 지금 시대의 사람들은 문자 그 자체에 집착하여 이런저런 작위적인 것들을 하기에 시야가 좁아지고 옛사람들의 마음을 점점 더 이해할 수 없게 되고 있다. 그 결과, 일본 서적과

한문 서적의 문학에 조예가 있을수록 그것이 마치 학문의 덕인 것마냥 착각하여 자만하게 되는 이들이 늘어나고 있다.

　　문학을 자만하는 이를 비유하여 말하자면, 사람의 재산을 비교하면서 "저 사람은 열등하다", "내가 더 낫다"며 자랑하는 것과 다를 게 없다. 그러한 것은 공부를 한 사람으로서 가장 부끄러워해야 할 것이다. 돈을 벌고, 모으고, 지출을 아끼면 재산은 자연히 쌓여 간다. 문학도 그러한 것으로 수년 동안 빠지는 날 없이 꾸준히 익힌다면 그러하지 않은 사람에 비하여 확실히 나아질 것이다. 그사이에 익혀야만 하는 것은 익히고 필요한 것을 써서 남겨 둔다면, 많은 사람들이 부대끼며 웅성대는 사이에서도 행복을 찾아내고 생활도 풍요로워질 것이다.

　　학자로서 그저 단순히 서적을 많이 읽는 것만으로는 거기에 쓰여 있는 성인의 진의라든가 『일본서기』와 같은 역사서의 깊은 부분까지 알 수 없다. 그러나 그대는 거기까지 생각지 않고 서적에 쓰인 문장을 막힘없이 읽어 그 뜻만 알 수 있으면 그 이상은 필요 없다고 생각하고 있다. 그러한 자세는 진정한 의를 찾고자 추론에 추론을 더하는 것과는 현격한 차이가 있다.

　　이런 이야기가 있다. 어떤 유학자의 친척뻘 되는 지인 중에 시골에서 행상을 다니는 장사치가 있었다. 유학자가 그 상인에게 "그대도 조금은 학문을 하는 것이 좋지 않겠는가? 아무리 그래도 너무 무지하지 않은가"라고 말하였더니 상인은 이렇게 반론하였다.

"자신이 조금도 무지하다고 생각지 않는다. 이렇게 비단에 가격을 붙이거나 하고 있다. 어느 지역에 가져가서 팔아야 가장 좋은지까지는 아직 모르지만, 지금까지 장사로 부모와 처자를 봉양하여 왔고 집안의 대들보로서 집안을 잘 다스려 왔다. 그러니 하겠다고 마음먹고 그대처럼 읽고 쓰며 배운다면 금방 서적을 읽을 수 있게 될 것이다. 어떠한가? 그대도 하루만이라도 좋으니 나를 대신하여 행상을 해 보면 어떠한가? 자신은 장사 일을 모른다고 말할 것이라면 나와 조금도 다른 것이 없다. 자신의 직분을 잘 안다면 그걸로 족하다. 이 정도의 이치도 모를 정도면 학자로서 잘난 척할 수는 없지 않겠는가?"

그 유학자는 교토 안에서는 누구라도 그 이름을 아는 인물이었다. 허나 상인의 말을 부정하지 못하여 아무 말도 할 수 없었다고 한다.

문학의 도에 정통하지 않더라도 노자가 말한 '오유족지吾唯足知'[11]한 이는 이와 같다. 성리에 밝은 이가 문학의 도에도 정통할 수 있다면 바로 성학聖學이 발흥하고 세상에 고루 미칠 것이다.

『맹자(양혜왕상편)』에 다음과 같은 구절이 있다.

"7월, 8월에 가물 때 벼 싹이 마릅니다. 하늘이 뭉게뭉게 구름을 만들어 폭포같이 비를 내리니, 즉 벼 싹이 힘껏 일어납니다."

그러니 문무의 양도에 빼어난 사무라이로서 성리에 정통

---

11 '오로지 나의 만족함을 안다'라는 뜻으로 교토 료안지(竜安寺) 경내의 돌에도 새겨져 있다. 유오지족이라고도 읽는다.

한 이가 지금 세상에도 존재하기를 나는 염원한다. 그대도 '일리 一理'를 확실히 할 수 있게 된다면 그때야말로 『일본서기』의 "그 것이 곧 신이 되고 구니노토코타치노미코토라고 스스로를 불렀 다"라는 의미를 이해하게 되니 하늘이 주는 즐거움을 만끽할 수 있도록 성실함을 다하면서 진실의 도에 들 수 있었으면 한다.

이시다 칸페이 石田勘平 [12]

---

12   이시다 바이간이 세간에서 불리던 통칭이다. 석문심학이라는 학문의 교조로서는 이시다 바이간이라 불리었으며 본 이름은 이시다 오키나가(興長)라고 알려져 있다.

이시다 바이간의
경제사상

류영진

기타큐슈시립대학
지역전략연구소 특임준교수

이 짧은 글은 이시다 바이간의 사상을 경제학적 입장에서 그 의미를 살펴보는 것을 목적으로 하고 있다. 그는 일본 내에서는 "상인에 대한 인식을 교정하고 상업을 윤리적으로 실천"(고영란, 2017: 84)하고자 한 사상가로서 주로 소개되고 있다. 피터 드러커에 비견되면서 일본식 경영윤리의 창시자로서도 소개된다. 이시다 바이간이 학문을 닦고 전파하였던 에도시대는 도쿠가와 이에야스가 일본의 전국을 통일한 이후 약 250년간 평화가 지속되었던 시대였다. 그리고 이 평화와 안정 속에서 경제가 비약적으로 성장하게 된다. 다카시마 마사노리(2016)의 계량경제사 연구에 의하면, 에도시대 초기 100년 동안 인구는 2배 이상이 증가하였고, 1인당 GDP 성장률은 26배 이상 상승하였다고 한다. 또한 이 시기의 산업비율을 보면 상업이 공업을 앞서고 있다고 설명하고 있다. 즉, 이 시기의 일본경제는 비약적으로 성장하고 있었으며, 이 시기에 상인에 대한 사상을 설파한 것이다.[1]

하지만 이시다 바이간의 사상이 에도시대의 경제적 성장 및 상인문화와 깊이 연관되어 있다는 점에 모두 동의하면서도 정작 그의 경제사상을 짚어보고자 하는 연구는 아직 국내의 경

---

1   이시다 바이간의 사상이 경제성장 시기의 상인에 대한 사상으로서 알려져 있기는 하지만, 단순히 상인에 대해서만 한정되어 있지는 않다. 김필동(2018: 154)은 그의 사상이 추상적인 관념론에 머물지 않고 실천적인 생활윤리로 전이되어, 후대에까지 전승되는 일본인의 전통적인 사유양식이 되었다고 평가한다.

우 부족한 상황이다. [2] 국내의 주요 연구를 살펴보면 이시다 바이간이 에도시대 상인들에게 이윤추구의 정당성을 부여했음을 밝히는 연구(정지운, 2012), 동아시아의 근대적 인간관의 정립이라는 점에서 이시다 바이간의 사상과 애덤 스미스를 비교 고찰하는 연구(김동기, 2013), 이시다 바이간과 막스 베버의 경제윤리관의 비교(정지운, 2015), 이시다 바이간의 상업관에 대한 검토(고영란, 2017; 김필동, 2018) 등이 거의 전부라고 할 수 있다. 이 연구들은 이시다 바이간의 사상을 이해하는 데 아주 적절한 이정표를 제시하는 소중한 선행연구들이다.

　　이 글은 이시다 바이간의 경제사상 측면, 경제를 어떻게 생각하고 해석하고 있는가라는 그의 경제에 대한 세계관을 살펴보는 것에 집중하고자 한다. 그의 사상을 경제학적인 시점에서 풀어보고자 하는 것이다. 비약적으로 경제가 성장하는 시대를 직접 피부로 느끼며 살아가면서, 그는 어떤 식으로 경제를 인식하고 있었을까? 이 질문은 이시다 바이간이 '상인의 윤리'라는 중요한 사상적 획을 긋는 데 있어서 그 출발점이 되는 점을 어떻게 찍었는가를 묻는 것이라 할 수 있다. 즉, 경제주체들을 어떻게 보고 있는지, 시장이 무엇인지, 이윤이 발생하는 메커니즘이 무엇인

2　　일본의 경우 이시다 바이간에 대한 연구 자체는 다수 존재하지만 역시 주로 경영학, 마케팅, 윤리학, 일본사상 등의 분야에서 다루어지고 있으며, 경제학적인 조명은 거의 찾아볼 수 없다. 마케팅론 전문가인 쿠로다 시게오(2016: 67)는 경제학은 이시다 바이간의 사상이 가진 재고(在庫)와 실험적 낭비를 받아들이기 어렵기에, 이시다 바이간의 사상을 따르는 자를 이데올로그(Ideolog)에 불과한 이로 취급하는 경향이 있다고 주장한다.

지, 그리고 그가 이상향으로 생각하는 경제란 무엇인지, 이러한 것들을 이시다 바이간이 어떻게 생각하고 있었는가를 검토하고자 하는 것이다.

이를 위해서 이시다 바이간의 주 저작인 도비문답의 내용을 집중적으로 살펴보고자 한다. 그리고 필요에 따라서 도비문답의 내용을 보완할 수 있는 이시다 바이간의 여타 저작들도 일부 참고하고자 한다.

1. 경제주체 분석의 전제로서의 인간관

경제학에 있어 인간관은 중요한 비중을 차지한 다. 경제학의 한계혁명 이후 경제학이 형식논리학으로서 정교화되며 '경제적 인간'이라는 가정이 준칙으로 받아들여져 버렸고, 경제사상이 인간과 그로 구성된 사회를 어떻게 바라보느냐 하는 여부는 그 중요성이 상당히 옅어져 버렸다. "인간은 자유의지를 가진 존재 이고, 그로 인하여 경제학은 정치적 논쟁이며, 정치적, 도덕적 판단으로부터 자유로운 상태에서 확립될 수 없다.(장하준, 2014: 15)" 그렇기에 "인간이 가지는 자유의지에 의하여 모든 것이 결정된다고 볼 수 있고 경제학에서 인간의 문제가 가장 중요한 것(이미림, 2017: 62)"이라고 하더라도 결코 과언이 아니다. 이러한 의미에서 우선 이시다 바이간이 가졌던 인간관을 먼저 살펴보고자 한다. 물론 한 사상가의 인간관 전체를 살피는 것은 방대한 작업이며 이 글의 연구영역을 넘어서는 것이기에 여기에서는 경제주체로서의 인간을 이해하는 데 도움이 되는 몇 부분을 개괄하고자 한다.

이시다 바이간이 활동하였던 에도시대는 동양전통 사회에서 일반적으로 받아들여지던 '사농공상'이라고 하는 소위 사민제가 자리 잡고 있었다. 이 구분은 그대로 신분의 고하를 의미하여 무사계급을 최우위로 하고 상인이 최열위라는 인식이 일반적으로 통용되고 있었다. 이시다 바이간은 사민제 자체에 대해서는 그대로 받아들이고 있지만, 그 수용 방식은 일반적인 이해와 궤를 달리하고 있다.

사농공상의 사민 각자는 이 세상이 안정될 수 있도록 힘을 다하지 않으면 안 된다. 사민 중 어느 하나만 빠지더라도 다른 신분이 그것을 보완할 수는 없다. (…) 농민은 '초망草莽의 신하', 상인과 장인은 '시정市井의 신하'이다.

— 도비문답 2권: 상인에게 학문이 필요한가?

이시다 바이간은 사농공상이 서로를 대신할 수 없으며 모두가 같은 군주의 신하라고 설명하면서, 사민을 수직적 신분으로서의 구별이 아닌 수평적 의미의 직분, 직능의 차이로서 규정한다. 이러한 이시다 바이간의 생각은 다음과 같은 두 가지 구절에서 더욱 구체적으로 파악된다.

자기 자신도 세계 속의 하나의 물체가 됨이다. 그때 사람과 쌀벌레 어느 쪽이 더 귀하다고 말할 수 있는가? (…) 만물에 하늘이 부여한 도리는 평등하다. 하지만 그것이 드러나는 '형태'에는 귀천貴賤의 나누어짐이 있다.

— 도비문답 2권: 속인들은 왜 살생을 하는가?

모기의 유충인 장구벌레는 물속에서는 사람을 무는 법이 없지만 모기로 성장하면 금세 사람을 문다. 이것도 형태에 마음이 나타난 것이다. (…) 개구리는 자연히 뱀을 무서워한다. 어미 개구리가 자식에게 "뱀은 너를 잡아먹으려 하니 무서운 놈이다"라고 가르쳐 그 새끼가 그것을 배워 익혀가며 다시 다음 세대에게 그것을 전해온 것이겠는가? 개구리의 형태로 태어난다면 뱀을 무서워하는 것은 형태가 그대로 마음을 비추고 있기 때문이다.

— 도비문답 3권: 성과 리란 무엇인가?

이시다 바이간은 인간을 포함한 모든 자연만물은 자신의 가진 형태, 즉, 그 자신의 존재를 가름 짓는 그 자체에 의하여 그 삶의 방식이 결정된다고 보고 있다. 사농공상도 단순히 하나의 구현된 형태이며, 모두 같은 하늘의 도리 아래에서 나타난 것이기에 신분의 고하와는 상관이 없다는 것이다.

주목할 만한 부분은 이시다 바이간이 사민을 수평적인 형태로 설정하면서, 이와 동시에 귀천이라는 구별을 가져오고 있다는 부분이다. 앞선 인용문에서도 형태에 의해서 귀천이 나누어진다고 말하고 있다. 하지만 이시다 바이간이 사용하는 귀천의 개념은 ①양자 간 또는 다자간에서의 상대적 의미로 쓰이고 있다는 것, ②'귀'의 유지가 '천'의 희생에 기대고 있음을 명확히 하고 있다는 점에서 일반적인 의미의 귀천과는 다르다고 할 수 있다.

이시다 바이간은 문답을 위하여 예를 자주 드는데, 귀천을 언급하는 예를 보면 "신과 부처와 성인은 누가 스승이고 제자인 그러한 관계는 아니다", "군주와 신하가 있다면 군주는 귀하고 신하는 천하다", "귀한 인간불이 천한 오곡불을 먹는다" 등 특정 관계 속에서 다루어진다. 이시다 바이간의 귀천은 구현된 어떠한 형태가 그 본분을 실현하였을 때 향하는 방향성을 나타내는 의미가 강하며, 이것은 주로 '천(제공자)'에서 '귀(향수자)'로의 방향성을 나타내고 있다. 즉, 이러한 방향성은 어떠한 관계 설정인가에 따라서 상대적으로 결정되게 되며, 어떠한 절대적 신분을 대변하지는 못하는 것이다. 이러한 이시다 바이간의 생각은 "어떤 것의 형태가 바뀌면 그 법칙도 바뀌고, 그 어떤 것들에 따라서 각각의 법칙이 달라지게 되는 것이다(도비문답 2권: 속인들은 왜 살생을 하는가?)"라는 그의 말에서도 확연히 드러난다.

또한 이 귀천에 대한 언설은 '희생'이라는 개념과 함께 등장한다.

성인이 무엇인가를 행할 때에 '예禮'를 판단기준으로 귀한 것과 천한 것을 구분하였던 이유도 알게 될 것이다. 귀한 것이 천한 것을 희생시키고 있다는 것을 이해하지 못하면 안 된다. (…) 새삼스럽게 말할 것도 없지만 그대도 오늘 아침부터 수천수만의 오곡불과 과일불을 살생하여 먹었기에 자기 자신의 몸뚱이를 보전할 수 있었다. 그런데 정작 그대는 이 이치를 모르고 있다. 모르고 있으면서도 저도 모르는 사이에 그렇게 하고 있는 것은 천한 형

태의 생물을 희생시켜서 귀한 형태의 것이 자신을 '길러낸다養'
는 도리에는 부합하고 있다.

— 도비문답 2권: 속인들은 왜 살생을 하는가?

이시다 바이간은 귀천이라는 것의 구별을 다루면서 귀가
천에 의하여 '길러지고' 있다고, 즉, 유지될 수 있다고 보고 있다.
"큰 부처가 작은 부처를 먹고(도비문답 2권: 속인들은 왜 살생을 하는
가?)" 자신을 유지하는 것은 하늘의 도리이지만, 그것은 '희생'으
로서 성립하고 있음을 명백히 지적하고 있다. 그렇기에 그는 초
목국토실개성불草木國土悉皆成佛을 인용하면서 만물은 모두 부처
라고 말한다.

정리하자면 사민제에 대하여 이시다 바이간은 그것은 신분
이 아닌 직분임을 설명하면서, 그 발현된 형태들은 누군가를 '길
러내기', 즉 유지시키기 위한 방향성을 가지고 제공되고 있다고
보고 있고, 이것을 귀천을 통하여 설명한다. 그리고 각 형태들이
제공하는 무언가를 얻어서 유지되는 것들은 그것이 '희생'임을 확
실히 자각하여야 함을 지적하고 있다. 그리고 이것이 '하늘이 정
한 도리'라고 설명하며 충실히 자신의 직분을 다해야 한다고 보
고 있다. 이시다 바이간의 이러한 발상은 한편으로는 "신분적 위
계와 사회적 통념에 순응하는 현실적인 것이었지만, 그 이면에
형이상학적으로는 사농공상 모두를 '성인의 도리'를 실천하는 동
등한 존재(고영란, 2017: 101)"로서 묘사하는 것이라고 할 수 있다.

이시다 바이간의 이러한 생각은 '봉록', '봉급'에 관한 설명과도 관계가 있다. 이시다 바이간은 상인의 이윤이 무사의 봉록과 같다고 설명하면서, 사농공상이 모두 봉록을 받는다고 말한다.

> 어떤 신하이든 주군을 돕는 것이 도리이다. 상인이 상품을 사고 파는 것은 세상이 문제없이 잘 돌아가게 함을 돕기 위해서이다. 장인에게 지불하는 품삯은 장인의 봉급이다. 농민에게 주어지는 '사쿠아이 作間'도 무사의 봉록과 같다. 우리나라의 모든 백성은 산업이 없으면 살아갈 수 없다. (…) 단, 전답의 '사쿠토쿠 作得'와 장인의 '품삯'과 상인의 '이익'은 무사의 봉록과 같은 단위로 몇백 석이니 몇십 석이니 이렇게 셈할 수 있는 것이 아닐 뿐이다. (…) 사무라이의 도리도 주군으로부터 봉록을 받지 않으면 임할 수 없음이다.
>
> ― 도비문답 2권: 상인에게 학문이 필요한가?

이시다 바이간은 사농공상은 하나의 형태로서의 구분이고, 자신의 형태에 대한 충실한 수행이 중요하며 그것이 도리라고 보고 있었다. 그리고 그 본분 수행에 대해서 봉록이 따라온다고 보고 있고 그것은 지극히 당연하고 자연스러운 것이라고 보고 있다. 그것이 곧 도리라고 말하고 있다. 바꿔 말하면 봉록은 도리를 따른 정당한 대가이다. 위의 인용문을 보면 이시다 바이간은 상인의 이윤이 사농공상이 취하는 각각의 이익과 의미상 동일하다 보고 있고, 그것은 무사의 봉록과도 같다고 보고 있다. 여기서 중요한 점은 앞서 설명하였듯이 이시다 바이간에게 있어서 도리를 다하는 것은 천에서 귀로 제공되는 '희생'이 필연적으로 포함된다는 점이다. 자신에게 구현된 형태의 본분을 충실히 다하여 천하를 이롭게 하는 것이 곧 도리인데, 이 도리의 실현에 희생이 포함되어 있다는 것이다. 다시 말해 봉록의 기본적인 속성은 바로 제공되는 희생에 대한 가치로서 설정됨을 쉬이 추측할 수 있다. 이시다 바이간에게 있어서 도리를 다한 희생에 대한 대가는 "신성한 노동에 대한 하늘의 보상(정지욱, 2015: 424)"인 것이다. 이는 애덤 스미스(2007)가 국부론에서 말한 "그 물건을 팔아버리거나 다른 물건과 교환하려는 사람에게 그 물건이 가진 진정한 가치는 그 물건 때문에 자신이 수고를 모면할 수 있었던 대신에 타인에게 부과하는 노동이다"라는 구절을 떠올리게 만든다. 자신을 대신하여 이루어진 희생의 대가가 봉록이기에, 그 대가를 취하는 것은 이치에 맞는 것이며, 이를 제공해야 하는 것도 지당한 도리가 된다. 이시다 바이간은 이와 같은 이해 위에서 다음과 같이 확언한다.

즉 봉록도 상품의 판매가격에 포함되어 있다는 것을 알아야만 한다.
— 도비문답 2권: 상인에게 학문이 필요한가?

2. 재화와 화폐의 순환과 가격 (그리고 균형)

이시다 바이간은 상업(유통경제)에 대한 의의를 강조한 사상가였다. 물론 이것은 이시다 바이간 자신이 상업에 몸담았던 것에도 영향을 받았으며, 이후 남긴 저서들이 상인의 도리에 대해서 설파하는 부분들이 많았기에 유통 측면에 초점을 맞춘 측면이 자연스럽게 강조되었다고 볼 수 있다. 때문에 이시다 바이간의 유통에 대한 언설들은 대부분 상인들의 활동에 대한 정당성 부여와 이윤추구의 타당성을 설명하는 근거로서 거론된다. 하지만 그와 동시에 이 부분은 이시다 바이간이 경제 전체의 순환을 어떻게 보고 있었는지를 파악하는 데 있어서도 중요한 단서가 된다.

아주 먼 옛날 자신에게 남는 것을 부족한 것과 물물교환을 통하여 상호 간에 유통시켰던 것이 상인의 시작이라 할 것이다. (…) 천하의 재화를 유통시키는 것을 통하여 세상 사람들의 마음과 생활을 안정시키는 것에도 이어지기에 천하에 계절이 돌고 돌아 만물이 생육하는 것과 일맥상통한다고 하여도 좋지 않겠는가?

— 도비문답 1권: 상인다움이란 무엇인가?

이시다 바이간은 물물교환이 유통이라는 재화순환의 가장 초기 형태임을 언급하면서 그것이 남는 것과 부족한 것 사이의 교환임을 지적하고 있다. 그는 "인간의 진정한 자유란 물질적 조건의 충족을 통해 완성되는 것이고, 물질적 충족은 물자의 유통과 매매에 의해 이루어지는" 것이라고 보았으며, "이러한 활동은 천지의 상생작용을 구현하고 있는 것"(정지욱, 2015: 424)이라고 주장하고 있다. 이시다 바이간은 재화 자체의 총량 증감에 대해서는 별달리 언급한 적이 없지만, 위의 인용문과 이후 언급할 그의 검약 개념에서도 파악할 수 있듯이 재화 자체가 충분히 존재하거나 팽창한다기보다는, 한정된 것으로 상정하고 있음을 추측할 수 있다. 즉, 이시다 바이간의 주 관심은 현재 있는 재화가(한정된 재화가) 필요한 곳에 필요한 만큼 도달하는 상태를 유지하는 것이라고 할 수 있다.

사고파는 것이 불가능해지면 사고자 하는 이에게 물품이 전해지지 못하고 팔고자 하는 이는 팔 수 없게 된다. (…) 상품을 유통시키는 자가 아무도 없어지고 만인이 곤란해져 버리지 않겠는가.

— 도비문답 2권: 상인에게 학문이 필요한가?

재화의 순환은 계절이 돌듯이 지속적으로 유지되어야 하며, 이러한 순환이 멈추게 되면 그것은 세상을 곤란에 빠지게 만든다. 이러한 발상은 일견 거시경제학에서 말하는 총수요 개념을 연상시킨다. 총수요란 모든 경제주체가 자신의 목적에 따라 구매를 희망하는, 재화와 용역의 총합을 의미한다. 케인즈는 일찍이 유효수요로서의 총수요가 국민소득과 깊은 관계를 맺고 있고, 불황시에 수요를 끌어올리기 위하여 화폐를 공급하거나 정부 지출을 늘리는 등의 정책이 필요함을 강조하였다. 마치 파이프에 물이 흐르듯이 화폐와 재화가 순환하고 이를 통해 경제가 활력을 찾는다는 것이 주 논리이다. "상인의 봉록은 앞서도 말하였듯이 매매로 얻는 이익이기에 사는 사람이 있음으로 해서 처음으로 얻을 수 있는 것이다(도비문답 2권: 상인에게 학문이 필요한가?)"는 그의 설명은 유효수요층의 존재를 정확히 짚고 있다. 또 한 가지 주목할 만한 점은 이시다 바이간 역시 재화에 대한 이야기와 함께 화폐에 대해서도 언급하고 있다는 점이다. 그는 자신을 찾아온 상인에게 상인으로서 명심해야 할 도리에 대해서 문답을 하면서 다음과 같이 이야기한다.

아오토 후지츠나靑砥藤綱가 탐욕 때문이 아닌 세상을 위하여 단동전 1문文을 아깝게 여겨서 강에 떨어뜨린 전10문을 찾도록 하기 위해 전50문을 썼던 유명한 고사의 의미를 깊이 음미해볼 필요가 있다.

— 도비문답 1권: 상인다움이란 무엇인가?

이시다 바이간은 아오토 후지츠나라는 무사의 일화를 소개하고 있다. 일화에 대해 부연하자면 밤에 다리를 건너던 아오토 후지츠나가 강에 돈 10문을 떨어뜨렸는데, 하인에게 50문을 주며 횃불을 사 와서 동전을 찾으라고 지시하였다. 이에 하인들이 조롱하자 "10문은 소액이나 이를 잃으면 천하의 화폐를 영구히 잃는 것이다. 50문은 나에게는 손해이지만 타인에게는 이득이다. 합쳐서 60문의 이득이 더 크다고 할 수 있지 않은가"라고 답을 하였다는 일화이다. 이시다 바이간은 순환하는 경제에서 화폐 역시 순환하고 있으며, 개인에게 있어서 화폐적 손익보다 전체 화폐경제 내에서의 '이익의 이동'을 보고 있음을 일화를 통해 지적하고 있다. 화폐 자체는 지속적으로 움직여야 하며(강에 가라앉은 죽은 화폐가 아니라), 지속적으로 순환하여 누군가의 이익으로 환원되어야 함을 설명하는 것이다.

　　이시다 바이간이 보는 경제상은 재화와 화폐가 지속적으로 순환하고 있는 모습이다. 그리고 여기에서 순환 자체의 '유통자' 역할을 담당하고 있는 사람으로서 상인을 상정하고 있다. 이러한 경제순환을 상정하는 경우에는 자연스럽게 '가격'이 중요해진다. 가격은 물가에도 영향을 미치며 이로 인하여 재화의 순환 그 자체에도 영향을 미치게 된다. 재화들의 절대 가격이 높다면 순환은 크게 제약을 받게 되고 이시다 바이간이 상정하듯이 필요한 곳에 재화가 도달하지 못하게 된다. 이시다 바이간의 한 학자와의 문답 속에서 가격에 대한 생각을 엿볼 수 있다. 이시다 바이간을 찾아온 학자는 "물건을 매입할 때는 이 정도라든가 이익은 이 정도라든가 세간 일반에 통하는 약속이 있어야만 하지 않는가?"라고 묻고 이시다 바이간은 이렇게 답한다.

파는 값이라는 것은 그때그때의 시세에 의하여 바뀌기 때문에 (…) 시세가 오르면 오를수록 가격이 강세이고 내리면 내릴수록 약세이다. 시세의 변동은 하늘의 뜻이기에 상인의 자의로 어찌할 수 있는 것이 아니다. 막부에 의해서 공정가격이 정해진 상품 이외에는 모두 때에 따라 변동한다. 아니 항상 변동한다. 예를 들어 오늘 아침까지는 금 한 냥에 쌀 한 석을 살 수 있었는데 낮에는 아홉 두 정도밖에 살 수 없게 되어 돈의 가치는 떨어지고 쌀의 가치는 높아진다. 또는 그 반대로 돈의 가치가 높아지면 쌀의 가치는 내리는 방식이다. 이 세상에서 가장 큰 규모의 매매조차도 이러한 이치에 따른다. 그 외 이런저런 상품들은 예외 없이 나날의 시세가 변동하고 있다. 그 변동은 공적인 것으로 상인 사적으로 조작할 수 있는 것이 아니다.

— 도비문답 2권: 상인에게 학문이 필요한가?

이는 경제학에서 말하는 '가격수용자price taker'에 다름 아니다. 이시다 바이간은 "지역에 따른 상품량의 차이나 수요와 공급에 의해 이루어지는 자연스러운 가격의 변동을 이미 자각(정지욱, 2015: 427)"하고 있었다고 볼 수 있다. 즉, 이는 이미 애덤 스미스의 '보이지 않는 손'과도 이어지는 개념이라고 할 수 있다. 특히 물가와 실물에 대한 관계를 예로 내세운 그의 설명은 물가의 메커니즘을 적절히 잘 설명하고 있다고 할 수 있다. 이시다 바이간은 경제주체에게 있어서 가격은 주어지는 것이며, 시장가격을 수용해야 한다고 말하는 것이다. 그리고 가격을 움직이는 시세는 '하늘의 뜻'이라고 표현하고 있다. 즉, 이러한 가격의 변동은 당연하다는 것이며, 이는 경제학에서의 '균형' 개념과도 일맥상통하는 부분이다. 또한 그로 인하여 화폐가치가 상대적으로 등락을 거듭하게 된다고 보고 있다.

3. 효용과 교환

이시다 바이간이 이상적이라고 보는, 재화와 화폐가 순환하여 필요한 곳에 재화가 빠짐없이 도달하는 상황 속에서, 과연 각 경제주체는 어떤 형태로 만족을 얻게 되는 것일까? 좀 더 경제학적인 용어를 빌리자면 효용Utility에 대한 문제이다. 이시다 바이간은 이에 대하여 명쾌하게 한마디로 정리한다. "좋다고 함은 그 상황에서 쌍방에게 안성맞춤이라는 의미이다.(도비문답 2권: 상인에게 학문이 필요한가?)" 그는 어떤 한 '상황'에서 '쌍방'이 만족할 수 있어야 한다고 말한다. "상대도 잘되고 자신도 잘되는 것(도비문답 2권: 상인에게 학문이 필요한가?)"이기도 하다. 이러한 언설은 언뜻 서로의 효용이 접점을 찾는 상황, 거시적인 상황으로 확장시키자면 파레토 최적Pareto optimum[3]의 달성과 유사한 발상

---

3   어떤 경제주체가 추가적인 새로운 경제행위를 통해 예전보다 더 나아지기 위해서는 반드시 다른 경제주체가 예전보다 불리해져야만 하는 자원 배분 상태. 즉, 사회 총체적 만족도의 크기가 극대화된 상태로서 자원 배분을 달리 변화시키더라도 더 이상 사회 총체적 만족도(효용)가 커질 수 없는 상황이다.

으로 이해될 수도 있다. 하지만 이시다 바이간이 그의 저술 전체를 통틀어 지속적으로 강조하고 있는 부분은 '도리'를 따르고 지키는 것이라는 것에 있음을 상기할 필요가 있다. 사농공상에 있어서도 모두에게 지켜야 할 도리가 있으며 그것에 충실해야 한다. 어디까지나 경제행위도 그러한 도리의 한 부분이다.

> 크게 보자면 도는 하나이다. 그러면서도 그 속에는 사농공상의 사민 각각이 밟아 나가야 하는 도가 있다. 상인은 말할 것도 없고 사민에서 벗어나 있는 걸식하는 이에게도 도는 있음이다.
>
> — 도비문답 2권: 상인에게 학문이 필요한가?

> 상인으로서의 바른 도리를 모르는 자는 이익을 탐하는 것에 집어삼켜져 오히려 가문을 망하게 하고 만다. 그에 반하여 상인으로서의 도리를 깨닫는다면 욕심이 아닌 인을 마음에 새기고 일에 전념하기에 가문은 번영한다.
>
> — 도비문답 2권: 상인에게 학문이 필요한가?

이 글의 주요한 논점은 아니지만, 이러한 이시다 바이간의 입장은 상인들의 이윤추구에 대한 정당성 부여와 동시에 그것이 정당성을 확보하기 위해서는 그에 걸맞은 도리를 갖추어야 함을 강조하는 것이라 할 수 있다. 정지욱(2012, 2015)의 연구와 고영란(2017)의 연구는 이익에는 윤리적 자질이 필요하다는 이시다 바이간의 입장을 잘 분석하고 있다. 경제사상이라는 측면에서 보자면 이러한 이시다 바이간의 입장은, 만족(효용)을 얻는 과정이란 재화나 화폐의 획득뿐만이 아니라 도덕적 요소의 획득이 함께 포함된 것이라 할 수 있다.

(이시다 바이간을 찾아온 한 학자가 묻기를) 쌍방에게 있어서 모두 좋다는 것 따위는 존재하지 않는 것 아닌가? (…) 자 여기에 무명천이 있다고 가정해 보자. 그것을 한 필 사다가 그대와 내가 반반으로 나누고자 한다면 그대나 나나 베의 누임이 곱게 이어진 쪽을 가지고 싶어 하지 않겠는가? 이 이치는 무명천뿐만이 아니라 온갖 일들에 적용되는 이치이다. (…) 이렇게만 생각해 보더라도 어찌 됐든 쌍방이 함께 좋게 될 수 있다는 것은 있을 수 없다.

(이에 이시다 바이간이 답하기를) 내가 그 무명을 나누는 입장이라면 누임이 고운 쪽을 그대에게 줄 것이다. 그대가 나누는 입장이라면 고운 쪽을 넘겨주지 않으면 안 된다. 만약에 그대가 먼저 좋은 쪽을 가져가고 나에게 끝자락 질 나쁜 부분을 주었다고 하더라도 나는 어찌 되었듯 그대에게 신세를 지고 있으니 그렇게 되었다고 생각하면 그만이다. 그런 식으로 생각한다면 물건을 나눌 때 언제나 문제가 없지 않겠는가? 그대에게 좋은 것을 주면 그대는 즐겁고 나는 '의'를 다하였으니 '인'을 키우는 것이 가능하다.

— 도비문답 2권: 상인에게 학문이 필요한가?

겉으로 보이는 상품으로는 손해를 보더라도 겉으로 보이지 않는 '마음의 수양'이라는 이익을 얻는다. 이것보다 좋은 것은 없지 않은가?

— 도비문답 2권: 상인에게 학문이 필요한가?

언뜻 낭만적으로 보이는 이 이야기에서 중요한 점은, 이시다 바이간은 '의', '인' 같은 일련의 도덕적 지표들을 재화를 분배하고 나누는 데에 있어서 개인의 만족, 효용 고양의 중요한 요소로 삼았다는 점이다. 그에게 있어서 '마음의 수양'은 '이익'과 같은 의미이다. 이는 다른 말로 표현하면 교환관계는 도덕감정에 기초하고 있으며 이를 얼마나 달성하였느냐가 실제로 만족으로 이어진다고 보는 것이다. "일반적으로 상호의존의 필요성에 의한 교환과 교환을 위한 협력 과정에서 집단을 구성하는 행위자들 사이에는 모종의 집합적 감정이 형성된다(김왕배, 2018: 55)." 이 감정은 재화가 교환 됨에 있어서 규범과 동기를 제공하는 역할로 이어진다. 이시다 바이간은 교환에 있어서 상대에 대하여 도덕적 감정의 만족을 포함한 종합적 만족의 추구를 강조하고 있으며, 이것을 '모두가 좋아지는' 것을 달성하기 위한 하나의 규범으로서 보고 있다.

상인은 사람으로부터 정직하다고 평가받고 서로가 '선한 사람'이라고 느끼어 마음을 열 수 있는 관계로까지 발전하는 것이 바람직하다.

— 도비문답 2권: 상인에게 학문이 필요한가?

무사는 어떠한가 하면 상인이 "이 상품을 이 가격에 팔면 손해를 입지만, 손해를 입더라도 싸게 팔겠습니다"라고 말한다 해도 사지 않고 "사주는 것은 자네가 이익을 얻도록 하기 위해서이다. 자네의 원조는 필요 없다"고 말하는 것이 일반적인 것이다.

— 도비문답 2권: 상인에게 학문이 필요한가?

도덕적인 기준에 대한 이시다 바이간의 생각을 위의 두 인용문에 적용하여 보면, 그가 추구하는 교환의 관계가 단순한 재화(화폐)를 통하여 무언가를 '얻기' 위한 교환이라기보다는 무언가를 '주는' 것에 기반하고 있고, 그러한 교환이 축적되어 '관계'로서 확장되어가는 것을 기대하고 있음을 알 수 있다. 즉, 도덕적 기준에 의거한 호혜적 교환관계라고 할 수 있다. "호혜는 기본적으로 양자 간의 교환이거나 또는 둘 이상의 행위자가 각자의 득(得)을 교환하는 조건적인 교환이다(김왕배, 2018: 56)." 이시다 바이간은 재화를 제공하는 이에게 도덕적 부채감을 부여하고 의무감을 가지도록 요구한다. 물론 이것은 이시다 바이간의 교환에 대한 선험적인 전제라고도 할 수 있겠지만, 동시에 규범경제학적 측면의 주장이라고도 볼 수 있을 것이다.

이시다 바이간이 중시하는 도덕적 요소는 호혜적 교환으로서의 규범성을 제시함과 함께 소위 시장에서 일어나는 교환행위에 대해서도 '정보의 균등성'이라는 중요한 단서를 제공하고 있다. 우선 이시다 바이간은 사농공상에 대한 구분을 수평적 직분으로 봄으로써 기본적으로 시장에 참여하는 주체들이 동질하다는 사상적 기반을 가진다고 볼 수 있었다. 그리고 여기에서 교환에서의 적극적인 참여자, 즉 "왼쪽에 있는 것을 오른쪽으로 옮기어(도비문답 2권, 상인에게 학문이 필요한가?)" 이익을 얻는 상인에 대하여 논하면서 다음과 같이 말하고 있다.

이러쿵저러쿵 말을 늘어놓으면 문제가 있는 상인이다. 그에 반해 있는 그대로 말하는 것이 좋은 상인이다.

— 도비문답 2권: 상인에게 학문이 필요한가?

우선 옷가지를 이야기해 보자. (…) 그 길이가 일반적인 촌법村法 보다 1, 2촌 짧은 상품이 있을 경우에는 천을 짠 이가 이것이 조금 짧다고 '고하고' (상품으로서는 문제가 없더라도) 가격을 깎는 것이 이치에 맞다.

— 도비문답 2권: 상인에게 학문이 필요한가?

염색천을 파는 곳에서 물건을 받아올 때 천의 물들임이 약간 다르면 작은 흠을 두고서 크게 불평을 늘어놓아 값을 깎아서 구매하고, 더하여 이를 만든 직인職人의 흥을 보아 마음에 상처를 입혀 놓고서 한편으로는 주문한 손님에 대해서는 제대로 본디 값을 청구하여 돈을 취하고 그 돈을 직인에게는 넘겨주지 않는 경우도 있다. 그런 경우도 이중의 이득 이상의 악행이다.

— 도비문답 2권: 상인에게 학문이 필요한가?

위의 인용문 중 특히 두 번째와 세 번째 예는 교환에 있어서 정보의 균등성을 적절히 간파하고 있음을 잘 보여준다. 이시다 바이간은 도비문답 2권 '상인에게 학문이 필요한가?'에서 "상인도 이와 같아 자연스레 몸에 밴 한결같은 정직함이 갖추어지지 않으면 다른 상인들과 어깨를 나란히 하면서 두각을 드러내는 것은 어렵다"고 말하면서, 이 정직함은 백이伯夷의 곧음에 비견된다고 설명한다. 그리고 "상매매는 올바른 방법으로 이익을 올릴 때에 성립된다"고 단언한다. 이시다 바이간은 판매자가 상품에 대한 정보를 독점하고 있음을 파악하고 있었으며, 이에 대해서 있는 그대로의 정보를 제공하고 교환에 임하여야 한다고 주장하고 있는 것이다. 이시다 바이간은 "상행위는 반드시 양자가 대등한 관계에서 자유롭게 행해져야 하며, 그 속에서 최대 만족점(정지운, 2015: 426)"을 얻을 수 있다고 보고 있고, 양자의 대등한 관계를 위해서 판매자는 상품에 대한 정보를 '정직'에 기초하여 공히

공유하여야 한다고 주장하고 있다. 그리고 그것이 도리라고 규정한다. 이와 같은 주장은 경제학자 조지 애컬로프(1970)가 정립한 레몬시장이론과 완벽히 그 논리를 같이 하고 있다. 레몬시장이론은 구매자와 판매자 간의 정보의 비대칭성으로 인하여 시장에서 우량품이 사라지고 불량품만 남게 된다는 이론이다. 여기서 정보의 비대칭성이라 함은 상품에 대한 숨겨진 정보들을 판매자만이 가지고 있는 것을 의미한다. 이시다 바이간은 도비문답 2권 '상인에게 학문이 필요한가?'에서 무사 집안에 고용된 어느 정직한 어용상인의 일화를 소개하면서, "정직을 통하여 행복을 얻은 모범"이라고 평가하고, "어떠한 일이라도 맡길 수 있는 사람"으로 인정받아 "고생하지 않더라도 다른 이의 곱절을 파는 것이 가능해진다"고 말한다. 이시다 바이간은 상인의 이익이라는 것을 하늘로부터의 '봉록'으로서 규정하여 그 정당성을 인정하지만, 그 추구 방식은 철저히 정직에 기반하여야 한다고 보고 있다.

4. 검약과 공공익

이시다 바이간의 사상은 검약론에서 완성된다고 알려져 있다. 검약에 대한 논의만을 따로 『검약제가론儉約齊家論』이라는 저술로 발표하였을 만큼 이시다 바이간 자신도 검약에 대하여 높은 비중을 두었다. "검약은 소비에 대한 용어이고 따라서 엄밀히 말해 경제용어라고 할 수 있다. 그러나 바이간은 거기에 머물지 않고 검약을 단순한 소비윤리라는 차원을 넘어 보편윤리로 확장시키고, 거기에 기존의 도덕윤리를 포함"시켜, "검약을 단지 개인경제에 국한 시키지 않는다(정지욱, 2011: 16)." 즉, 이시다 바이간에게 있어서 검약은 개인의 이익을 위해서만이 아닌 '공공익'을 위한 것이라 할 수 있다.

　이러한 점은 이시다 바이간이 남긴 여러 어록[4]에서 '검약儉約'을 일종의 '계약契約'으로서 풀이하는 독특한 시각에서도 잘 드러난다. 이시다 바이간은 검약에 대해서 설명하며 "(계)약을 지키는 것은 의를 쌓는 것과 같고, 의를 쌓으면 인仁은 그 안에 있다"고 말하고 있다. 이시다 바이간은 자신의 여타 저서의 곳곳에서 '義'와 '宜(마땅할 의)'를 같은 의미로서 병용하고 있는데, 이것은 상인의 이윤추구의 정당성을 이야기하면서 상인이 도리에 따르는 것이 곧 의義이고, 이로 인한 이윤은 마땅宜하다는 것을 주장하기 위해서이다. 義는 宜와 같으며, 이 宜는 다시 利와 같아지는 것이다. 즉, 어떠한 이익을 쌓는 것은 검약이라는 하나의 의무로서의 계약과 같다.

4　이시다 바이간의 사후, 제자들이 편찬한 『이시다선생어록(石田先生語録)』이라는 책이 존재하는데 열람 가능한 원문은 현재 일본 나라현 텐리대학(天理大学)의 부속도서관에서 소장하고 있다. 이와나미 출판사가 출판한 총서 『일본사상대계(1971)』의 42권에서 어록의 일부가 실려 있고, 이후 가토 슈이치(加藤周一)가 츄오코론샤를 통하여 출판한 『일본의 명저<18> 이시다 바이간, 도쿠나가 나가모토(1972)』에 원문이 실려 있다. 하지만 이후 제대로 된 출판은 없고 잠언집의 형태로 몇 가지의 말만 따로 발췌하여 소개되거나 하는 경우가 많다. 이 글에서는 『이시다선생어록』으로 표기.

검약이란 재화를 아껴 사용하고 분에 넘치지 않도록 하여 모자라

거나 지나침이 없는 것이다. 이렇게 하여 물자의 낭비를 줄이고

써야 할 때가 되면 법도에 맞게 쓰는 것이다.

—『검약제가론(하편)』, 정지욱, 2012: 17 재인용

이시다 바이간은 그의 어록에서 검약을 "나를 위해 물건을
아끼는 것이 아니라, 세상을 위해서 세 개가 필요할 때 두 개만을
쓰는 것"이라고 말하고 있다. 그리고 "내가 낭비하지 않고 아끼
는 만큼의 재화가 세상에 남겨지기 때문"이라고 검약의 목적을
설명한다. "나의 절약은 나에게서 끝나는 것이 아니라 반드시 세
계 어딘가에서 부족한 재화나 물자를 보충하는 역할을 수행한다
(정지욱, 2011: 18)." 이시다 바이간이 생각하는 검약은 자신의 재
화를 아끼는 인색함이라기보다는 사회 전체의 편익Commodity 의
총량을 담보하는 것을 중시하는 것이라고 볼 수 있다. 이런 측면
에서 정지욱(2015: 427)의 "그에 의하면 검약은 물物의 본연에 따
르는 것으로, 물이 갖는 성질에 적합한 소비이자, 그 물의 효용
에 따라 그 효용을 십분 발휘하는 것"이고, "물의 낭비가 없어지
고 그만큼 물자가 세상에 남겨지므로 모두에게 혜택이 돌아가는
것"이라는 해석은 아주 적절하다고 할 수 있다. 아래와 같은 이
시다 바이간의 언설도 검약의 공공익적 부분을 잘 보여준다.[5]

---

5   그렇다고 하여 이시다 바이간이 사적 소유 자체를 부정한 것은 아니다. 이시다 바이간은 효
를 논하는 문답에서, "부모의 재산이라면 설령 부모가 그 재산을 모두 탕진한다 하더라도 그것

만약 기근이 와서 5석을 거둘 수 있는 전답에서 3석밖에 거두지 못했다고 하자. 2석만 소작의 조공으로 받고, 나머지 1석을 궁휼 구제에 쓴다면, 다스리는 자에게도 충분하고 아래의 사람들도 목숨을 구할 수 있으니 이런 것이야말로 검약이 아니겠는가?

—『이시다선생어록』

검약하여 남은 것이 있으면 친척, 벗, 그냥 마주치는 사람까지도 허락하는 한도에 따라 도움을 줄 수 있으니 세상의 군자가 사해에 은혜를 베푸는 것과 같다. 이것이 하나의 덕이다. 검약한다는 것이 동전 1전 쌀 한 되 보시하는 것은 아니지만, 스스로 탐욕스럽지 않으면 세상에 보시하는 이치가 된다.

—『이시다선생어록』

앞서 이시다 바이간의 순환에 대한 인식을 살펴보면서, 그가 재화는 기본적으로 한정되어 있고 그것이 끊임없이 유통되어 순환하는 것을 중요하게 보고 있음을 파악하였다. 그렇기에 재화가 과도하게 소비되는 것은 필요한 곳에 재화가 도달하는 것을 방해하는 요소가 된다. 또한 이시다 바이간이 가격은 하늘의 뜻이라고 설명하는 것에서도 알 수 있듯이, 그는 수요와 공급 상황은 언제나 신축적으로 움직일 수 있다고 보고 있었다. 그렇기에

은 부모의 자유인 법. (…) 부모가 쓰고 싶은 대로 쓰고 팔고 싶다면 팔아서 그 돈을 어디에 쓰든 이러쿵저러쿵 말할 입장이 아니다(도비문답 2권: 효란 무엇인가?)"라고 강하게 말하고 있다.

검약의 강조는 재화의 공급량을 유지하여 가격의 급격한 요동을 막는 것과도 이어진다. 다른 말로 표현하자면 '한정된 전체 재화에 대한 거시적 의미의 최적 효율성 달성'이라고 할 수 있다.

> 검약을 제일로 마음에 두고 종래는 은 1관을 계산하여 들이는 일체의 비용을 3할 줄여 700몬메로 하고, 1관으로 예상하였던 이익을 1할 줄여 900몬메로 감액 수정해야 한다. (⋯) 깊이 삼간다면 1관의 이익을 생각하였던 상품이 9할의 이득밖에 나지 않았다 하더라도 가업은 평안하고 무사할 것이다.
>
> — 도비문답 2권: 상인에게 학문이 필요한가?

이시다 바이간은 여기서 더 나아가 "검약정신으로 이윤을 최소화하는 자세를 보이면 매수자의 마음을 살 수 있다(김필동, 2018: 153)"라고 주장한다. 이러한 언설은 현대 경제학의 입장에서 바라보자면 '이윤 최대화'라는 공급자의 동기에 정면으로 배치되는 것처럼 보인다. 하지만 전술하였다시피 이시다 바이간이 생각하는 순환적인 경제 상황 속에서는 안정적인 재화의 공급을 위하여 그 총량을 충분히 확보하고 있어야 하며, 동시에 가격도 안정되어 있어야 한다. 위의 인용문에서 중요한 점은 단순히 이윤을 줄이라는 것이 아니라 비용의 절감과 함께 이윤을 합당하게 조절하라는 부분이다. 즉, 이윤의 최적화를 달성하라는 것이다. 과잉투자는 이윤율을 떨어뜨리는 주요한 요소이다. "철저하게 최소한의 이익만을 취하고 부당한 이익을 취하고자 하지 않아야 하며, 부당한 이익을 취하는 동기가 될 수도 있는 사치를 금하여야 한다는 주장은 비용 절감에 의한 가격 저하의 의미 또한 가지고 있다(데시마 카사히코, 1998: 252)"고 할 수 있다. 단, 이윤의 최적화를 위한 궁극적인 지침은 '이윤의 최대화'가 아닌 '이윤의 최소화'라는 것이다.[6] 이윤을 추구하되 그 이윤을 최소한의 수준으로 합당하게 최적화하여 취하는 것이 결과적으로는 이윤추구 행위 그 자체의 '지속성'을 담보하고, 공급자 각각에 있어서는 꾸준한 '수요자의 증가와 확보'로 이어진다고 보는 것이다. 이시다 바이간은 이러한 검약이 사농공상 모두에게 통한다고 강조하며, 단순히 상인의 준칙이 아니라 경제 전체의 준칙이 되어야 함을 반복적으로 설파하고 있다.

---

6   이는 앞서 설명한 가격수용자라는 발상과 더해지는 순간 매매행위에 있어서 가격의 작위적 변화 자체를 원천적으로 봉쇄하는 역할을 한다고 할 수 있다.

이시다 바이간의 경제를 바라보는 시각은 일견 배치되는 입장들로 이루어져 있는 것처럼 보인다. 먼저, 수요자의 역할을 강조하면서 순환의 구조를 중요시하는 모습은 마치 케인즈와 같은 입장을 공유하는 것처럼 보인다. 이시다 바이간은 재화와 화폐는 지속적으로 돌아야만 하며 이윤이라는 것도 구매자(유효수요)에 의하여 창출된다고 보았다. 이는 '우리는 결국 다 죽는다'라고 말하며 주머니 속에 돈을 넣어두고만 있지 말라는 케인즈의 충고를 떠올리게 만든다. 그런 한편 검약과 재화의 총량 확보를 통해 경제를 유지하여야 하고 가격 조건은 주어지는 것이며, 가격의 균형을 상정하고 있다는 점에서는 고전파경제학, 또는 하이에크와 같은 입장이라고 볼 수 있다. 하이에크는 케인즈의 금융정책과 정부의 지출을 비판하면서 '진정한 투자는 저축을 활용해야 함'을 주장하였다. 이번에는 가계의 저축이 줄게 되면 "미래의 소비는 줄어들고 그 결과 미래의 산출과 수요가 일치하지 않게(박종현, 2011: 57)"되고 이는 사회 전체의 불황으로 이어진다는 하이에크의 충고가 떠오른다.

실제 경제학 논의에서는 가장 첨예하게 부딪치는 두 가지의 생각을 이시다 바이간은 인간의 '도덕적 요소'를 강조함으로써 연결하고자 한다. 이시다 바이간은 경제행위의 원리가 도덕이라고 보았고, 따라서 "경제행위도 도덕을 영위하는 마음가짐으로 임해야 한다"(정지욱, 2015: 430)고 생각하였다. 그는 경제의 바람직한 존재방식은 순환에 있지만, 그 순환에 투여되는 재화의 총량 유지와 순환의 원활함을 달성하기 위해서는 검약이 필요조건이라고 보고 있다. 순환은 멈추지 않고 이루어져야만 하지만, 그 '멈추지 않음'을 위해서는, 다시 말해 '지속적인 순환'을 위해서는 검약이 필요하다는 것이다. 순환을 지속시키는 것은 모두를 위한 것이기에 공공익이며 이 공공익의 달성이 곧 나의 이익과도 연결된다. "수양하는 마음으로 경제행위를 할 때 비로소 이윤이 저절로 다가온다"(정지욱, 2015: 430)는 것이다. 이시다 바이간은 이러한 연관 구조 속에서 공공익의 달성을 위한 노력을 하는 것을 '도리'라고 설명하는 것이다. 이시다 바이간은 개인의 이익과 공공익이라는 두 가지를, 도리를 달성하려는 행위를 가교로 하여 궁극적으로 서로 같다고 보고 있다.

　　이러한 인식구조는 자연스럽게 타인에 대한 '배려'를 중시하는 것으로 이어진다. 이시다 바이간이 교환에 있어서 중요한 요소로 내세운 '정직' 또한 정보를 가진 이가 그렇지 못한 이에 대한 배려이다. 교환관계에서 '주는 것', '무엇을 줄 수 있는가'에 초점을 맞추는 호혜적 특성도 배려와 맞닿아 있다. 주목할 만한 부분은 이러한 배려를 이시다 바이간은 '공감'의 중시로 언급하고 있다는 점이다.

사는 쪽과 파는 쪽이라는 입장의 차이가 있다 하더라도 주인도 상인 그 자신도 서로 간의 마음에는 아무런 차이가 없다. 그렇기에 동전 한 닢도 아까운 자신의 마음처럼 상대를 헤아려 팔아야 할 상품을 소중히 생각하고 결코 허술히 다루어 팔지 않아야 함이다.

— 도비문답 1권: 상인다움이란 무엇인가?

자신에게 아까운 것은 상대에게도 아까운 것이며 이러한 이해에 기초함으로써 정직을 비롯한 다양한 도덕적 실천은 가능하게 된다. 공감에 기반한 일련의 도덕적 감정 요소들이 전제되는 경제는 '이타적 경제'의 모습이라고 할 수 있을 것이다. 이시다 바이간은 이를 설파하면서 사회의 의무감으로서 확립시키고자 하였던 것 같다.

기존의 이시다 바이간에 대한 연구는 그의 사상을 경영학의 프로토타입(쿠로다 시게오, 2016)으로 보거나 이익의 정당성을 주장한 실천적인 베버론자(정지욱, 2015)로서 보고자 한다. 하지만 도덕의 요소를 중시하는 그의 입장은 오히려 애덤 스미스에 더 가깝다고 할 수 있다. 애덤 스미스가 『도덕감정론』에서 강조한 동정심(공감)과 공명정대한 관찰자(양심)의 역할은 이시다 바이간의 도리, 정직과 겹쳐진다. 한 가지 재미있는 점은 이시다 바이간 자신은 유가 사상에 입각하여 있지만, 맹자를 통해서도 알 수 있듯이 유학 내에서는 '개인의 이익'이라는 것은 '공적인 이익'

에 비하여 배척의 대상이라는 것이다. 맹자의 제일 첫 내용인 양혜왕과의 대화는 이익보다는 인과 의를 강조해야 함을, 더 나아가 그것만을 논해야 함을 말하고 있다.

> 사士와 서민들은 무엇으로 나를 이롭게 할 것인가 묻습니다. 그러면 위아래가 서로 이익을 추구하게 되어 나라는 위태로워집니다. (…) 진실로 의로움은 뒤로 하고 이익을 먼저 추구한다면, 남의 것을 빼앗지 않고는 만족하지 않게 될 것입니다.
>
> ― 맹자『양혜왕(상편)』

이런 측면에서 본다면 이시다 바이간이 개인의 이익을 공공익과 연결시키고, 이익의 추구와 도리를 같은 틀 안에서 묶어내는 작업은 당시의 지적 토양 내에서는 상당히 파격적이었을 것이다. 애덤 스미스(1723~1790)와 이시다 바이간(1680~1744)은 그 활동 시기가 50여 년도 채 차이가 나지 않는다. 조금은 낭만적인 수사를 써보자면 1700년대의 동양과 서양의 지식인 한 명씩이 이익과 도덕에 대한 서로 유사한 견해를 내어 각각의 토양에 지대한 영향을 미친 것이었다. 단, 애덤 스미스가 윤리학자로서의 자신의 토양 위에 최종적 완성으로 국부론을 발표하면서 경제의 구조를 명확히 해 나가는 흐름이었다면, 이시다 바이간의 작업은 경제적 구조에 대한 이해 위에서 그에 적합한 도덕의 형태를 구체화해 나가는 형태라고 할 수 있을 것이다. 즉, 둘의 사고는 한

선분 위에 있으나 그 방향성이 서로 달랐을 뿐이라고 할 수 있다. 이시다 바이간이 상인에 대해서 주로 논하는 것도, 자신이 설정한 경제라는 그림 속에서 순환이라는 일익을 담당하는 이들이 바로 상인이기 때문이며, 그들이 도리에 맞게 바로 서야 경세제민을 이루고 부가 달성될 수 있기 때문일 것이다. 즉, 그에게 있어서 상인은 경제구조 내에서 '포착'된 존재라고 할 수 있다.

IV.
나가며

이 글은 이시다 바이간의 사상을 경제사상을 중심으로 검토하여 보았다. 그의 전체적인 경제상은 한정된 재화가 필요한 곳에 도달할 수 있도록 원활히 순환이 지속되는 모습이다. 재화의 원활한 순환이 멈추지 않도록 꾸준히 재화를 확보해야 하며 이것은 검약을 통하여 실현된다. 이를 위해서 도덕적 의무감에 기초한 경제행위가 요구된다고 보고 있었다. 이시다 바이간은 봉록을 자신의 본분을 다하는 과정인 '희생'에 대한 정당한 가치라고 보고 있었으며, 이윤도 봉록과 동일시하여 이를 긍정한다. 단, 그는 여러 저서의 곳곳에서 이윤을 추구하는 데에도 합당한 도리라는 게 있으며 그걸 추구할 자격이 먼저 갖추어져야 함을 역설하고 있다. 이윤에는 당위성이 있지만 그 당위성은 무조건으로 성립되지 않는다. 도리에 맞게 정당하게 얻은 이윤만이 합당하다.[7]

> 사람으로서의 도리를 알지 못하고 돈을 번다면, 더욱이 불의한 돈을 버는 일이 있다면 머지않아 자손이 끊기는 결과는 불러오게 될 것이다. 마음속 깊은 곳에 자자손손을 사랑하는 마음이 있다면 우선 사람으로서의 바른 도리를 배우고 가업이 번영하도록 하여야만 할 것이다.
>
> — 도비문답 1권: 상인다움이란 무엇인가?

---

7   이윤추구의 적합성은 애덤 스미스가 국부론의 1권 11장에서 신흥자본가들의 위험성을 경고하는 내용과도 상통한다.

이시다 바이간이 그리고 있는 경제상은 오늘날의 경제행위와 경제가 나아가야 할 방향성에 대해서 많은 시사점을 던져주고 있다. 어쩌면 최근 이슈로 부각된 기업의 사회적 책임CSR, 지속가능한 발전목표SDGs 등은 이시다 바이간이 제시하는 도리, 검약과 같은 개념들과 이시다 바이간이 상정하는 경제의 모습에서 지향의 유사점들을 직관적으로도 충분히 발견할 수 있다. 하지만, 오늘날의 경제는 금융자본주의와 신자유주의가 심화된 이후로 이타성과는 친화적이지 못한 것이 사실이다. 이시다 바이간은 개인의 이윤에 도덕의 성취감을 함께 포함하였다. 정직, 배려, 이타라는 것들은 이러한 성취감을 풍부히 해준다. 인간의 효용함수는 나의 만족만이 아닌 타인의 만족과 공공익이 함께 변수로 포함된다. 내가 무엇을 얻을 수 있을까가 아니라 무엇을 줄 수 있을까로부터 시작되는 교환이 이러한 성취감을 충만하게 해준다. 호혜적 교환을 통하여 쌓이는 신뢰는 상호 간의 주는 것에 대한 믿음이기도 하다. 사실 무언가가 교환된다고 하는 매매행위 그 자체는 에도시대나 지금이나 큰 차이가 없다고 하였을 때, 이시다 바이간의 주장은 그 동기가 되는 기본적인 함수관계와 함수의 지향성을 수정한 것이라고 보아도 무방할 것이다.

노벨 경제학상을 수상한 아르마티아 센은 현대 경제학을 두고 윤리학은 없어지고 공학만 남았다고 비판한 바 있다. 경제행위에 대한 성찰이 다시 한번 요구되고 있으며, "우리 사회가 이익을 위해서라면 타인의 곤궁마저 전혀 고려치 않는 무자비한

'천민자본주의'의 길(정지욱, 2015: 407)"로 나아가고 있는 오늘날, 이시다 바이간의 경제사상은 '애덤 스미스와의 공통점과 차이점(서양과 동양의 연결로서)', '아시아 전통적인 경제관과의 공통점과 차이점(과거와 현재의 연결로서)'이라는 측면에서 구체적으로 검토된다면 다양한 시사점들을 제공해 줄 수 있으리라 생각된다.

참고문헌

김동기, 「동아시아에서 근대인의 탄생: 세키몬심학과 아담스미스」, 『역사와 세계』43, 효원사학회, 2013, 53~86.

김왕배, 「도덕감정과 호혜경제」, 『사회사상과 문화』21(1), 동양사회사상학회, 2018, 45~79.

김필동, 「근세일본의 정신문화—일본인의 직업윤리의 역사성」, 『일본학보』117, 한국일본학회, 2018, 141~158.

고영란, 「이시다 바이간의 상업관에 관한 소고—도비문답을 중심으로」, 『한문학논집』48, 근역한문학회, 2017, 81~105.

맹자, 박경환 옮김, 『맹자』, 홍익출판사, 2005.

박종현, 『케인즈&하이에크 시장경제를 위한 진실게임』, 김영사, 2011.

이미림, 「유교, 공감과 소통의 경제학: 아담 스미스 도덕감정론과의 대비적 분석을 중심으로」, 『사회사상과 문화』20(3), 동양사회사상학회, 2017, 59~80.

장하준, 김희정 옮김, 『장하준의 경제학 강의』, 부키, 2014.

정지욱, 「이시다 바이간의 상인철학—이윤추구의 정당성 확립」, 『양명학』31, 한국양명학회, 2012, 1~27.

정지욱, 「이시다 바이간과 막스베버의 경제윤리—이윤추구의 정당성 확립을 중심으로」, 『동양철학연구』81, 동양철학연구회, 2015, 406~433.

黒田重雄(구로다 시게오), 「日本のマーケティングとマーケティング学について: 近江商人と石田梅岩『都鄙問答』から考察する」, 『北海学園大学経営論集』14(1), 北海学園大学経営学会, 2016, 45~75.

高島正憲(다카하시 마사노리), 「前近代の日本経済：超長期GDPの推計, 730-1874年」, 一橋大学大学院経済学研究科, 2016.

手島勝彦(데시마 카사히코), 「石田梅岩(石門心学)の『都鄙問答』にみる経営理念について」, 『広島経済大学創立三十周年記念論文集』, 広島経済大学経済学会, 1998, 241~254.

Adam Smith(애덤 스미스), 김수행 옮김, 『국부론』, 비봉출판사, 2007.

George A. Akerlof(조지 애컬로프), 「The Market for "Lemons": Quality Uncertainty and the Market Mechanism」, 『The Quarterly Journal of Economics』84(3), Oxford Academic, 1970, 488~500.

"세상 모든 것에 감탄하는 지혜로운 사람들의 공간"
도서출판 호밀밭

도비문답 都鄙問答
ⓒ 2020, 이시다 바이간 石田梅岩

지은이	이시다 바이간 石田梅岩
옮긴이	류영진
초판 1쇄	2020년 11월 14일
편집	임명선 책임편집, 박정오
디자인	최효선 책임디자인, 전혜정
마케팅	최문섭
종이	세종페이퍼
제작	영신사
펴낸이	장현정
펴낸곳	호밀밭
등록	2008년 11월 12일(제338-2008-6호.)
주소	부산 수영구 광안해변로 294번길 24 B1F 생각하는 바다
전화, 팩스	070-7701-4675, 0505-510-4675
전자우편	anri@homilbooks.com

Published in Korea by Homilbooks Publishing Co, Busan.
Registration No. 338-2008-6.
First press export edition November, 2020.

Author Ishida Baigan   **Translator** Ryu, Young Jin
ISBN 979-11-90971-08-9   03190

※ 가격은 겉표지에 표시되어 있습니다.
※ 이 도서에 실린 글은 저자와 출판사의 허락 없이 사용할 수 없습니다.
※ 도서출판 호밀밭은 지속가능한 환경과 생태를 위해 재생 가능한 종이를 사용해
   책을 만듭니다.

이 도서의 국립중앙도서관 출판예정도서목록(CIP)은 서지정보유통지원
시스템 홈페이지(http://seoji.nl.go.kr)와 국가자료종합목록 구축시스템
(http://kolis-net.nl.go.kr)에서 이용하실 수 있습니다. (CIP제어번호 :
CIP2020046731)